第六单元　观前街片区

观前街 / 171

宫　巷 / 176

北　局 / 179

太监弄 / 182

旧学前与因果巷 / 185

第七单元　桃花坞历史文化片区

桃花坞大街 / 189

西大营门与校场桥路 / 192

廖家巷 / 196

宝城桥街与石幢弄 / 199

第八单元　盘胥片区

道前街 / 205

新市路 / 208

书院巷与侍其巷 / 211

东大街与司前街 / 214

养育巷 / 218

庙堂巷 / 221

富郎中巷 / 224

百花洲 / 227

第九单元　阊门历史文化街区

东中市与西中市 / 233

景德路 / 237

天库前 / 241

阊门内下塘街 / 244

南浩街 / 248

北码头 / 251

石　路 / 255

第十单元　山塘历史文化街区

山塘街——渡僧桥到新民桥 / 261
山塘街——新民桥到彩云桥 / 265
山塘街——彩云桥到青山桥浜 / 269
山塘街——青山桥浜到西山庙前 / 272
渡僧桥下塘 / 276

后　记 / 279

总起：纵横主干道

- 干将东路——相门到乐桥
- 干将西路——乐桥到干将桥
- 人民路——人民桥到乐桥
- 人民路——乐桥到平门桥

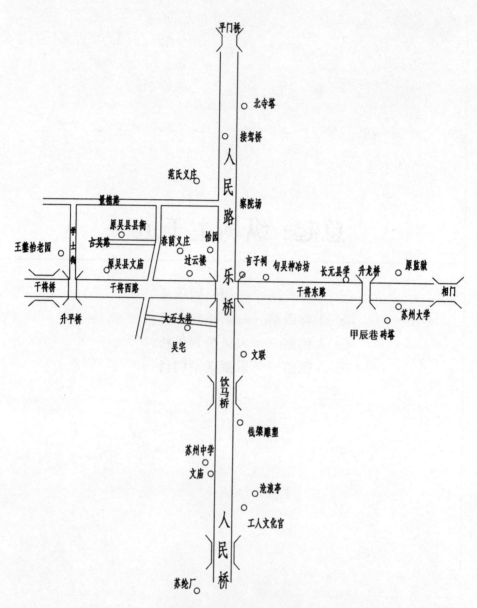

纵横主干道游览示意图

（示意图大致方向：上北下南，左西右东。下同，不另注）

相门城楼

干将东路——相门到乐桥

干将路是苏州市东西向的一条主干道。

1985年,狮子口、新学前、濂溪坊和松鹤板场等几条从相门内向西到宫巷的旧式街巷被拓宽成马路。1993年,随着苏州市东西两侧工业园区和高新区的分别兴建,干将路继续拓宽延伸,将宫巷到乐桥的原干将坊与松鹤板场、乐桥到西美巷的原铁瓶巷、西美巷到养育巷的原镇抚司前、养育巷到西城河的通和坊等一起并入;同时,又向东延伸到东环路,向西延伸到西环路。这条新的主干道就是干将路,全长7.3公里(其中穿越古城段为3.5公里)。

干将路的门牌比较规范,北侧为双号,南侧为单号。如今的干将路是苏州的一大景观,特别是古城区内两路夹一河的格局,给苏州这座城市增添了水乡的清韵。每每斜倚窗前,看两侧道路上车辆川流如梭,总忍不住把目光停留在中间的干将河上,它虽然宽仅6~10米,但河岸两旁绿意葱茏,水里倒映着蓝天白云,那份独有的雅致和慢生活情调,给每一个在苏州生活或来苏州旅游的人一种别样的情怀。它不仅是苏州古城的第二横河,更是苏州味道的一种诠释,是一首用吴侬软语哼唱的歌。

干将路以人民路乐桥为界,分为干将东路和干将西路。我们这里介绍的是干将东路的古城区段,就是从相门桥到乐桥的一段。

这段干将路的最东头是相门。相门原名匠门,因曾是各种手工工匠聚居之地而得名。据传吴王阖闾曾命铸剑高手干将在这里设炉铸剑,故又名干将门。后称"相门"是音的转变。门在宋初被填塞,民国二十三年到二十五年(1934—1936)年重辟,新中国成立后被拆除。2012年,在干将路的北侧重建相门城楼,现被正式命名为相门城墙文化休闲景区。令人称奇的是城墙洞里有个博物馆,这个博物馆就是苏州城墙博物馆。展区包括上下两层,面积近1 400平方米,分"序厅""城纪千年""城门故事""城里城外""城头记忆"和"城墙复现"六个展厅,展示了苏州城墙的历史变迁和考古成果。

从相门到仓街之间的一段旧称"狮子口",因为旧时相门城里内城河上有一座醒狮桥。

走进相门桥,北侧(原狮子口9号)曾经有一座监狱——江苏省第三监狱,俗称"狮子口监狱"。这座监狱和上海"提篮桥"监狱(第二监狱)、南京"老虎桥"监狱(第一监狱)并称为"民国三大监狱"。史料记载,这座监狱的前身是清朝宣统二年(1910)建于仓街小柳枝巷口的"苏州模范监狱",是清王朝狱制改良的产物。民国初年改名为"吴县模范监狱",1919年7月更名为江苏第三监狱,1937年日军入侵苏州前撤销。1939年,汪伪政权在司前街建伪江苏第三监狱,次年从司前街搬迁到仓街南口的清末军械局旧址。抗日战争胜利后,国民政府司法部接收日伪机构,在狮子口监狱原址恢复江苏第三监狱,列为甲种监狱,监禁对象以被判处无期徒刑和较长刑期的罪犯为主。有300余名汉奸被关押此处,其中大汉奸陈公博、褚民谊、缪斌被判处死刑,并在该监狱刑场执行枪决,汪精卫之妻陈璧君也曾关押于此。

1948年,这里更名为江苏苏州监狱。新中国成立后,苏州监狱由苏州市军管会接管。此后,监狱的建制、名称发生过几次变化,如叫做"江苏省第三监狱"等。1994年起称为"江苏省苏州监狱",归江苏省司法厅领导。1999年,该监狱被司法部授予"部级现代化文明监狱"的称号。如今,这座监狱已经搬迁到相城区黄埭,原址拆为一片平地,近几年来权且当作停车场。

进了相门,南侧干将东路333号就是苏州大学的干将路大门,关于苏州大学和东吴大学的情况,可参见本书"天赐庄"篇。

那条向北延伸的仓街就在原狮子口与新学前的交界处。仓街,因清代长洲、元和两县官仓所在地得名。

面对仓街通向南的一条短巷称为甲辰巷,原作"夹城巷",据说是因为苏州城东西各有一巷,呈"夹城"的样子而得名。后来,因巷西北有一座升龙桥,龙属辰,故将"夹城巷"误作"甲辰巷"。

进巷五六十米,就是 2013 年公布的全国重点文物保护单位甲辰巷砖塔。苏州有"七塔八幢九馒头"之说,这座砖塔属于"八幢"之一。这是一座八面五级楼阁式仿木塔,体量不大,构造比较简洁规范。1982 年文物普查时,发现此塔已严重残损。1993 年修复顶层、塔刹及所有残缺之处。修复后通高 6.82 米,其中砖构塔身高 5.71 米多,青石塔刹高 1.1 米多。底边宽 0.51 米,对径 1.2 米。塔基用青石铺底,塔身八面有四面辟门,另四面为象征性的直棂窗,门窗逐层相闪错位,塔身为清水砖,以石灰膏砌筑。这座塔是研究古代建筑艺术的一个范例。

因干将河东段南移,从仓街到甲辰巷之间有一座"斜桥"跨越干将河,位于原监狱的西南。

甲辰巷砖塔

干将东路 452 号之南,有一座跨越干将河的升龙桥,这座桥就是甲辰巷得名的源头。这座小巧的石拱桥初建于宋代,桥北原有万寿寺,初名"万寿寺前桥",后寺院于元末明初被火烧毁,而桥仍存,改名为"升龙桥"。清末民初,一度被称作"兴隆桥",1980 年恢复原名。1994 年改筑干将东路时,按原结构移址重建于此。

跨过仓街向西,就是原来的新学前。"学"当然与学校有关,干将东路 518 号即平江实验学校,这里是长元县学的遗址。最引人注目的就是那座大成殿。大成殿是孔庙的正殿,用以祭祀孔子。唐贞观四年(630),唐太宗诏令"州县学皆立孔庙"。从此,文庙与县学、府学合二为一,成为官学发展沿革和儒家文化薪火相传的明证。苏州历史上曾经有三座文庙并存:苏州府学、长元县学和吴县县学。吴县县学已经不存在了,保留下来的是苏州府学和长元县学这两座。

长元县学

如今,长元县学的大成殿为光绪八年(1882)重建,重檐歇山顶,面阔7间32米,进深6檩17米,高约18米,面积为544平方米。大殿扁作梁架,四周有外檐桁间牌科,前设月台。原殿内有大清历代皇帝所赐"万世师表""生民未有""与天地参""圣集大成""圣神天纵""斯文在此""德配天地"等数块匾额。遗憾的是,这些凝聚着苏州历史的文物均毁于"文革"中。1994年11月,苏州市文管会、教委联合对大成殿进行全面维修。1998年11月24日,此殿被列为苏州市文物保护单位。县学旧址现存十八棵百年以上的老银杏树,每年的春夏时分,这里一片苍翠,而到了深秋季节,一枚枚叶子变成了黄蝴蝶,打着旋儿,在风中摇曳生姿,更成为干将路平江路口一道靓丽的风景。

长洲是苏州历史上的一个县。明嘉靖二十年(1541),长洲县学迁到现平江路南口东侧,将报恩光孝寺(北宋称承天万寿寺)改建为学校,即所谓"新学"。清雍正二年(1724),又从长洲县分设出元和县,但县学不另分建,附于长洲县学,名曰"长洲元和县学",俗称"长元县学"。关于长元县学搬迁到报恩光孝寺旧址,有一个传说颇为有趣。

舒汀,生卒年不详,字绍安,福建省福州府侯官县人,嘉靖乙未(1535)进士。舒汀赴会试时途经苏州,曾到光孝寺投宿,遭到势利的当家和尚奚落。舒汀愤愤不平,说道:"总有一天,我要将你这个寺院拆除!"世间真有如此的巧合之事,舒汀发迹后,竟然当上了南直隶巡按御史(大致管辖如今江苏、安徽、上海等地)。巧的是,正好长洲教谕提出旧学区域狭小,要求搬迁,而附近的苏州百姓,多人梦见罗汉搬家。于是,舒汀乘机"公报私仇",拆除了报恩光孝寺,建成新学。据笔者所知,舒汀为人倔强,官声颇好。当然,我们不必去考证这个故事的真伪。

跨过平江路，干将东路622号就是控制保护建筑（一般简称"控保建筑"）孝友堂张宅，这是一处坐北朝南的大宅，现存三路五进，大门口还有一对青石的三狮戏球抱鼓石。由于干将路拓宽，原来的第三进大厅成了如今的第二进，面阔三间，进深六檩，扁作梁架，前后船棚轩，雕花精细。大厅后还有楼厅三进。1991年，苏州古民居改造，张宅被列入三处试点之一，改造后统一称为"古宅新居"。

临顿路与干将路交叉点的东北角，曾经是国学大师、南社要人金松岑先生故居。如今，这座宅子和它周围的一大片房子都已改造成了一个称作"丽景苑"的小区。河边，有一块"金松岑先生故居遗址"的石碑。

跨过临顿路的那段干将东路就是原来的松鹤板场，直到宫巷。干将东路690号为控保建筑陈宅。这是一座明清之际的建筑，坐北朝南，现存两路。东路突出，门面如今为"九珍堂"中药店。西路估计是正路，前面留有一片空地，应是当年的轿厅所在地。门面（当年的大厅）现为"片仔癀体验馆"，大门敞开，可见里面扁作梁架，纱帽翅楗木，前面两道轩，厅前船棚轩，廊内鹤颈轩。

干将东路712号就是文起堂张凤翼故居（详见拙作《姑苏名宅》）。

干将东路728号，就是松鹤板场之所以得名的源头——孙岳颁故居（详见拙作《姑苏名宅》）。松鹤板场是孙岳颁宅前场地，原称"孙岳颁场"，后讹为"松鹤板场"。苏州人都能理解

文起堂

讹传的原因：吴方言中，"孙"与"松"谐音，"岳"与"鹤"发音完全相同。如今已经翻建。

宫巷是干将东路向北通往观前街中心玄妙观的一条纵向街巷。

宫巷的南端，就是著名的"句吴神冶"牌坊。"句吴"就是苏州；"神冶"，出神入化的冶金技术，显然代指干将、莫邪。催人泪下的干将莫邪铸剑的故事发生在苏州。政变成功后的阖闾当上了吴王，便广罗天下能工巧匠，在如今的相门外干将路的南侧设工场铸剑。铸剑的"工头"就是干将。干将受命后与夫人莫邪日夜加班加点烧炉熔铁，经过无数周折，最终炼成"干将""莫邪"一对雌雄宝剑（详见拙作《苏州文脉》）。这座牌坊，就是纪念干将和莫邪的。正因为如此，从宫巷到人民路乐桥的这段旧称"干将坊"，而如今干将路的得名，就是沿

袭了"干将坊"的名称。

干将东路908号是坐北朝南具有享堂三间、两旁置配殿的言子祠。明朝万历十二年(1584)，苏州就在此处兴建了言子祠，以祭祀言偃(详见拙作《苏州文脉》)。清朝光绪元年(1875)重建。清末开始，这里设为小学校，著名教育家叶圣陶先生早年曾在此执教。新中国成立后，这里是干将中心小学。1993年干将路扩建时，原言子祠的祠门、照壁拆除，缩进重建。2003年，言子祠被列为苏州市控保建筑。如今，这里为言子书院所用。言子祠与附近的言桥以及"句吴神冶"牌坊西侧的言子亭被称为干将路上的"三言"。

言子亭

言子祠向西是人民路乐桥。过了乐桥，就是如今的干将西路了。

当我们为干将路的文化内涵感叹时，却也有着一些担忧。本篇前面所说的原第三监狱西南角的那座"斜桥"被命名"七君子桥"。"七君子"，指1936年因为号召建立统一战线而被国民党当局逮捕的爱国人士沈钧儒、邹韬奋、李公朴、章乃器、王造时、史良和沙千里七人。七君子确实曾被关押在苏州，但沈钧儒等六人被关押在吴县横街(今古吴路)江苏高等法院看守所，史良被关押在司前街看守所女监，并不是此处的第三监狱。显然，干将路拓宽时的决策者自以为"有文化"，满足于一知半解。再如言子祠进门介绍言子的石碑之下那块建筑单位的补充石碑也令人喷饭，竟然将"干将路"写作"幹将路"——或许，他们认为用繁体字代表着"有文化"，殊不知暴露了他的基本的繁简体转换的知识也没有，自古以来，"干将路"就写作"干将路"，非"幹将路"。

提示：最靠近的公交车站站名为"相门""市一中""乐桥""双塔"，轨道交通车站为"相门""临顿路"。

顾氏过云楼

干将西路——乐桥到干将桥

干将东路到乐桥为止,向西就是干将西路,直达西环路。我们介绍的这段干将西路,是从乐桥到新造的干将桥一段。

这段干将西路,如今也是两路夹一河的格局。不是老苏州(人)谁能想到,这条东西向的主干道,竟是由过去窄窄的三条小巷——铁瓶巷、镇抚司前、通和坊大幅度拓宽连接而成,虽然是"旧貌换新颜",但走在这条路上,仍能感受到古韵重重。

从乐桥到西美巷一段,是过去的铁瓶巷。据说古时候有一个仙人枕着一只铁瓶在此睡觉,并留下一个铁瓶,这条巷子就得到了这古怪的名字,苏州人也称它为"铁皮巷"。卢熊《苏州府志》等均作"铁瓶巷"。

干将路西路2号到30号是著名的过云楼(详见拙作《姑苏名宅》)。2015年起,由苏州市文旅集团所属的苏州古城建设有限公司负责进行了大修,如今以崭新的面貌迎接各界人士。

从干将西路32号到50号,是屡次被曾国藩、李鸿章推荐的河道总督任道镕的故居颐春堂(详见拙作《姑苏名宅》),相比过云楼的焕然一新,任宅就显得寒碜多了。

干将路西路120号小区之西,有一条南北向的巷子,与干将路呈"十"字交叉。这个交叉点,就是跨越干将河的芮桥。芮桥向南就是西美巷,我们将在介绍道前街时详细介绍。芮桥向北就是初春巷,这条初春巷,过去叫做"道堂巷"。相传朱元璋当了皇帝后,梦见他手下的一些阵亡将士讨封,朱元璋就同意他们五人一组立小庙于桥头巷口享受香火,据说这里巷口就有过这些庙。

从西美巷到养育巷的一段,过去称为镇抚司前。这个镇抚司,明时属于道前街上的"卫"的下属单位。

干将西路过了养育巷一直到干将桥,就是原来的通和坊。就在养育巷地铁站的东侧,有一条向北的小巷称为吴县直街。吴县直街两侧有多栋不同风格的青、红砖洋房,多为民国初期的吴县官员所居,形成一处保存得较为完好的民国建筑群。这条吴县直街向北与原称"吴县横街"的古吴路呈"丁"字交叉。而这个交叉口之北,就是曾经的吴县县衙所在地。吴县县衙在明末毁于战乱,清初重修,咸丰十年(1860)再毁,同治十二年(1873)重建。民国元年(1912),苏州军政府民政长署设在此。民国十六年(1927),吴县知事公署设在此。民国十九年(1930),吴县县政府迁到道前街的苏州府署。如今这个衙门早已拆除,现在是苏州十六中的操场。

吴县直街向西不远,干将西路336号是一个"通和新邨小区",这里就是原来的吴县文庙和县学所在地。吴县县学原址在胥门城墙边的贡院里,明正统(1436—1449)初巡抚周忱奏请搬迁到升平桥东,即今"通和新邨小区"内。迁址后,泮池内竟然出现荷花一茎三花的奇迹,而这一科吴县中了三个举人,其中东山施槃是明代苏州府第一个状元,一时传为美谈,吴县县学也因此声名远扬。如今文庙与县学遗迹无存。

"通和新邨小区"之西,就是剪金桥巷。剪金桥巷南起道前街,北至干将西路,与学士街隔第一直河平行。关于剪金桥巷,有一个美丽的民间传说。春秋时代,吴王夫差与西施乘坐画舫出游,因下船匆忙,西施尚未梳妆,就在船上打扮起来。在美容时,却找不到胭脂,西施叫人去买,发现身边未带银两,吴王就拔下自己头上的金簪,剪下一段,叫宫娥去换一盒胭脂。这就是流传在民间的"吴王买胭脂"的故事。当时,船就停靠在桥边。为此,这里的一座小桥,就叫做"剪金桥",巷名即用桥名。

干将西路跨过第一直河的就是升(昇)平桥。《姑苏志》曰:"升平桥,吴县学西,皇祐五年(1053)建。"取此祥瑞之名,就是争取太平之意。明《苏州府城内水道图》、清《姑苏城图》标注"升平桥"。如今的升平桥桥长8米,桥宽20米,跨径6米,为单孔钢筋混凝土梁式桥,花岗石桥栏。

升平桥之西,就是学士街了。学士街因明代大学士王鏊(详见拙作《苏州文脉》)居此而得名。此街南起胥门内大街,与百花洲直线连接,沿第一直河西岸向北,越道前街、干将路,至景德路与吴趋坊相接。学士街还有一条横巷天官坊,据说也是因王鏊位至天官而得名。王鏊长子王延喆于此为园,供王鏊退归娱隐,名"怡老园"。王鏊逝世后,居地乃为其子孙所居,清康熙元年(1662)改建为江苏布政使署。

怡老园

学士街向西数十米,就是新建的跨越城河的干将桥了。

提示:最靠近的公交车站站名为"乐桥""养育巷""学士街",轨道交通车站为"乐桥""养育巷"。

人民桥

人民路——人民桥到乐桥

没有人否认人民路是苏州古城区的南北主干道,是苏州的南北大动脉,是苏州的中轴线。因此回顾一下人民路的历史变迁,对了解苏州的历史文化意义重大。

现在的人民路,自书院巷口至北寺塔香花桥段,唐代称"大街"。后因形如一条横卧的巨龙(俗称文庙为龙头,北寺塔为龙尾),于是称之为"卧龙街"。康熙皇帝南巡苏州时,府县百官在此接驾护卫,于是改称为"护龙街"。抗战胜利后,一度更名为"中正路"。也有过不雅的称呼,因每日早晨沿街被排列成行的马桶(便桶)占领,苏州民间谑称此街为"马桶街"。书院巷到如今新市路,则称为三元坊。1951年,因为人民桥的诞生,三元坊和护龙街被统称为"人民路"。

如今的人民路,南起南环东路和南环西路路口之南的团结桥,北至相城区金砖路和织锦路路口,全长10.5公里,宽40米。除人民路新市路至平门桥段为双向4车道,其余路段均为双向6车道。我们这里介绍的是苏州古城区内从人民桥到乐桥的一段人民路。

人民路得名于人民桥,而人民桥与桥南堍西侧的苏纶纺织厂关系密切。苏纶纺织厂原名苏纶纱厂,筹建于清光绪二十一年(1895)。起初,由国子监祭酒陆润庠(详见拙作《苏州文脉》)任经理。1925年,由严裕棠、吴昆生、李仲斌、李蔚青、潘守仁、毛鉴清的洽记公司承租,将厂名改为"苏纶洽记纱厂"。1927年起,苏纶厂由严氏独立经营管理。

联系历史上南侧城河城内外的城门,除了盘门,只有蛇门和赤门,可惜蛇门在宋初就被废毁了,赤门应该在平桥直街正对的城南古运河上。苏纶厂在苏州城河的南面,对应之处没有城门,而住在城里的工人职员上下班必须绕道盘门过吴门桥,甚是不便,于是,就有了架桥的需求。同时,即将召开的"苏南城乡交易会"也需要畅通的交通。于是,人民桥就于1951年正式落成,这是新中国成立后苏州新建的第一座桥梁。与此同时,拆除了古城南侧的一段城墙,开辟通道,连接护龙街。由于桥名是"人民桥",其北堍的南北通衢就命名为"人民路",城墙缺口处,便称作南门。

人民桥建成之后,原先农田片片的南门内先后兴建了工人住宅区、工人文化宫、商场等建筑,还举行过苏南城乡物资交流大会。荒凉的南门地区由此逐渐兴旺,如今已成为与观前、石路相提并论的苏城三大商圈之一。

经过数次翻建,如今的人民桥是一座飞跨南北的廊桥,飞檐翘角,古色古香,它与周边的绿化景观、亭台驳岸、拱桥宝塔、近水远山、穿梭游船相互辉映,构成了一幅美妙的画卷。桥上的四副抱柱联颇引人注目,如西侧主联"凭栏极目,读一城珠玑,三吴风物;逐浪飞舟,怀十里烟水,千古江山";副联"曲栏枕水观三象,轩楹临风瞰万家"。然而,东侧的两联却逊色不少。本世纪初的一个晚上,这四副楹联竟然不翼而飞,至今不知下落。现在桥上所见的抱柱联是后补的。

如今向西的新市路,原名杨家巷,为北侧文庙的"庙前街",原来巷子的两头都有牌楼。由于文庙在这条巷子的外墙嵌满碑刻,故也称"碑记街"。

对应新市路,人民路东侧的那条东西向的道路就是新开的竹辉路。

竹辉路北,人民路538号是如今的工人文化宫。当年,这里是两座寺庙,靠近人民路的是南禅寺,其东部是结草庵。因为工人文化宫的修建,这两座寺庙就被拆除了。

工人文化宫之北有一条曲尺形的小街沧浪亭街,沧浪亭街3号就是全国重点文物保护单位沧浪亭。沧浪亭与狮子林、拙政园、留园四大园林标志着苏州宋、元、明、清四个朝代的风格,园内除沧浪亭本身外还有印心石屋、明道堂、看山楼等建筑和景观。关于沧浪亭,各类介绍举不胜举,我们这里重点介绍这

沧浪亭

座园林的主景"沧浪亭"上的对联和五百名贤祠。

沧浪亭石柱上刻有对联"清风明月本无价,近水远山皆有情",此联是清代学者梁章钜为苏州沧浪亭题的集句联,上联出自欧阳修《沧浪亭》诗中"清风明月本无价,可惜只卖四万钱",下联出自苏舜钦《过苏州》诗中"绿杨白鹭俱自得,近水远山皆有情"。这副联的意境,在苏轼的《赤壁赋》中颇有体现。

五百名贤祠为道光七年(1827)江苏巡抚陶澍所创,祠中三面粉壁上嵌着594幅与苏州历史有关的人物平雕石像,为清代名家顾汀舟所刻。咸丰年间(1850—1861)毁于兵火,同治十二年(1873)重建,当时搜求刻像,存者大半,觅得拓本,又补刻一百余人。

与沧浪亭隔着一条沧浪亭街的是最近修复开放的可园。北宋时属苏舜钦所建沧浪亭的一部分,雍正六至九年(1728—1731)尹继善任江苏巡抚期间在此地建"近山林",取孔子"仁者乐山,智者乐水"之意,称"乐园",乾隆年间改名为"可园"。嘉庆十年(1806)两江总督钱保江、江苏巡抚汪志伊在可园旧址建正谊书院。辛亥革命时期,张默君女士曾在可园内办《大汉报》。民国三年(1914),可园属省立苏州图书馆。新中国成立后,1951年起可园为苏南工业专科学校办公及师生疗养用,1957年起为苏州医学院使用,1963年列为苏州市文物保护单位,2014年开始全面修缮。然而,在可园门口(现为出口)的"可园"匾额跋语中竟然出现"智者乐山,仁者乐水"的字样,另外在有关说明中,竟然让梁章钜在道光七年(1827)就当上了江苏巡抚!实际上,梁章钜道光六年(1826)调任江苏布政使,在江苏任职8年,曾四次署理巡抚,政绩斐然;林则徐道光十二年(1832)二月,调任江苏巡抚。而梁章钜道光二十一年(1841)调任江苏巡抚。

人民路西侧613号,新市路北,就是被称为护龙街"龙头"的著名的文庙。范仲淹出任苏州知州的次年(1035),在南园遗址上立庙设学。庙学合一(即文庙与州学合一),聘请著名教育家胡瑗为教授。因为办学有方,一时名闻天下,成为各地州学、县学效仿的楷模。此后历经拓建,到明清两代府学文庙的规模越来越大,占地面积近200亩,有"江南学府之冠"的美誉。现有面积仅为当时的六分之一,目前保留下来的重要建筑有棂星门、戟门、大成殿、崇圣祠、七星池、明伦堂。文庙现为全国重点文物保护单位。

苏州文庙

苏州文庙的四大宋碑天文图、地理图、帝王绍运图和平江图,简称为"天、地、人、城"四大宋碑。

"平江图"是世界上最古老的城市石刻平面图。宋朝的苏州于政和三年(1113)升为平江府,平江图也就是苏州地图的祖本。从"平江图"中,我们可以看出当时的平江府城呈长方形,四周筑有高大的城墙,并设有城门,外为大运河所环抱,内有护城壕。城区内最大的特点就是刻出了水陆并行的两套交通系统。当然,其中最著名的大街就是这条卧龙街(如今的人民路)。

府学之北,人民路699号就是由苏州府学发展而成的闻名全国的江苏省苏州中学。

南起沧浪亭街,北至书院巷口的那段人民路以前叫做"三元坊"。乾隆

三元坊

四十六年(1781),苏州人为"连中三元"的钱棨(详见拙作《苏州文脉》)在此建立纪念牌坊,因此有了"三元坊"这个地名和路名。钱棨是清代第一位"连中三元"者,整个清代只有3人,整个科举历史上只有18人(15位文状元、3位武状元)能够"连中三元"。1951年拓宽人民路时,三元坊牌坊被拆除,但"三元坊"仍保留在苏州人口语里,至今还用作公交车站名。如今,在苏州中学东北方向,人民路十全街之北,市图书馆南侧的街心花园中,已经矗立起一座新的"三元坊"石牌坊,并有钱棨雕像。他那手持书卷沉思的神情,仿佛在告诉每个路过的人:千年府学,物华天宝,人杰地灵,隽永如斯。

人民路858号为苏州图书馆的南门,里面就有著名的席启荪故居天香小筑(详见拙作《姑苏名宅》)。

苏州图书馆北侧正门为人民路918号。

图书馆再向北就是跨越第三横河的饮马桥了。在王謇的《宋平江城坊考》一书中记有"饮马桥"名称的由来。东晋佛学家、文学家高僧支遁一生爱马。一天,这位支遁大和尚牵了一匹名叫"频伽"的宝马外出,经过苏州时,他心疼频伽,就让它在这座桥下喝水。马儿一番畅饮后随地撒了一泡尿。有趣的是,那马尿流过处的河面竟长出一丛莲花。这就是"饮马桥"桥名的来源。

苏州百姓中还流传着关帝显灵的故事。顺治二年(1645)清兵平定江南,清朝总兵土国宝率军攻入胥门,准备途经饮马桥屠城,然而当部众到了饮马桥时,"见关帝横马立桥上,始跪而止"。土国宝于是退兵,一城百姓从而得救。一座饮马桥从此更有了传奇色彩,在清代留存的《苏城全图》上,可见饮马桥西南(大致在现在科技大楼处)有一座关帝庙。清顾禄的《桐桥倚棹录》中记载了一段饮马桥上关帝显圣吓退屠城清兵的传说。

人民路1068号之北就是穿心街。穿心街街名的来历,与它南面的两条街名大新街、小新街有关,系"三新街"讹称而来。有人将"三"字写得很斜,乍看像"川"字,再加上"新"与"心"同音,于是,"三新街"就成了"川心街",经过再度误读,"川心街"就成了"穿心街"。街长125米,宽4米,原为弹石路面,1984年改为水泥六角道板路面,现为沥青路面。

这条小街上最值得一提的是建于1921年的报国寺。这座位于穿心街3号的报国寺很小,只有三进。苏州佛教博物馆即在寺内,这是苏州市继苏博(苏州博物馆)、革博(苏州革命博物馆)、碑刻、戏曲、民俗、丝绸、园林、钱币等博物馆之后的又一座博物馆,也是江苏省第一座宗教博物馆。通过馆内宋、明、清三代寺院分布图、高僧生平介绍以及法器、法衣、唐宋以来各种经书等珍贵实物的展示,我们可以了解苏州地区佛教文化发展的轨迹及其现实风貌。

人民路1088号是苏州市文学艺术界联合会。就在文联的里面,"藏"着一座控保建筑马宅。这座宅院建于民国时期,原为前宅后园格局,两进楼厅、旱船、亭阁与湖石假山,如今仅存南向楼厅与厅前小花园。

与文联隔一条人民路的就是一条不到300米

报国寺

长的称为仓米巷的东口,这条巷子因为宋代平江府粮仓在此而得名。由于今道前街东段(原卫前街)曾称府仓前街,这条巷子也称仓后巷。据我们所知,这条巷子有清朝时道台史伟堂的"半园",俗称"南半园",与白塔东路的"半园"(北半园)相区别。俞樾曾撰有《半园记》。但我们寻找了好久,也未曾找到。询问有关人员,说是半园的门开到了这条巷子北面的大石头巷,一般人等别想进入。

人民路1120号之南为通向东边锦帆路的通关坊,通关坊7号也是控保建筑丁宅,这座宅子原为五进,为明式风格。由于小区的改建,据说前三进被移到了别处。如今,控保牌放在第四进楼厅的边上。

与通关坊隔一条人民路的就是向西的大石头巷,巷子因一块一度曾被认为是陨石的大石头而得名。大石头巷36号的门口,挂着省级文物保护标志牌——大石头巷吴宅,这座宅子中的"四时读书乐"的砖雕门楼蜚声海内外。(详见拙作《姑苏名宅》)

我们介绍的这段人民路的最北面就是乐桥。

元至正六年(1346),乐桥曾重修。到1949年解放时,乐桥以一座单孔石拱桥的形式呈现在世人面前。上世纪末改建时,曾挖掘出古代的乐桥,但由于赶进度,未曾加以保护。2016年借地铁修建的机会再度改建,就是如今模样。

在笔者的记忆中,人民路翻建了五六次,每次改建后都换一个模样。实际上,几乎每座城市都有一条道路承载着城市的历史,见证着城市的变迁,更在人们心中烙下了深深的印记。对苏州人而言,人民路就是这样的一条道路。

提示:最靠近的公交车站站名为"南门""工人文化宫""三元坊""苏州图书馆""饮马桥",轨道交通车站为"南门""三元坊""乐桥"。

平门桥

人民路——乐桥到平门桥

　　从乐桥到接驾桥,人民路逐渐进入繁华地带。

　　人民路从乐桥到察院场的一段,我们将在"怡园历史文化街区"进行专门介绍。

　　人民路与观前街、景德路交界处的十字路口为苏州最繁华的地段——察院场。察院场的西北角,过去曾经是东华严寺,上世纪50年代为苏州市佛教协会所在地。察院场的东北角,如今的苏州银楼,过去曾经是苏州最大的一座关帝庙。

　　苏州银楼向北不远,就是乔司空巷。"乔"为姓氏,"司空"为官名,西周时始置,宋代以"司空"为大官加衔。这里的"乔司空巷",因南宋大臣乔行简居此而得名。

　　人民路西侧1505号南就是范庄前。范庄前因范氏义庄建于此而得名。范仲淹于皇祐元年(1049)用自己多年积蓄的俸禄,在苏州近郊买了千亩良田,称之为"义田"。同时建立了义庄,将义庄的财物当作一族的公产,用义田的收入赡养族中穷人,使之"日有食,岁有衣,嫁娶凶葬皆有赡"。范仲淹父子通过义庄给族人所享有的经济生活有如下方面:领口粮、领衣料、领婚姻费、领丧葬费、领科举费、借住义庄房屋等等。凡是范家的族人,只要住在本乡,就有权利向义庄领取上述物资,不分贫富,一视同仁。范氏义庄在巷内景范中学校园内,为苏州市级文物保护单位。想来,该校的学生诵读"先天下之忧而忧,后天下之乐而乐"的时候,会对范仲淹的品行有更多的感动。昔贤已去,精神长存,愿该校的师生、苏州的市民,能够在希慕先贤的同时,也把关心他人、奉献社会的美德传承下去。范庄前曾有一座雕饰精美的巨型石坊——"先忧后乐"坊,"文革"中被毁。

人民路西侧 1549 号之南为蒲林巷,著名的昆曲理论家吴梅的故居在蒲林巷 35—1。(详见拙作《姑苏名宅》)

人民路 1550 号之北就是阎邱坊,因为巷内曾有北宋朝议大夫阎邱孝终宅第和所立之坊而得名。"上海纸业大王"詹沛霖先生的"五爱堂"就在阎邱坊 4 号。(详见拙作《姑苏名宅》)

人民路西侧 1571 号之南就是双林巷。明天启年间(1621—1627),住在这条巷子里的文震孟、文震亨兄弟两人同榜成进士入翰林,邻里以之为荣,就把这条巷子称作"双林巷"。清同治年间(1862—1874),巷中吴氏兄弟吴大澂、吴大衡亦同榜入翰林。(详见拙作《姑苏名宅》)

人民路东侧 1620 号恒孚银楼之南就是祥符寺巷,显然,祥符寺巷因巷内的祥符寺而得名。这条巷子的北侧(洪元弄内)原有南朝梁天监二年(503)所建福田寺,北宋大中祥符年间改名为祥符寺,巷由此而得名。《苏州城厢图》《吴县图》标作"祥符寺前",《苏州图》复标祥符寺巷。

人民路之西,原来有一条小河和它平行。就在人民路与东中市交界的地方,原来有一座小桥跨越这条小河,《平江图》把此桥称为能仁寺东桥,因在能仁寺东而得名,后来能仁寺改名承天寺,此桥也改称承天寺东桥。明《姑苏志》上说:"承天寺东桥,相传吴王屈驾于此,名屈驾桥,今名阙家桥。"这至少说明此桥得名于春秋时期。清代以来,又因附会康熙南巡、市民在此接驾的故事,改名接驾桥,沿用至今。如今小河被填掉了,桥没有了作用,也被拆了;但接驾桥的地名沿用至今,造成了"接驾桥没有桥"的尴尬局面。

这里提到的能仁寺,即著名的重元寺,又名有仁寺、重云寺、重玄寺、承天寺、能仁寺,原址在接驾桥附近,相传是梁卫尉卿陆僧瓒在梁天监二年(503)舍宅而建,初名有仁寺,又附会说有祥云缭绕,故又名重云寺,唐改"云"为"玄",宋初改名承天寺。(详见本书《东中市与西中市》篇)

白塔西路之北,人民路西侧 1720 号之南有一条小巷称作装驾桥巷。关于"装驾桥巷"的得名,民间传说有两个版本。其一,相传吴王嫁女于此"装驾",

北寺塔

故得名；其二，宋嘉祐中，浦城章粲为苏州教官，居于此，巷东有桥称为"东章家桥"，由于吴方言"章""庄"之音不分，故"章家桥"讹为"庄家桥"，"章家桥巷"也就讹为"庄家桥巷"，又由于紧靠"接驾桥"，故"庄家桥巷"讹为"装驾桥巷"。装驾桥巷34号，就是吴门画派的传人吴待秋故居残粒园。（详见拙作《姑苏名宅》）

人民路东侧1918号，就是全国重点文物保护单位报恩寺塔，门前的那座桥，就是香花桥。

报恩寺又名报恩讲寺，俗呼"北寺"，而塔也被称为"北寺塔"。北寺塔是苏州城的重要地标，2006年被列为全国重点文物保护单位。

报恩寺本为三国东吴通玄寺，唐改名开元寺。唐大顺二年（891），开元寺被焚毁。五代后唐同光三年（925），吴越钱氏在盘门内重建开元寺。后周显德二年（955），又在城北故基再建佛寺，名为报恩寺。南宋建炎四年（1130）报恩寺毁于兵火。绍兴年间（1131—1162）重兴，誉为吴郡"第一名刹"。后元、明、清迭经废兴。

报恩寺在民国期间，常常举行传戒仪式。20世纪30年代初，著名南社文人陈去病也曾在此寺皈依受戒。

日寇侵占苏州后，殿前荒地成为日寇屠杀俘虏和平民百姓的场所，尸骨成堆，惨不忍睹。日寇又将宝塔用作军火库。

解放军接管苏城时，报恩寺由苏州佛教组织接收管理。1962年，大雄宝殿因坍毁被拆除，如今础石犹在。1965年，苏州市佛教协会和灵岩山寺等出资大修宝塔。

"文革"中，报恩寺所有佛像都被砸毁，两尊一米高的檀香木佛像被焚烧，一座苏州最大的高一丈六的樟木接引佛，烧了三天才毁尽。那时，破败不堪的报恩寺房屋就由苏州园林局接管。

1994年,政府落实宗教政策,将报恩寺归还给苏州市佛教协会管理。2003年5月,经苏州市政府批准作为宗教活动场所局部开放,重修了七佛宝殿、藏经楼、楠木观音殿等建筑,重塑了佛像。

位于塔东的楠木观音殿,始建于南宋绍兴二十三年(1153),现存殿宇为明万历时重建,是苏州保存最完整的明代建筑。殿为重檐歇山顶,面阔五楹,进深五间,内四架,前置檐廊,檐高7米,四周檐柱为抹角石柱,内柱用楠木。

观音殿南建有一长廊,陈列着目前国内最大的巨型漆雕"盛世滋生图",也称"姑苏繁华图",长32米,高2米。报恩寺塔后有罕见的元代石雕"张士诚纪功碑"。

报恩寺塔是中国最高大的砖木结构楼阁式古塔,也是苏州重要的城市标志。塔为九级八面,高76米,塔身结构由外壁、回廊、内壁和塔心室组成。外壁挑出木构腰檐,八面辟门,重檐覆宇,朱栏萦绕,金轮耸云,峻拔雄奇,为吴中诸塔之冠。登塔远眺,可俯瞰苏州全景。据考证,塔的外壁与塔心砖造部分,以及石筑基座、基台,基本上为宋代遗构,是研究宋代建筑的珍贵实物。

苏州知青馆设在人民路1965号大鸿运酒店内。昔日的知青,能在这里怀旧,并开展多项文化活动。

人民路西侧的2075号是新造的苏州市公共文化中心,包括了苏州市文化馆、苏州美术馆、苏州市名人馆等等。其中,苏州市名人馆展陈面积1500平方米,以苏州历史名人、状元宰相和两院院士共计445人为展示对象。可以这么说,苏州名人馆是展示苏州历史文化的一个窗口。

紧靠公共艺术馆北侧的就是校场桥路。

人民路西侧2211—2215号,为钱大钧故居。在人民路2214号内,有顾祝同的故居墨园。(详见拙作《姑苏名宅》)

我们介绍的这段人民路的最北端,跨越东西两侧慢车道的是两座新建的石牌坊,这两座牌坊相互构成的楹联颇有趣味。南向曰"十里人家,阅千年吴越沧桑,竹简先青天下;一桥流水,披二月姑苏烟雨,春风早绿江南",北向曰"城起阖闾,栖凤卧龙,南北绵延称胜地;源开泰伯,崇文尚德,古今融汇贯长街"。这两副联平仄和谐,无故作玄虚之处,但却能从中了解苏州的概貌,将之放在由火车站进入苏州古城的北大门口,甚是恰当。

然而,这里一度并不是苏州古城的北大门。当年夫差平齐出兵的平门早已封闭。1906年,沪宁铁路开通,然而,下火车的人只能远远望着北寺塔;因为苏州老城区的北部没有城门,没有跨越护城河的大桥,要去北寺塔必须绕道阊门。1926年,火车站建成20年后,苏州才打开平门,可是却发生了"齐卢之战"。开了平门就发生战乱,有风水"大师"就说:苏州城酷似螃蟹,但不能有

钱大钧故居

八脚(即八向),于是填塞平门。两年后,平门复开,不过也就是两个门洞,没城楼没城门,是一个完全追求实用价值的城门。同年,贝家的"颜料大王"贝润生投资建造了跨城河通向火车站的大桥梅村桥,之所以起名梅村桥,是为了纪念他的父亲贝梅村。虽然这座桥后来正式更名为平门桥,但是,老苏州人却仍然称之为"梅村桥"。

于是,"护龙街"从"龙头"处向北延伸,从北寺塔香花桥可以直达火车站了。上面所说的钱大钧故居与顾祝同故居,都建于1929年平门桥建成之后。

经几度改建,如今的平门桥是一座漂亮的廊桥,与南门的人民桥相呼应。

平门桥北,新的人民路继续向北延伸,直达相城区金砖路和织锦路路口,但不再是我们介绍的内容了。

有了平门的开通,才有了梅村桥的修建;有了梅村桥的修建,才有了人民路的繁华;有了人民路的繁华,才有了观前街的繁胜。因为从此以后,到苏州下了火车不用绕道阊门就能很方便地取道护龙街(人民路)直达观前街了。这就是递进式的因果关系吧。

提示:最靠近的公交车站站名为"乐桥北""察院场观前街西""接驾桥""北寺塔""平门",轨道交通车站为"乐桥""察院场""北寺塔"。

第一单元　葑门片区

- 十全街
- 石炮头与葑门横街
- 相王路
- 阔家头巷
- 吴衙场与带城桥下塘
- 羊王庙
- 滚绣坊
- 醋库巷
- 长洲路与泗井巷

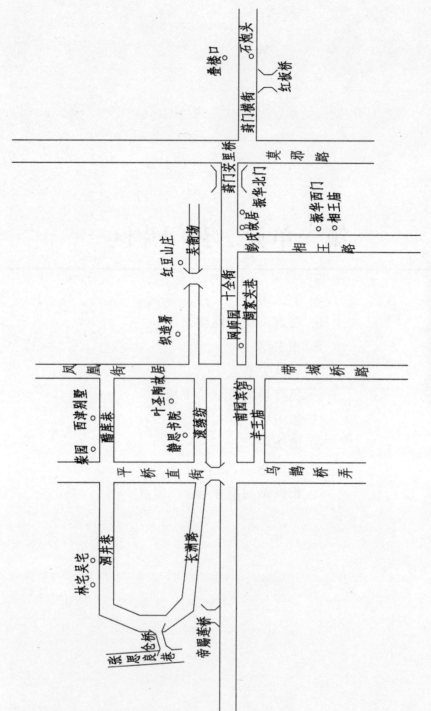

葑门片区游览观光示意图

十全街星造桥

十全街

　　葑(fēng)门位于江苏苏州城东相门之南。关于"葑门"的得名,传说颇多,比较经得起推敲的是因周围多水塘,盛产葑(茭白),遂称为葑门。该门历代多次重建。清初重建门楼,题额"溪流清映",同时增辟水门。民国二十五年(1936)门楼被拆除,上世纪50年代城门也被拆除。

　　苏州人将葑门读作 fū 门,据说也有来历。有"老苏州"认为,如果读成"封门",那听起来就会觉得把门封起来,而历史上葑门确实"封"过几次,害得老百姓进进出出只好兜圈子,很麻烦,所以大家很忌讳读"fēng",就改读"fū(与'富'字谐音)门"了。也有人认为这个"封"的本意是祈求农副渔牧丰收的,和"富"的意思相通。把葑门读成"fū"门,就是根据它的本意——富裕。

　　苏州护城河在葑门之北分为东西两条支流,过了葑门一两百米处又合二为一,如此,就形成一个"岛屿",苏州人称之为"长岛"。如今,长岛的北段及其附近已建成了一个美丽的花园。

长岛北花园

葑门外跨越东面那条河(外城河)的桥梁就是安里桥。安里桥向东,就是葑门路了。安里,就是取保境安里之意,宋《平江图》标注"安里桥"。20世纪60年代,因"里""利"谐音,故俗名"安利桥"。苏州市区有三座同名的"安利桥",葑门安利桥与《苏州市区第一批吴文化地名保护名录》和"苏州地名网"所载的名称不符。针对这一情况,2014年苏州市政设施管理部门与市地名办召开专题研讨会,对涉及的桥梁逐一进行梳理,确定正式名称,最终,将葑门外的这座"安利桥"复称为"安里桥"。

安里桥始建于宋。元至正十四年(1354),由城东丹霞观道士周玄初主持重建。明成化十年(1474)又重建。清同治十二年(1873),桥面改为木板。1980年扩建。1990年改建为如今模样:长12.8米、宽18米、跨径10.1米的水泥梁式桥。

安里桥向西,跨越里城河的就是真正的城门桥——葑门桥了。葑门桥西,就是十全街。十全街是苏州城区东南部的一条主要街道,从葑门至人民路三元坊口,全长2004米。

葑溪,与石炮头、葑门横街平行,西端与外城河成丁字相接。相接口之北100余米处,有一条小河从里城河直通向西,这条河也叫葑溪,即苏州的第三横河,平行于这段葑溪南侧的就是十全街。

十全街原名十泉街。淳熙年间(1174—1189)江南大旱,里人挖了十口井(泉)于此,十泉街之名从此远播矣。清乾隆帝自号"十全老人",这"十全"是指他在位期间所建树的十大"功勋"。乾隆南巡至苏州,曾驻跸于与十全街平行的带城桥下塘织造府行宫内,地方官员为讨好乾隆,遂将"十泉街"称作"十全街"。

由东步入十全街,过葑门桥,左侧向南就是二郎巷。此巷北出十全街,南抵南园河,东傍内城河,西邻振华中学(原苏州市第八中学)。此处原为南园农田菜圃东北隅僻巷,卢熊《苏州府志》等未见著录,冯桂芬《苏州府志》作"二郎巷",巷内原有供奉二郎神的神庙,故名。当地人称"宜兰巷""尼兰巷",为吴语"二郎巷"谐音之讹。旧时,二郎巷另有碧云精舍、宋氏家庵、茅山堂、潜修庵(阿太堂)等古迹,如今踪迹难寻。2009年,二郎巷南端沿河建起一座古色古香的百米长廊。

十全街101号就是振华中学的北校门。

振华中学北校门的西邻,就是"祖孙会状"的彭定求、彭启丰故居。(详见拙作《姑苏名宅》)

根据2006年编撰的《沧浪区志》记载,李根源故居在十全街111号;但如今却要从279号的短巷向南进入。(详见拙作《姑苏名宅》)

十全街336号的西侧,一座星造桥跨越葑溪,直通迎枫桥弄。这座星造桥为单孔石桥,桥拱由青石砌就,桥面与桥栏杆都为花岗石,当中的千斤石上,雕着二龙戏珠。正中桥栏板两侧都是"星造桥"三个红字,内侧浅雕龙凤呈祥的图案。20根望柱,都雕有山雾云头。石栏杆的两头,是雕有精致图案的抱鼓石。遗憾的是,"文革"中,星造桥一度成了"新造桥"。

十全街从凤凰街到乌鹊桥的一段,主体是门对门的两家宾馆。南侧是南园宾馆,蒋纬国故居和何亚农故居就在里面(详见拙作《姑苏名宅》);北侧是南林饭店。南园宾馆的西围墙外,就是一条名为五龙堂的向南直达羊王庙的小巷。王颂蔚故居就在五龙堂西,而文保(文物保护)标志牌"王颂蔚故居"却挂到了十全街737号"故宅新居"慎思堂的门口,令人忍俊不禁。(详见拙作《姑苏名宅》)

就在十全街737号的路北,有一座单孔石拱桥——进士桥。这座桥桥北连着的小巷曾住过明代进士、抗倭名臣朱纨,因而得名朱进士巷。于是,桥也就成了进士桥。

十全街793号的西面,就是南北走向的乌鹊桥弄,也就是说,乌鹊桥弄和十全街成丁字交叉。乌鹊桥弄因乌鹊桥(详见拙作《苏州古石桥》)而得名,而乌鹊桥因当年的乌鹊馆而得名。据记载,春秋时吴国共有三所客馆(现今称宾馆),为"乌鹊""升月""江风"。其中"乌鹊"就在十全街上的乌鹊桥畔,乌鹊桥则因此馆得名。所谓乌鹊即喜鹊,古人有"鹊躁而行人至"之说,客馆以乌鹊命名,合理之中透着吉祥。乌鹊馆沿十全河而筑,舟楫可至,车马可达,水陆皆通,甚是便捷。进入 21 世纪,此弄拓宽建成沥青路,现改称乌鹊桥路。

十全街乌鹊桥一带为旧时古城高档住宅区,豪门巨屋,深宅大院,鳞次栉比。乌鹊桥至人民路(原三元坊)段,宋时名孝友坊,卢熊《苏州府志》已录"孝友坊巷"名,清朝到民国称大太平巷。20 世纪 50 年代,该路诸段全部拓宽后,都称为十全街。

当年的长洲县县治就在与此段十全街隔一条葑溪的吏舍弄 10 号,一度为苏州职业大学的一部分。

帝赐莲桥

十全街 940—946 号之间,就是向北跨越葑溪的帝赐莲桥。帝赐莲桥是一座单孔的石拱桥,桥宽 3.2 米,全长 14 米,跨度 4.8 米,八根望柱。虽然说桥面与桥栏杆都是花岗石,但桥拱由青石构成,证实该桥最迟初建于元末明初。

苏州人都认为帝赐莲桥与张士诚关系密切。元朝末年,农民起义军领袖张士诚攻下苏州城自称吴王。(详见拙作《苏州文脉》)当时,朱元璋为了一统江山,派了大队人马围困苏州。张士诚打不过朱元璋,只得死守城池。这时,张士诚的老母亲病情一天比一天严重,张士诚是个孝子,天天要去看望老母亲。老娘也知道朱元璋大兵围城,儿子忙于军务,还要天天来看望自己,于心不忍,就找了一条白带,悬梁自尽了。张士诚知道后非常伤心,为纪念老母亲,就在老母亲的住地附近,重建了一座石桥,算是为老母亲做的善事,望老母亲早日超生。桥造好以后,还来不及取名,朱元璋大军就攻破了城门,张士诚被俘后上吊自尽。

张士诚称王苏州十多年,对吴中士民多有仁德恩惠,后期虽有沉湎享乐、不思进取的表现,但对百姓、商贾、文人绝无盘剥欺压之事,所以颇得民心。正因为如此,老百姓都当他是皇帝。这座桥是他主张造的,那就叫"帝赐桥"吧。然而,当时已是朱元璋的天下,谁还敢称"帝"呢!明朝的苏州官员知道后,下令不准叫帝赐桥,要换上一个名称。老百姓很有办法,因为张士诚的小名就叫"九四",就巧用谐音,将"帝赐"改为"九四桥",但官府也知道这个含义,所以也不准叫"九四桥"。吴方言中,"九四"与"狗屎"谐音,老百姓就说是"狗屎桥"。而吴人称"屎"为"屎莲头",所以又叫成了"狗屎莲桥"。故意用俗得不能再俗的谐音来称呼这座桥,这也是老百姓的智慧吧。实际上,老百姓心里叫的还是"九四桥"甚至"帝赐莲桥"。

据专家考证,该桥的历史实际上比张士诚所处的年代要早出一百年,因为《宋平江城坊考》记载,它的始建时间在南宋咸淳年间。但这并不妨碍人们对传说的尊崇。

十全街972号与986号之间,就是张思良巷,有人说,张思良巷就是"张思娘巷",这个姓张的,莫非就是张士诚?如今,张思良巷西侧竖有重新建造的"三元坊"牌坊和连中三元的钱棨的塑像。

由于涉外的南林、南园、苏州等宾馆都坐落于此街,故"文革"期间,十全街一度被更名为友谊路。友谊路上开满了外国人喜欢的小商品店铺,这成了十全街悠悠岁月中的一段小插曲。上世纪80年代,沧浪区政府精心规划,对破破落落的十全街进行了全面改造,改造后的十全街成了姑苏一道亮丽的风景。然而,如今的十全街几乎都是玉雕工作室,白玉、玛瑙、碧玉、阿拉善、战国红等等各种玉石琳琅满目——多了一些富贵气,少了一些平民味。

提示:最靠近的公交车站站名为"葑门""苏州饭店""网师园北""南林饭店""三元坊(十全街)",轨道交通站为"三元坊"。

红板桥

石炮头与葑门横街

出葑门向东,就是葑门大街。葑门大街之南,有一条小街与它平行,这就是石炮头和葑门横街。东段为石炮头,西段为葑门横街,两者的交界处就是叠楼口。而这条街(实际上是两条街)的南面,就是著名的葑溪。笔者恩师吴企明教授的诗学著作就命名为《葑溪诗学丛稿》。另外以"葑溪"命名的书,笔者所知的就有《葑溪寻梦》《葑溪贾客》《葑溪横街》……

介绍这条街,必须从两者的交界处——叠楼口开始。叠楼口,并不是说这里的楼房众多,实际上是敌楼口。苏州人"敌""叠"同音,以讹传讹,"敌楼"就成了"叠楼"了。旧时,此处为水陆交通枢纽,历来为兵防要地。《苏州市志》称:"明嘉靖三十六年(1557)巡按御史尚维持为抗御倭寇窜扰苏州城,创建敌楼三处,一在木渎镇,一在葑门外,一在枫桥即铁铃关。现仅存铁铃关一处。"葑门外这座敌楼高约六米,宽约五米,跨横街而筑,拥有拱门。由于敌楼上放置了一尊发石炮,所以后人就把敌楼东边这条老街叫做"石炮头"。民国十四年(1925)敌楼被拆除,但 30 年代该处地名牌仍作"叠楼口",民间则呼为"叠楼头",民国《吴县志》作"敌楼头"。上世纪末,该处民居墙角还竖有石碑,刻"敌楼故址"四字。

石炮头路长 330 米,宽 4.8 米。东端起自今东环路,与夏家桥(路)相连。1990 年改弹石路面为水泥六角道板路面。2011 年改造葑门横街时,也改为长方形石板路面。

石炮头包括西段的横街,一向为鱼行市场。夜半时分,四周渔民驾一叶小舟到此,在街头设摊出售鲜鱼。如今,这里仍然以鱼虾交易为主。从凌晨开始,一直到中午,熙熙攘攘,人头攒动,摩肩接踵。这里的鱼虾品种丰富,价格比较便宜,尤其以新鲜为最大特色。这里的鱼行,多喊出"太湖特产"的口号。令人喷饭的是,一位"老江湖"曾告诉笔者,太湖西山开"农家乐"饭店的老板,一早也开车到这里采购鱼虾,然后回去冒充太湖土产,加价卖给苏州城特地赶去尝鲜的市民,这不由得让人咂舌。

鱼行

敌楼口之西就是葑门横街,街长 690 米,宽 5 米,80 年代改铺水泥六角道板路面,2011 年改造,如今为条石路面。该街为葑门外最主要的街道,西至葑门西街。葑门横街是苏州街巷多条名称"横街"而至今唯一保存较为完整的一条街,街上绝大部分建筑仍保留清末民初枕河人家的风格,北街南河,河街并行。这条河,就是葑溪。光阴荏苒,时代变迁,那悠悠的河水,看一眼就能勾起我们对老苏州的那一份独钟之情和深深眷恋。小桥流水、粉墙黛瓦的韵味有几分,苏州的典雅就有几分。"遥远的夜空,有一个弯弯的月亮,弯弯的月亮下面,是那弯弯的小桥,小桥的旁边,有一条弯弯的小船,弯弯的小船悠悠,是那童年的阿娇",仿佛听到一颗惆怅的心随着葑溪水渐行渐远。

俗话说,"没到过葑门横街,就不知苏州市井生活"。葑门横街承载着很多老苏州的悠远记忆。横街上各种蔬菜鱼肉、水果副食应有尽有,还有各类时鲜,如茭白、莲藕、水芹、芡实、慈菇、荸荠、莼菜、菱角等"水八仙"。如果说石炮头鱼行熙熙攘攘,那么,横街的水产交易简直挤得水泄不通。

横街中段的室内菜场,原来是成立于民国十六年(1927)的苏州救火总会下属的"南区第一段救火会",1949年后改为娄葑供销社,又经过扩建,上世纪90年代后成为横街菜场。

横街120号附近的南侧,有一座桥跨越葑溪,叫做红板桥。这座红板桥,大有来历。

从桥名"红板"来看,这座桥初建于唐代的可能性较大,那时的桥梁多为木结构,且漆上红漆,白居易诗云:"红栏三百九十桥。"清同治十一年(1872)重修。宣统二年(1910)由里人捐资对桥进行了整修。民国十八年(1929)又增加了铁铸的栏杆。在能够包含苏州城外的近现代地图上,都绘入了红板桥。

如今的红板桥为梁式单孔平桥,桥长17米,桥宽1.9米,跨径5.6米。北坡11石阶,南坡16石阶。铸铁栏杆,铸铁漏花板,铸有"延年益寿"字样。石梁两侧,刻有楷书"红板桥"三字,字外各加圆圈。两旁刻有小字"同治十一年五月重修","宣统二年,里人捐资重建……"。

红板桥南堍,与桥成丁字相接,沿着葑溪南岸的那条街也称为"红板桥",也就是说,塘岸与桥同名。

横街西段

横街西端约 100 米为如今拓展新建，粉墙黛瓦，甚是有模有样。

过去横街不直通葑门西街，横街西头向北原为一条弓形的小巷草鞋湾，进出横街要从草鞋湾经过。而弓弦，就是如今拉直的横街西端。虽然草鞋湾地名早已撤销，但苏州百姓仍然这么称呼这一带。

草鞋湾的"弓背"，就是昔日的锡记哺坊。

哺坊也就是鸡蛋孵化成小鸡的地方，苏州在清末开始出现"土哺"孵化家禽的哺坊。葑门地区的哺坊一直名气很响。葑门锡记哺坊为争取种蛋，还开办了种鹅饲养场，首开哺坊办鹅场之风。一直到 1959 年，哺坊工场告别了土缸土法，采用了电孵，从而提高了效率。有哺坊必有喜蛋，所谓喜蛋，就是小鸡小鸭基本成型但夭折在蛋壳里的蛋。据说这种蛋味道特别鲜美，在苏州百姓中很有影响。如今，"锡记孵坊"早已关门，但葑门的"喜蛋"市场却仍红火了好久。季节一到，小商贩纷纷从别处批来喜蛋，聚集在葑门卖，因为市民们一向认为葑门的喜蛋"正宗"，这就是所谓的"傍名牌"！

行走在石炮头和横街，只能用"侧步"描述，因为这里是历史自然形成的农副产品交易集散地，是城区居民的"菜篮子"，人实在太多了。然而，横街的最西段，也就是新开出来的 100 来米，却有些冷清，这或许就是传统和现代难以调和的矛盾吧。

提示：最靠近的公交车站站名为"葑门首末站东""葑门首末站""葑门""葑门西街"。

相王庙大殿屋脊

相王路

相王路位于苏州城区东南,南起竹辉路,北至十全街 165 号中国银行苏州葑门支行之西。清冯桂芬(详见拙作《苏州文脉》)《苏州府志》作相王巷,民国《吴县志》并注"俗呼相王弄"。长 580 米,宽 7—8 米,1987 年铺沥青路面。民间有时又呼作相王庙弄。

1966 年改称向农三弄,1980 年恢复旧名相王弄,1987 年拓宽后乃称相王路。

相王路因相王庙而得名。相王庙是苏州古城区留存至今的唯一一座与苏州古城具有相同久远历史的古庙宇。那么,苏州城里的相王庙当年供奉和祭祀的又是何人呢?这位"相王老爷"并非等闲之辈,他姓桑名湛璧(亦有史料记载姓桑名湛),是吴王阖闾手下一位骁勇的将军。

公元前 514 年,吴王阖闾命伍子胥"相土尝水,象天法地",选择地址并动用大量人力物力建造了一座在当时可谓气势恢宏的吴国都城,时称"阖闾大城"。然而,由于苏州周边水文状况复杂,有些地段城墙造好即坍塌,尤其在建造东南部城墙时,遇到汹涌的漩涡,一时工程受阻。人们下意识地认为这是水中的蛟龙在作怪,但无论人们用了多少镇妖降怪的方法,都没有效果。这时候,桑将军驾驶一条装满木材树枝以及各种镇怪之物的木船,无畏地驶向漩涡中心。突然,桑将军和木船一下子被吸入漩涡之中,等到波平浪静,人们惊奇地发现骇人的大漩涡消失了,水面渐渐恢复了平静,但是桑将军和他的木船却再也没有出现。城墙顺利筑成了,苏州百姓被桑将军伟大的献身精神和英雄的壮举所震撼和感动,自发地在苏州城的东南即如今相王路所在地修筑了供奉桑将军的庙宇,用以纪念为修筑东南城墙而献身的英雄。从此,每逢农历初一和十五,以及桑将军的生日和忌日,四方八乡的人们风雨无阻地前来烧香祭祀,祈求桑将军能为他们弭灾消祸,保佑生活平安富足。

到了唐朝,民间的活动通过地方行政长官的奏折上报朝廷,皇帝正式敕封桑将军为相王神,护佑吴民安康富足。从此,祭祀他的场所亦正式封为"赤阑相王庙"。清康熙四十四年(1705)织造使李煦重建相王庙,奏请加封桑将军为护国忠显王。道光元年织造使嘉禄率绅民又重建,并请编入祭册,为织造衙门香火。咸丰十年(1860)毁。同治四年(1865)再重建。

相王庙的香火愈益兴盛,相王庙的规模亦愈益恢宏,一度庙产房宇达1054间。相王庙前的桥和路均因其得名,如相王桥、相王弄至今尚存。

相王路中段就是相王桥,如今名为"烧香桥"。烧香桥始建于宋,宋《平江图》著录,名"东长桥"。清康熙《苏州府志》:"俗名东烧香桥,在葑门南营,近二郎庙。"因为桥北堍东侧有相王庙,南园农民去相王庙烧香必经此桥,又因为桥西另有一座跨越南园河的姐妹桥,俗称西烧香桥,所以,百姓们将这座桥称为东烧香桥。1987年翻建相王弄时,此桥拓宽为7米。如今拱圈两侧都嵌有一个石雕龙头。桥南堍嵌有水泥碑,上面写着桥名及"一九八七年改造"字样。

相王路78号就是如今振华中学的西大门(实际上是正门),其北大门在十全街彭定求、彭启丰故居之东。实际上,如今振华中学的北部,就是当年彭氏住宅的一部分。

说到振华中学,不得不提起明代大学士、文学家王鏊的十三世孙王颂蔚(1848—1895)的夫人王谢长达(1848—1934)。1906年,王谢长达在几位热心教育的友人的资助下,募捐千余元,在苏州办起一所"两等"(初等和高等)小学,取名"振华女校",并亲任校长,致力教育救国,振兴中华民族。年复一年,"振华女校"声誉日隆,为国家培养出一批批栋梁之材。王谢长达之女王季玉(1885—1967)为继承母志,婉辞各大学之聘,致力于振华女校的校务工作。著名教育家陶行知先生曾评价说:"振华是数一数二的学校,是振兴女子教育最早的先锋"。著名女作家杨绛、苏雪林都是振华的校友。

振华中学

振华女校最早坐落于十全街,后因学生日多,学校规模渐大,由王季玉先生迁至严衙前,后又迁至带城桥下塘之旧织造署(即今十中校址)。后来,学校经多次组合,校名几经变化。如今,终于独立为苏州市振华中学。

振华中学的西南隅,就是相王路之所以得名的相王庙了。如今,古老的相王庙作为苏州市第178号控保建筑,历经各届政府的修缮,正日益焕发迷人的魅力。

由于相王庙的主体被圈入振华中学,我们只能在西墙外遥望大殿高耸的屋脊,想象着当年的鼎盛状况。如今,相王庙的西侧围墙开了一个门,里面是进深三四米的三间屋。屋内放一张桌子,并置有多个塑像,众多形形色色的男女,或围坐折叠锡箔唱宣卷,或顶礼膜拜。不由得想起现代诗人伊农的一首诗歌:

经文,念了整整一个夏天/天,凉下来了/天空,愈加高远//枝头上,泥洞里/有没有阳光,高处或低处/皆可修行/一座小小的禅院/在我心中//

看着这三间小屋的热闹情景,笔者不由得想起"文革"破"四旧"之后信徒们在这座封闭的围墙外烧香磕头的情景。看来,民俗的传承是难以抗拒的。当然,我们需要的是正能量的民俗,就如对那些为人民群众利益而牺牲的英雄的崇拜。

提示:最靠近的公交车站站名为"苏州饭店"。

圆通寺大殿

阔家头巷

阔家头巷在苏州古城区东南部,位于十全街南 200 来米,与十全街平行,东与南石皮弄成丁字相接,西止于带城桥路。路长 191 米,宽 2—2.6 米。1991 年改弹石路面为水泥砖路面,如今为石条铺成的人字形路面。因为清代居住在此巷内的多为贵人,用钱阔绰,故名"阔家头巷"。民国《吴县志》作阔阶(街)头巷,《苏州城厢图》标作阔家头巷。因为巷内有圆通寺,一度被称为圆通巷。

阔家头巷 4—6 号为圆通寺。圆通寺,本名玄通庵,宋淳熙间僧原净初建,明初归并东禅寺。清康熙时改为圆通庵,光绪中改为寺。民国二十年(1931),寺内尚有各类屋宇 50 余间,颇具规模。1958 年,寺庙大部分改为民居,部分殿宇划入小学,改作仓库。大殿后"法乳堂"楼宇,现已划入圆通寺西隔壁的网师园,名"云窟"。抗战前,寺僧风月上人善于诗画,栖谷则知诗能琴,知名文人叶恭绰慕名拜访,与诗僧参禅说法,吟诗唱和。寺内藏经阁所藏佛教经卷弥足珍贵,"文化大革命"初,寺僧巧妙将经卷伪装后,乘夜色偷运至西园寺保存,避过"破四旧"之劫。

2007年,有社会力量出资重修圆通寺,在原址上创办苏州圆通美术馆,还成立了苏州市史前玉器研究会、博物馆。馆藏文物包括瓷器、高古玉、油画等,尤其是一些有关红山文化的文物,定能给收藏者带来惊喜。

如今,圆通寺尚存中路天王殿和大殿两进,另有西路的一些附房。圆通寺故址(阔家头巷4号和5号)现为市控制保护建筑。

圆通寺门前的石经幢颇有特色。石经幢通常有四面、六面或八面形。其中,以八面形为最多,而圆通寺前的经幢却是七面,被称为"七宝如来宝幢",七面文字为"南无多宝如来""南无宝胜如来""南无甘露王如来""南无阿弥陀如来""南无广博身如来""南无妙色身如来""南无离怖畏如来"。

知名书法家萧退庵(1876—1958)曾寄寓圆通寺内长达20余年。萧退庵号退闇,又号寒蝉、皋松老人,江苏常熟人。1931年后定居阔家头巷圆通寺内,比邻僧舍。因为此地地处南园,故又取号南园老人。萧退庵工书,尤擅篆隶,又善治印,邓散木、沙曼翁出其门下。他生平有两个好友,一为李叔同,一为印光法师。他们经常一起讨论书道,交流书法。萧氏在圆通寺内的居所位于寺内东南隅,为朝北水榭平房五间。今北侧水池布满水草,一片荒芜无人清理,不由得让人想起人去楼空之语,一丝苍凉袭上心头。

萧退庵平时门扉常关,悬一醒目揭帖"本无所居"。平日信佛而不事佛,取一别号"本无居士"。

阔家头巷11号就是网师园,1997年12月4日,被联合国教科文组织列入《世界文化遗产名录》。

小时候,知道苏州有个"网狮园",因为当时有一个汽车站的站牌就是"网狮园"。稍长后,听说这个园子曾有过一只老虎,就一直在纳闷,为何不叫做"网虎园"?后来才知道,"网狮园"乃"网师园"之误,"网师"为用鱼网的师傅,其意就是"渔夫"。"渔"与"樵",是中国古代隐士的代称,意为这些人无意于仕途,寄情于山水,而苏州园林,基本都是退隐官宦的宅邸。当然,如今的公交站牌与别处的一些称呼都已"回归"到"网师园"了。网师园虽小,却具备苏州园林的各项特点,所以被称为"苏州园林的缩影"。(详见拙作《姑苏名宅》)

网师园

阔家头巷23—26号为清代著名诗人沈德潜故居教忠堂。沈德潜(1673—1769),乾隆四年(1739)进士,官至内阁学士、礼部侍郎。居官十年后告老归里,加尚书衔,晚年主持紫阳书院。沈德潜在教忠堂居住20余年直至终老。(详见拙作《姑苏名宅》)后来,沈宅屡易其主,清末程德全、民国蒙藏委员会主任吴忠信先后居之。20

沈德潜故居

世纪50年代起,沈宅沦为居民大杂院,1995年迁走居民住户后,筹资修复沈德潜故居。现为苏州市文物保护单位,并作昆剧传习所驻地。昆剧,因其唱腔婉转、服装绮丽而受到越来越多观众的喜欢,应当为苏州能新添这一剧种传习所而点赞。

如今的阔家头巷街面不阔,至于所住之人是否"阔",则不得而知。我们关心的是其文化含量之"阔"。圆通寺、沈德潜故居的进一步修复工作任重道远,令人担忧。不知责任所在的"有关部门"又尽了多少力呢?

提示:最靠近的公交车站站名为"网师园""网师园北"。

徐景韩宅

吴衙场与带城桥下塘

与十全街平行的第三横河(此段也称作葑溪)的北侧,有一条临河的小巷。这段小巷的东段名吴衙场,西段名带城桥下塘。

吴衙场,因为明代刑科给事中吴之佳居此而得名,"文革"中曾一度改称丰收场。这条小巷东起百步街,西至星造桥。巷长384米,宽3—4米。

吴衙场16号是徐景韩故居,建于1934年。青砖外墙,并嵌有"徐界"界碑。主体建筑为中西式两层楼房,面阔三间,四坡落水顶,带有老虎窗。二楼水泥阳台造型简约,而西部的两个水泥砌就的壁炉烟囱甚为显眼,似乎在向世人强调这里是典型的民国建筑。楼南北皆有庭院,南院存嘉木数株,北院有自流井及独立水塔。西侧另有附房。然而,由于大门紧闭,久叩不开,我等不得而入,只能在紧靠路南人家的墙角兴叹。

徐景韩(1884—1952),苏州人,1917年获东吴大学硕士学位,是当时东吴大学的首批硕士之一,也是迄今为止能够确定的我国最早的硕士。徐景韩毕业后一度留校任教,后负笈美国芝加哥大学,主攻物理学,归国后返校教授力学基础,曾任学校物理系教务长、文理学院招生主任及院长。

值得一提的是著名书画家王个簃先生也曾经在此楼一楼南侧的一间房内借住过。王个簃(1897—1988),名贤,字启之,江苏海门人,曾任上海新华艺术大学、东吴大学、昌明艺术专科学校教授、上海美专教授兼国画系主任。新中国成立后,他曾任上海画院副院长、名誉院长、中国美术家协会理事、美术家协会和书法家协会上海分会副主席、西泠印社副社长、上海文史馆馆员等职。其画作隽秀、清润,尤其以写意花卉见长,多以山石、葡萄、石榴、松、柏、水仙等为题材。其书法擅篆籀,用笔浑厚苍老。至今,王个簃居住过的房间内仍陈列着他后来故地重游时创作的书法,而其南墙的壁炉也保存完好,连铸铁构件都未曾缺失,这在苏州的民国建筑中是极为少见的。如今,该宅仍由徐氏后人居住。

吴衙场37号文物标志牌上写着"吴之佳故居",就是赫赫有名的红豆山庄,清末曾改为盐公堂。现存朝南两路房屋。西路七进,第二进为大厅,面阔三间12米,进深六檩10米。厅后有楼两进。院内有新建的长廊。那株红豆树就在宅子的西北。但是,也有人认为"红豆山庄"的名号属于清初惠周惕居所,甚至认为吴衙场37号就是惠周惕故居。

红豆树

"红豆生南国,春来发几枝",红豆历来被认为是相思之物。据笔者所知,苏州古城区仅剩两株红豆,一株在此,另一株在周瘦鹃故居(详见拙作《姑苏名宅》)。看红豆树,要从吴衙场39号西面的迎枫桥弄13号进入。这株近400年的红豆虽然被栏杆保护起来,但其西部的下半段已被蛀空,给人摇摇欲坠的感觉,而上部的枝叶还甚为茂盛。据说红豆树开花和结果没有一定的规律,有的树要几十年才开花一次,即使开花后也不一定结果。这多像爱情啊,可遇而不可求,美好又总是伴随着失落。不由得想起宇向的一首小诗：

当我年事已高/有些人/依然会千里迢迢/赶来爱我/而另一些人/会再次抛弃我//

吴衙场只有39号，其西侧就是迎枫桥弄，而迎枫桥弄的最南端就是一条跨越葑溪，直达十全街的星造桥。

星造桥之西，就是带城桥下塘了。带城桥下塘长448米，宽3.8—5.5米，达凤凰街，1983年改弹石路面为枕石路面。

织造署旧址

带城桥下塘18号为苏州织造署旧址（现为苏州十中），故此巷旧时又称织造府场、织造府前。织造署是一个特殊的机构，专门为皇帝采办各种丝绸制品，在江南的苏州、江宁和杭州三处皆有设置。苏州织造署第一任主官就是《红楼梦》作者曹雪芹的祖父曹寅。当年康熙南巡时曾在此驻跸，如今该处还保留着顺治四年(1647)《织造经制记》《重建苏州织造署记》等珍贵碑刻；耸立于假山池塘中的瑞云峰，名冠江南，历经沧桑，英姿依旧。织造署旧址1982年被列为苏州市文物保护单位，2002年升为江苏省文物保护单位，2013年3月被列为全国重点文物保护单位。

带城桥下塘与十全街之间有一座红板桥，连接了织造署旧址与网师园。当年康熙皇帝六巡江南，以织造署充行宫，出入必经此桥。可惜的是，1951年，因城建需要，红板桥被拆除。2009年9月，这座消失在苏州人视野里半个多世纪的古桥，复建于古桥原址西侧，考虑葑门外已有一座桥叫红板桥，在申报时取名为织造桥。

一度，吴衙场与带城桥下塘的光彩被它南面的十全街遮盖。当我们探寻吴衙场与带城桥下塘文化内涵的时候，是否想到苏州还有多少小巷的文化内涵未被挖掘？

提示：最靠近的公交车站站名为"苏州饭店"。

羊王庙街景

羊王庙

　　这里的羊王庙,不是寺庙的名称,而是指一条临河的小巷,因为旧时巷内有两个与"羊"姓有关的庙,故民间称之为"羊王庙",直到被有关方面承认,才成为正式的地名。这也许就是民俗的影响作用吧。
　　羊王庙与十全街平行,在十全街南约 500 米处,东起带城桥路银杏桥北堍,沿南园河(南园宾馆南面)北岸经五龙堂南口,西端折向南与南阳街东口相接。弄长 405 米,宽 4 米。卢熊《苏州府志》作"杨王庙巷",民国《吴县志》作"羊王庙"弄。
　　如今的羊王庙,是一条幽静的街巷,绿化茂密,行人寥寥。两边的石台石凳,常有老人品茗闲聊,谈笑风生,那份悠闲和小巷的安宁相得益彰。走在这样的巷子里,远离世俗的喧嚣,静听花开花落的声音,也许,这就是陶渊明笔下的世外桃源吧。

羊王庙南侧过河即南园腹地,今为木杏新村和苏医新村。羊王庙巷子中有两庙,西侧为奉祀晋代太傅羊祜(hù)的羊太傅庙,东为奉祀南朝刘宋吴郡太守羊玄保的羊太守庙。如今,12-1号的羊太守庙尚有遗迹可寻,而西侧的羊太傅庙已没有了踪影。

羊祜(221—278),字叔子,泰山南城人。羊祜三岁时,乳母抱着他玩,他突然叫乳母去拿他玩的金环。乳母说:"你哪来这个东西!"羊祜便自己走到邻居李家东墙下桑树旁找出了一枚金环。东邻之人说:"吾儿七岁堕井死,曾玩弄金环,但后来金环不知去向。"后来,人家都认为羊祜的前世就是东邻人家的儿子。三国魏末,曹氏集团与司马氏集团的斗争日趋激烈化,由于门第关系,羊祜基本游离于两大集团争斗之外。司马炎称帝后,素有吞吴之志,便积极筹划消灭孙吴政权的战争,以实现统一全国的大业。为此,特地调任羊祜为荆州诸军都督,假节钺。晋吴间的边界线以荆州为最长,所以这里是灭吴战争的关键地区。羊祜提出了不少积极的对策。

羊祜去世后,襄阳百姓在羊祜平生游憩之所岘山建碑立庙,按时祭拜。望着那个碑,无人不流涕,于是,人们称这个碑为"堕泪碑"。

按理说,羊祜是吴地的"敌人",却在吴地享受立庙四时祭祀的优厚"待遇",实在难以想象。

羊玄保(371—464),是历任会稽、吴郡等要地的太守。

小巷羊王庙的东半部北侧,基本上就是南园宾馆的南围墙。

善庆禅院

羊王庙5号为善庆禅院。实际上,善庆禅院如今成了南园宾馆的一部分。据民国《吴县志》和近年出版的《苏州市志》记载,善庆禅院原名善庆庵,始建于明崇祯年间,当时建在娄门(现库里弄4号),后圮。清同治八年(1869)由住持福传重建于现址,更名为"善庆禅院"。"善庆"之名取自《周易·坤卦》"积善之家必有余庆"句。禅院规模不大,主殿名"大悲宝阁",殿内供奉观世音菩萨。

民国十八年(1929),蒋介石二夫人姚冶诚携子蒋纬国来到苏州,居住在蔡贞坊七号(现在的丽夕楼,也在南园宾馆内)。姚氏信奉佛教,善庆禅院与丽夕楼仅数步之遥,这里便成了姚氏的念佛堂。(详见拙作《姑苏名宅》)

新中国成立后,善庆禅院因年久失修,于1995年被拆除。近年南园宾馆改造扩建,出于保护著名历史文物、延续南园历史文脉的目的,2005年宾馆按照当年保留的历史照片对禅院进行了原样复建。2005年7月24日,善庆禅院举行了正式落成仪式,江苏省佛教协会名誉会长、寒山寺法主和尚、时年84岁高龄的性空长老亲自主持了观世音菩萨圣像的开光仪式。

如今,进入善庆禅院必须通过南园宾馆。而位于羊王庙的南门,常年紧闭,不知详情的过客只能从砖雕门楼上了解这座寺院的一二。

善庆禅院的重建,既为入住南园的中外游客提供了一处具有历史价值之游览名胜,又为保护传承吴地文化遗产作出了贡献。然而,作为寺庙的"羊王庙"呢,有朝一日也会得到如此"际遇"吗?

提示:最靠近的公交车站站名为"苏州饭店""木杏新村""网师园"。

滚绣坊 26 号顾宅

滚绣坊

滚绣坊,原名"衮绣坊",是苏州城区中南部的一条沿河小巷,为宋代六十五古坊之一。巷长 430 米,宽 6.7 米,1982 年改弹石路面为水泥六角道板路面。现为异形道板路面。

滚绣坊在十全街之北,与十全街隔葑溪平行,东起凤凰街,与带城桥下塘相对,西至乌鹊桥北堍平桥直街,与长洲路相对。

"衮绣"是"衮衣绣裳"的简写。指画有卷龙的上衣和绣有花纹的下裳,是古代帝王与三公(最高级官员)的礼服。后人不知"衮绣"的涵义,以讹传讹变成了"滚绣",让人以为那是以前刺绣人家的作坊。卢熊《苏州府志》等均作"衮绣坊巷",因巷门有"衮绣"牌坊之故。《苏州城厢图》《吴县图》标作"滚绣坊巷",《苏州图》标作滚绣坊。

滚绣坊历史悠久,宋天圣五年(1027)的进士元绛,官至参知政事(副宰相),文章和政誉都名重一时。辞官归老后就住在这条巷子内,知州章岵为他在巷西口立"衮绣坊"牌坊,于是,这条巷子就成了衮绣坊,最后变成为"滚绣坊"。

滚绣坊东口路北有一条长 195 米的水仙弄与它成丁字交叉。这条水仙弄内,原有一座水仙庙,这个水仙神就是当年给洞庭君女儿传书的柳毅。前不久,曾在此附近发现一块乾隆四年(1739)的石碑,经过专家初步解读,认为这是苏州府颁发的一个裁判性质的公告:判定水仙庙"土地"为长洲县的土谷神所有。

滚绣坊6号原为太平天国梁王府,共六进,雕梁画栋,有后花园,如今踪迹依稀可辨。从实际记载来看,苏州城内这座梁王府的主人名叫凌郭钧,详细事迹已不可考,只知道他在1864年的丹阳保卫战中被清军俘杀。

在水仙弄的巷南,有一个"东吴面馆",里面有一幅萧伟民先生拟的楹联:"汤中品淡咸,熬去浮华得真味;面外知生熟,煮成韧劲申至情",不仅如实写出了面店的实情,而且音调铿锵,平仄和谐。在当今姑苏各商店,像这样中规中距,既没有故弄玄虚,也没有粗俗言语表达的楹联并不多见。

滚绣坊26号为控保建筑顾仲华故居。顾仲华,名恩彤,以字行,苏州人。先后在东吴大学、苏州美专任国画教授。山水师承"四王",人物追随黄慎和费丹旭。曾在苏沪两地创办顾氏国画学社,招收学生,自编教材,传授画艺。

顾仲华故居原有三路五进,如今东路已拆为平地,幸好东陪弄尚存。沿着东陪弄北行,能明显感受到这座宅子一进又一进的幽深,不知是否因为心理作用,总觉得第二进轿厅特别高大。从轿厅后的砖雕门楼,可大致了解主人的一些情况。这座砖雕门楼额曰"玉山嗣美","玉山",昆山的代称;"嗣美",继承美德。昆山顾氏,最著名的就是明朝时的状元顾鼎臣(详见拙作《苏州文脉》)。另外,唯亭也曾属昆山,唯亭顾氏乃三国顾雍后代,明朝时迁入苏州城内,近代顾颉刚、顾廷龙等文史专家赫赫有名。上款为"雍正辛亥清和为","雍正辛亥"为1731年,"清和",农历四月的别称。

大厅面阔三间10.45米,进深九界10.85米,前有船棚轩。扁作梁,方椽,梁、檩有彩绘,桁间牌科、山雾云、荷叶墩雕刻粗犷浑厚,以青石为柱础和踏跺。

如今轿厅与大厅之间天井中堆满了簇新的方砖,估计这座宅子的修复即将开工。这座宅子的西后门在青石弄,面对着东向的叶圣陶故居。(详见拙作《姑苏名宅》)

滚绣坊41号吴氏继志义庄也是控保建筑。义庄创自明代,清宣统三年(1911)购置庄房于此。庄房为清中期建筑,现存坐北朝南的头门、享堂和东庑。享堂面阔三间12.8米,进深七檩13米,硬山顶。扁作梁有雕饰,前船棚轩,后菱角轩,雕花青石鼓礅柱础。头门为将军门式,有抱鼓石一对。属清中期建筑。享堂后是一座精致的小小园林。

义庄一度为沧浪区少年宫,现为我国台湾慈济慈善志业基金会在大陆的第一家"静思书院"。里面有静思书轩,主要销售开启智慧的好书。如果因为书中的智慧妙语而改变心境与观念,进而付出行动给予社会与需要帮助的人更多无私的大爱,并互结生生世世的好缘,则是主人的心愿。想起杨绛先生曾说过:"我觉得读书好比串门儿——'隐身'的串门儿。要参见钦佩的老师或拜谒有名的学者,不必事前打招呼求见,也不怕搅扰主人。翻开书面就闯进大门,翻过几页就升堂入室;而且可以经常去,时刻去,如果不得要领,还可以不辞而别,或者另找高明,和他对质。"如果莘莘学子能够经常来静思书院串门,在姑苏的典雅宅子里翻检图书,想来会心神安宁、气定神闲。

静思书院

门口"静思书院"四字为释证严所题。释证严,1937年生,俗名王锦云,法名"证严",字"慧璋",台湾台中县清水镇人,慈济基金会创办人。出家前自号"静思"。

滚绣坊的最西端,就是南北向的平桥直街,平桥直街南端,就是横跨在葑溪上的乌鹊桥。(详见拙作《苏州古石桥》)

据说,滚绣坊内还有清代尤侗故居"亦园",如今已不见踪影。姑苏城内,因保护不周而踪影全无的古迹何其多也。由于苏州需要保护的文物古迹实在太多,如果都加以保护,现代的苏州人又该住到哪儿去呢?

提示:最靠近的公交车站站名为"南林饭店"。

柴园内花园

醋库巷

滚绣坊西首的北面 100 余米处,有一条东起凤凰街,西至平桥直街,与泗井巷相对,闹中取静的小巷与它平行,它就是醋库巷。巷长 500 米,宽 4 米,如今为长方形砖状水泥道板路面。

名叫醋库巷,自然和醋有关。宋朝时,醋与酒、茶一样需由国家统一管理,当时在这里设监酒厅,筑醋库,并以"醋库"为巷名。后来醋库搬到了别处,但这个巷名却保留下来了。虽然没有了"醋"味,但醋库巷依然受到官宦缙绅的喜爱,深宅大院鳞次栉比。

醋库巷 38 号为控保建筑太原王氏家祠。那里原本也是住宅,建于清末,1931 年被王氏购得后才改为家祠。这座宅子坐北朝南,如今剩两路四进,西路第二进为享堂,面阔三间,进深九界,桁间排科一斗三升,檐枋雕有花卉。而如

西津别墅

今,从外观看,与"七十二家房客"的混居住宅别无二致,无奈大门紧闭,我们只能通过高耸的屋脊,想象这座宅子昔日的豪华。

醋库巷40号为顾麟士的"西津别墅"。若不是门楣上的文物保护标志牌,很难想象这是一座名宅。跨入门内,首先映入眼帘的是内影壁上砖刻的"西津别墅"四个隶书大字,依稀呈现着当年文人雅集的风采。如今,里面还住着昔日主人的曾孙辈。

顾麟士(1865—1930)为过云楼主人顾文彬的孙子(详见拙作《姑苏名宅》),精通书法绘画艺术,他在继承了其家族三分之一收藏的基础上,凭借深厚的艺术素养和敏睿的眼光,广取博采,收藏书画多达千余幅,使过云楼收藏的书画达到全盛时期。顾氏"怡园"和藏书楼"过云楼"就是他的儿子代表顾家捐献给国家的。

如今,西津别墅尚存两路。东路四进,有门厅,以及"西津别墅"内影壁、书房、楼房,西路三进为厅堂及附房。从文物保护标志牌来看,东路天井内有清水砖雕门楼,额为"慎修思永"。

44号柴园如今为苏州市教育博物馆,对外开放。

柴园最早是清道光年间(1821—1850)潘曾琦的住宅,原名"繭(jiǎn)园","繭",同"茧"。因为状元宰相潘世恩的伯父潘奕藻(参见本书《蒋庙前》篇)没有子嗣,他的弟弟、潘世恩的父亲潘奕基就将长子潘世荣过继给他。潘世荣有潘曾彦、潘曾琦两个儿子,也就是说,潘曾琦是潘世恩的侄儿。光绪年间,这座宅院被浙江上虞商人柴安圃购得,重修扩建,于是就被人称为"柴园"。新中国成立后,一度为苏州市聋哑学校使用。

柴园两千多平方米,呈东宅西园格局。东路为正路,门厅即是如今教育博物馆的门卫室。

轿厅就是序言馆,门前楹联"彰教化功,是馆藏故事;得游观乐,斯园秀新姿"为苏州市资深语文特级教师周永沛所拟,将目前柴园的功能"一网打尽"。门内是苏州教育地图,东西两侧墙上是教育界名人名言,中屏背面是一首《苏州教育赋》,概括了苏州教育的发展历程。

柴园大门

大厅是真正意义上的名人馆。中间站立的是一尊孔夫子的雕像，上面题字"仁至堂"。厅内有现代化媒体互动屏幕，可以查阅苏州历史上的教育名人和关于他们的教育典故。

向后为两进楼厅，第五进为楠木厅。这座厅内外所有木构件都是从缅甸进口的楠木，按传统工艺精心制作，构架大气，斗栱奇巧，雕刻精美，体现出庄重轩敞、雍容华贵的风格。大厅陈列的是12座具有代表性的苏州百年老校校舍模型。此厅匾额为"留余堂"，很奇怪，因为这是潘世恩的堂名，主人潘曾琦是潘奕藻的继孙，应该用潘奕藻的"存诚堂"才合理。

西路南面的鸳鸯厅为古代馆。这是园子里最宽敞的大厅，以前用于接待贵客嘉宾。如今，在这里我们可以看到从泰伯建吴，到言偃传学、澹台讲学，再到州学、府学、县学相继诞生，书院、社学、义塾蔚成风气的苏州古代教育史。

鸳鸯厅后，以花园为主。园中心为水池，水池东侧有水榭依傍，西头坐落船舫，周边垒叠湖石，环以花木参差。榭、舫、石、树，疏密映衬，错落相宜，诗意天成，颇有"半亩方塘一鉴开，天光云影共徘徊"的意境。西北角为一座半亭，亭上楹联"临池生画意，卷帘得诗情"颇有意境，但是，"卷帘"之"帘"字属下平声"十四盐"，按最起码的对联规则，此处应用仄声字！

教育博物馆向西，就是与醋库巷成丁字相接的西瓦爿弄，向北直通十梓街。

如果没有苏州教育博物馆，今日的醋库巷实在是太普通了。但是，缘分就是这样的巧，博物馆的存在，让醋库巷成了教育的窗口，幸哉！

提示：最靠近的公交车站站名为"苏州日报社"。

福民桥

长洲路与泗井巷

长洲路在十全街之北,主体部分与十全街隔葑溪(第三横河)平行,东出平桥直街,西沿第三横河折北,于仓桥东堍与泗井巷相连。而泗井巷则东达平桥直街。实际上,长洲路连同泗井巷,就是一个横放的"U",这个"U"的两个顶点连接东面的平桥直街,而这个"U"下部的弧与西面的第三横河南北向段"相切"。

说到长洲路,不得不提起长洲苑。长洲苑,春秋时吴王阖闾游猎之处。在今苏州市的西南面。《越绝书》:"阖闾走犬长洲。"白居易作"春入长洲草又生,鹧鸪飞起少人行。年深不辨娃宫处,夜夜苏台空月明。"

武则天万岁通天元年(696),由于吴县人口增长迅速,户口爆棚,有关部门将吴县一分为二,城中东半部称为长洲县,两县同城而治,同属于苏州管辖。显然,长洲县得名于境内的古长洲苑。起初,长洲县的县衙门在如今苏州城旧学前广化寺东。南宋绍兴元年(1131),在如今长洲路附近设浙西路提点刑狱司,正门朝东,在今平桥直街。范成大《吴郡志》卷七:"提点刑狱司,在乌鹊桥西北,绍兴元年建。"明洪武元年(1368),将长洲县衙门迁到此处,这条小巷也就称作长洲县前,民国初改称长洲路。

如今的长洲路12号之东,一座福民桥跨越葑溪与十全街相接。称作福民桥,其寓意很明显,就是造福于民。但是,为了便于官员们的轿子进出,这座桥造得特别低矮,这就对桥下来往的船只造成了极大的困难,所以,就有了一句歇后语"长洲县前——难过"。这个"难过"与"福民"形成了鲜明的对比。

福民桥之北就是南北向的吏舍弄,如今的吏舍弄总共20来米长。明清时该处为长洲县衙吏役居住处,原名吏厍(shè,方言,村庄的意思)弄,因厍字冷僻,且与舍字意思相近,所以改名为吏舍弄。

吏舍弄北端就是当年的长洲县衙。民国十六年(1927)为纪念被军阀孙传芳杀害的汪伯乐烈士,在旧长洲县衙创立伯乐中学。20世纪60年代,这里一度为苏州第五初级中学、苏州师范学校,1981年成为苏州职业大学校址。职业大学迁往上方山麓后,此处现为苏州大学科技创业园。

长洲路到第三横河南北向段处北折,在42号处有一条东西向的仓桥。仓桥似乎很平常,但却是长洲路跨到张思良巷的必经之处。

仓桥的东堍之北,就是长洲路与泗井巷交界处。

宋代专管酿酒与酒税事务的官署名"酒务"。平江府原有酒务四个,后合而为一,称"四酒务","四酒务"官署即设在该处。卢熊《苏州府志》等均作"四酒务巷",同治《苏州府志》并注:"今名四井巷。"民国《吴县志》仍作四酒务巷,但注引《元和志》"今名泗酒巷"。《吴县图》标作"四井巷",《苏州图》已标作泗井巷。看来,这个"泗井"与"四酒务"关系密切。

泗井巷巷长341米,宽2米,1984年改弹石路面为水泥六角道板路面。现为异形道板路面。

泗井巷34号为控保建筑林宅,林宅始建于晚清,坐北朝南,现存两路五进,为晚清典型的前宅后河的中型住宅建筑。东路为正路,存四进,大厅面阔三间11.4米,进深7.8米,扁作梁架,前置鹤颈轩。然而,这个"林"究竟何许人也,恕笔者才疏学浅,至今不得而知。2016年,经过整体修缮和装修,被打造成理念新颖的书店旅馆。

位于林宅东侧的控保建筑燕诒堂吴宅也是一所两路四进的大宅,保留有中路门厅、大厅和楼厅等建筑,目前挂牌为"双塔街道市民会馆",供周边居民进行文化活动之用。吴宅大厅前设船棚轩,柱头及梁间置斗栱,山雾云雕刻简洁;正厅各柱承以青石鼓墩,具有典型的明代建筑特征。

双塔街道市民会馆

据介绍,厅内过去曾悬挂有"燕诒堂"匾额,正路楼厅前的砖雕门楼为同治庚午(1870)题额的"燕诒式縠"。《诗·大雅·文王有声》有"诒厥孙谋,以燕翼子",可见,"燕诒"的意思是使子孙后代安吉;"式縠",既可理解为赐以福禄,又可理解为使子孙为善。然而,匾额与砖雕门楼我们都未曾见到。豪华的大厅内,十来个老人品茗玩牌,不亦乐乎。同样,我们至今还不知这个"吴"为何许人也。

据说,沧浪亭社区的吴载华先生曾利用泡沫塑料、硬纸板等材料制成了"燕诒堂吴宅"微缩模型,以此来普及古宅知识,宣传古城保护。吴老伯希望古宅保护今后不再停留在口头和宣传上,社区党员和居民可以为保护身边的古宅做些实事。但愿苏州市民中多一些这样的"业余"文保人士。

提示:最靠近的公交车站站名为"三元坊(十全街)",轨道交通车站为"三元坊"。

第二单元　天赐庄历史文化片区

- 十梓街——苏州大学到凤凰街
- 忠信桥与望星桥南块
- 盛家带
- 望星桥北块、祖家桥与石匠弄
- 叶家弄与官太尉桥
- 定慧寺巷

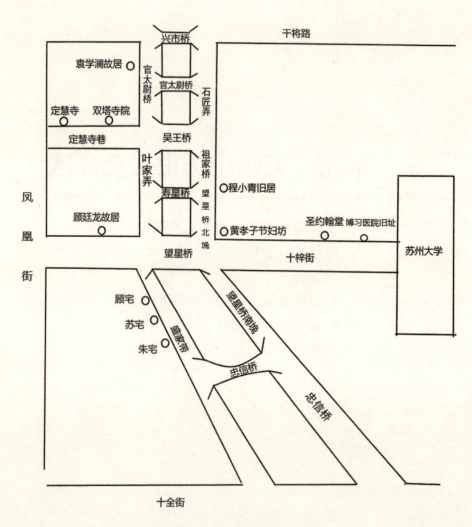

天赐庄历史文化片区游览示意图

东吴大学旧址校门

十梓街——苏州大学到凤凰街

  十梓街东起苏州大学老校门(西门),向西过望星桥,穿越凤凰街、五卅路,至人民路(饮马桥北堍),与人民路西侧的道前街对直。

  实际上,十梓街本由三条街道连接而成,望星桥以东为旧天赐庄,望星桥至凤凰街段为旧严衙前,凤凰街至人民路段为旧十梓街。我们这篇的主角就是十梓街凤凰街以东部分,即"天赐庄+严衙前"。尽管天赐庄与严衙前并入十梓街已久,但苏州人还是习惯以"天赐庄""严衙前"称呼这段十梓街。

  天赐庄是苏州西风东渐的发源地。关于"天赐庄"的得名,有几个传说颇有趣味。

  其一,南北朝刘敬叔在《异苑》上记载,京官章沉(又作章泛)与苏州女子徐秋英婚后住在苏州女家"徐家庄"。婚后生了一个儿子,徐家喜出望外,取名

"天赐",顺手将"徐家庄"改为"天赐庄"。清张紫琳《红兰逸乘》卷二"遗闻"特意指出:"天赐庄在葑门内";近人王謇《宋平江城坊考》卷三也记下了有关天赐庄的这个典故。

其二,天赐庄与抗金名将韩世忠密切相关。韩世忠为岳飞申冤,大闹秦桧的宰相府,引出了秦桧"莫须有"的故事。后来韩世忠被迫辞职,宋高宗赵构将如今天赐庄一带的田地封给他养老,因为是天子所赐,故名"天赐庄"。

其三,明代兵部右侍郎韩雍在此建葑溪草堂,又名天赐庄。韩雍是一代名将,但苏州百姓对韩雍的了解甚少,只知道草堂住的是一个姓韩的武将,慢慢地,姓"韩"的武将所居讹传为韩世忠所居。比起明代的韩雍,宋代的韩世忠不仅名头大,而且年代也更久远,更何况韩世忠去世后葬于苏州灵岩山,其子后来又两度做苏州知府。

就"庄"而言,天赐庄的主体部位在如今的苏州大学校园内。所以,虽然说十梓街(天赐庄)是一条由东到西的街道,但十梓街1号(苏州大学)本部的老大门却是向西。

光绪二十五年(1899)美国基督教监理公会开始酝酿在苏州创办大学,次年(1900)冬,在教会和苏州地方官绅的支持下,"东吴大学堂"(今苏州大学前身)正式开办。1952年全国院系调整时,东吴大学之文理学院、苏南文化教育学院、江南大学之数理系合并组建苏南师范学院,同年更名为江苏师范学院,在原东吴大学校址办学。1982年,江苏师范学院改名苏州大学。

苏州大学校本部是苏州最为壮观的近代西洋建筑群落,2013年被列为全国重点文物保护单位,名称是"东吴大学旧址"。

苏州大学本部的北部,还有景海女子师范学校的旧址。景海女子师范学校由女传教士海淑德创办,1902年校舍落成之日,她已病故,于是命名为景海女师,以示对海淑德的景仰。该校址2004年被列入苏州市文物保护单位。

博习医院旧址

十梓街3号为博习医院(苏州第一人民医院前身)旧址,坐北向南。一般认为博习医院为美籍医生柏乐文创建于1884年,以"医术之精良、器具之完备、诊断之热心、治疗之周密"为当时世人所称颂。博习医院的门诊大楼用北京皇宫所用之陆墓御窑金砖砌成,在如今外墙的砖块上,还能清晰地辨出"光绪十五年成造细料二尺二寸见方金砖""督造官江南苏州府知府魁元"等印章字样,堪称奇特珍贵。博习医院是苏州最早的现代意义上的医院。据报道,光绪二十三年(1897)博习医院就从美国引进了 X 光透视机,当时离 X 光机发明才两年。博习医院旧址现为市级文保单位。如今,博习医院的主楼被一个称为"杯面"的饮食店占用,打出的招牌是"1884+"。

十梓街 18 号(路北)为圣约翰堂。这座教堂初建于 1881 年,位于折桂桥,称"首堂",为中国传统建筑式样。1915 年,在美国密苏里圣路易斯的圣约翰教堂帮助下重建,为纪念美国卫理公会的创始人约翰·卫斯理,改名为"圣约翰堂"。这座教堂建筑面积 1 855 平方米,有 800 多个座位。诺贝尔物理学奖得主李政道博士的祖父李仲覃牧师(1870—1941)为该堂的首任华人主任牧师。该堂现为市级文保单位。教堂西侧还有建于 1890 年的牧师楼一幢。如今,在教堂外常能听到唱诗班悠扬的歌声。

一条天赐庄只不过 100 来米长,其西端就是跨越第四直河的望星桥,望星

圣约翰堂

桥原称"望信桥"(见拙作《苏州古石桥》),望星桥南北两侧,夹河有着四条巷子。向南的东侧是"忠信桥—望星桥南堍",向南的西侧是"盛家带";向北的东侧是"望星桥北堍—祖家桥—石匠弄",向北的西侧是"叶家弄—官太尉桥"。

从天赐庄跨过望星桥,就是严衙前了。"严衙前",因明代大学士严讷曾居住于此而得名,然而,如今却难以在严衙前找到严讷住宅的遗迹。

明末,监察御史顾宗孟在严衙前的东端靠近望星桥的路北造宅建园。清代,这里成了布政使朱之榛的宅第。近代,又成为古籍版本学、目录学泰斗顾廷龙先生的住宅。这座古宅承载着辉煌的历史,并完好保留着清代"四朝元老"潘世恩题额的砖雕门楼。如今的顾廷龙故居,是十梓街116-3号。(详见拙作《姑苏名宅》)

此段十梓街的最东端就是南北向的凤凰街。凤凰街南起十全街,与带城桥相接,北至干将东路。凤凰街以十梓街为界,南段原称凤凰街,北段原称甫桥西街,1966年合称反修路,1980年定名凤凰街。凤凰街原名孔圣坊,传说清康熙帝南巡,行宫设在街南东侧带城桥下塘织造府内,有人认为"圣上"出入即逢"孔圣",两"圣"相遇,礼节上不好办。正好凤凰街南端有金雀弄,以"金雀对凤凰",故改称凤凰街。凤凰街139号为吴大澂故居。(详见拙作《姑苏名宅》)

在干将路拓宽以前,十梓街一道前街是苏州城东西向的主干道。一度,有人提出将十梓街拓宽,将苏州大学一分为二(也有人提议造天桥连通苏州大学),然后架桥通过运河,与东环路成丁字型相接。因为遭到一片反对声而作罢。最终的结果,是拆掉一片旧居建成了干将路。如今,天赐庄、严衙前的那些古建筑是保住了,可是,干将路一带的古建筑却遭受了灭顶之灾。呜呼!

提示:最靠近的公交车站站名为"苏州大学"。

朱之久故居

忠信桥与望星桥南塊

一般而言,"直"就是"竖",也就是说,与经线基本平行。然而,我们苏州的第四直河却从天赐庄西的望星桥开始向东南方向作大致 45 度的倾斜,然后通过百步街与十全街连接。这一段,苏州人称之为"盛家带河",与它西面的巷子盛家带同名。既然如此,河两岸的两条巷子,当然也是倾斜的了。但为了叙述方便,又因为它们连接十梓街与十全街,故我们在介绍它们时权当作南北走向。

望星桥之东向南连接到十全街的巷子,分为两段,基本上以忠信桥东端南侧为界,南半段称为"忠信桥",北半段称为"望星桥南塊"。为了叙述方便,我们将沿河的巷子"忠信桥"称为"忠信桥巷",至于桥,当然就是正儿八经的"忠信桥"了。

忠信桥巷不是很长,却极为雅致。尤其是沿河的株株红枫,穿过静默的小巷,总让人在四季的更替中一次次重温岁月的静好,一次次把自己的思绪完完全全地交给夕阳斜照中的花花草草。是一只蜻蜓,还是一片枫叶,温柔地栖息在水面上?难怪常能看到三三两两苏州大学的学生在此散步。

忠信桥巷的北端,就是忠信桥。桥为梁式桥,呈东西走向,跨越盛家带河。桥西端南堍,竖有石碑,上曰"一七九六年重建",1796年应该是清朝的嘉庆元年。桥梁外侧镌有楷体大字"重建忠信桥",上款为"嘉庆元年",下款为"正月穀旦"。穀旦,晴朗美好的日子,旧时常用为吉日的代称。两侧各雕小龙一条。

忠信桥

忠信桥是单孔平桥,长21米,宽3.2米,跨度4.5米。桥梁为四条花岗石,两条石桥栏南北两侧各有2根望柱,石阶东16级,西13级。砌就桥墩的石块较为斑驳,夹着大量的青石。这表明,该桥明末清初已经存在。

据说忠信桥原名中信桥,民国初年改为现名。如今,桥西南侧绿荫中建有一座亭子,额曰"仁义",正好与"忠信"匹配。

忠信桥的北面就是称为"望星桥南堍"的小巷子,望星桥南堍6号就是朱子久故居。此宅是朱子久父亲朱寿门在上世纪30年代从赵氏手中购得,两层的民国建筑,青砖扁砌清水墙。现为苏州市控制保护建筑。

朱子久(1892—1959),又名米恒,浙江湖州人,苏州助剂厂的前身福康药厂的创始人。最值得一提的是,"八一三"期间,大批抗日将士负伤,沪地镇痛药品奇缺。朱子久闻讯后,发动全厂职工连夜赶制大量的止痛药及其他药片以支援抗日前线。1944年,朱子久与顾嘉康、朱子毅、史致富等筹建福康药厂,朱任董事长。后福康厂改名苏州助剂厂。

说到忠信桥巷和望星桥南堍,还有一条颇为有趣的小巷子螺丝浜。螺丝浜原是一条小河浜,作弓形,两头通盛家带河。旧时盛家带河与葑门外河道相通,船只往来拥挤,此浜能起疏导、分散船只的作用。如此看来,这个弓弦就是盛家带河了。1958年填浜成巷,现在"弓背"与"弓弦"衔接部分称为"南螺丝浜"(与忠信桥巷相接)与"北螺丝浜"(与望星桥南堍相接),由于"弓背"部分并入苏州大学,如今南北螺丝浜已不通。

提示:最靠近的公交车站站名为"苏州大学"。

盛家带 29 号朱宅门楼

盛家带

  从望星桥之西向南,沿着盛家带河的西岸通向百步街的那条小巷称为盛家带。这条小巷长 450 米,宽 3 米,东侧茂密的绿化带外就是河道,西侧是房屋建筑。1984 年,改弹石路面为水泥六角道板路面,现为异形道板路面。

  巷称"盛家",因为传说有名医世家盛姓居此;称"带",是因为巷子从西北向东南倾斜,且有弯曲,如衣带飘拂。卢熊《苏州府志》有"望门桥,盛家带"之语,可见明初已有盛家带地名。

  清时,苏州府城内有长洲县、元和县、吴县三个县衙,三个县的辖区都在苏州城周围,辛亥革命后三县合并为吴县。上世纪末本世纪初,吴县又拆分为吴中区、相城区、高新区和工业园区。盛家带 9 号原为长洲、元和、吴县盐公堂旧址。盐公堂即盐公栈,实际上就是盐业官卖的执行机构。

  上文说过,盛家带的历史可以追溯至明代,但巷内承载厚重历史的袁家祠堂、徐家祠堂,清末汪文婉贞节坊等,如今已踪迹难寻。所幸的是,蒟湄草堂在时代的变迁中留存了下来。

蔚湄草堂的第一位主人是吴中名士李果(1679—1751)。李果,字实夫,一字硕夫,号客山,苏州人,清康熙、雍正、乾隆年间著名的布衣学者,艰苦力学,夜以继日。他写诗,如果感到一两个字不妥,就会反复修改且不知疲倦。李果既无一官半职,也无惊世言论,却赢得世人称赞。达官显宦、隐逸高士、前朝遗老和文坛名流,都与他来往密切,诗词唱和。他曾与沈德潜同在叶燮门下求学,时人常"沈李"并称。

康熙四十六年(1707),李果在盛家带建园,名为"蔚湄草堂"。恕笔者孤陋寡闻,对当年蔚湄草堂的规模,至今未找到比较权威的文献记载。

如今,在盛家带29号朱宅门口挂有控保建筑的文物保护牌,上曰:"该建筑为清代住宅,较完整,砖雕门楼三座较精致。"然而,大门紧闭,无法观其全貌,唯一能见的,是面向盛家带河的砖雕门楼"麟趾泽长"。一般情况下,"麟趾"比喻子孙昌盛;"泽长",福泽绵长的意思。上款为"丁巳菊月",菊月,古人因农历九月菊花盛开,故将九月称为"菊月",根据下款的"邵泰"推测,这个"丁巳年"应该是雍正五年(1727)。下款为"邵泰书",邵泰(1690—1758),字峙东,号北崖,直隶顺天府大兴县人。康熙六十年(1721)进士,改庶吉士,授翰林院编修,曾主持四川乡试。邵泰能写大字,吴中匾额碑刻,多出其手。看来,这座门楼的题额者就是这个邵泰了。

29号朱宅北墙外有一条供汽车进出的东西向的巷子,几处向北的豪华宅院显得特别醒目,看来,29号那几处豪宅的住户都从这条巷子进出。这些宅子,就是苏州市老宅新造的典型,当然,没有一定的经济实力是不会问津的。笔者不由得想起了2005年4月被热炒的"苏州天价古宅蔚湄草堂临阵'缓拍'"事件,显然,这次拍卖活动是将盛家带29号朱宅当作蔚湄草堂主体。

盛家带31号苏宅也是控保建筑,但朱漆大门紧闭,也未见文物保护标志牌。

盛家带33号的门口也挂着控保建筑的标志牌。幸运的是,当我们登门拜访的时候,房主,一位87岁的老太太热情地打开大门,让我们一睹为快。印象最深的是额有"景星庆云"的砖雕门楼。"景星庆云",比喻吉祥的征兆;庆云,五色云,祥瑞之云。如今,景星庆云已成了一个成语。门楼的上款"甲寅仲秋"显然是题额时间,下款"松轩尤秉经"应该是题额者,但凭我们的现有条件无法考证。老太太很健谈,带我们走进宅院,一直走到通往迎枫桥弄的后门;接着又把我们送出门口,她信誓旦旦地说,只有他们的33号才是正宗的蔚湄草堂。

景星庆云砖雕

　　根据我们的分析,当年葑湄草堂的范围确实很大,应该包括 29-33 号的一大片地盘。

　　盛家带的北端,有一块"盛家带洁齐美街道"的石碑,为沧浪区双塔街道所竖。这块石碑所说的的确是事实,可是,作为一个老苏州人而言,更希望看到的是折射历史文化的隽永之词。

提示:最靠近的公交车站站名为"苏州大学"。

兴市桥

望星桥北堍、祖家桥与石匠弄

望星桥东侧之北,有一条小巷沿着官太尉河(第四直河)的东岸,向北通向干将路。这条小巷只不过数百米,却由三条更小的小巷组合而成,这就是望星桥北堍(巷)、祖家桥(巷)和石匠弄。李鸿章将贡院迁到现在的定慧寺巷(望信桥北300余米),苏州各县的童生来此考秀才,多在望信桥登岸。吴方言没有后鼻音,"信(xìn)"与"星(xīng)"都念作"信(xin)",所以,"望信桥"干脆改为谐音的"望星桥"了。

望星桥北堍(巷名)3号门口,矗立着一座古朴的石牌坊,名"黄孝子节妇坊"。牌坊为单间两柱三楼,朝西,花岗石构筑,间宽2.5米,残高4米。顶楼已毁,定盘枋以下柱枋完

黄孝子节妇坊

整。上枋浅刻卷草花纹，中枋浮雕双龙戏珠图，下枋浮雕双狮争球图。两柱联曰："孝全赤子性，节并太姑贞。"牌坊立于乾隆年间(1736—1795)，为著名的孝子黄农暨妻金氏而立。

黄农，以孝得名，被载入《清史稿·列传》。据载，黄农的母亲大病六年，他就一直在旁侍奉，嘘寒问暖无微不至。后来母亲病故，他更是哭得昏了过去，一直坐卧在母亲棺木边不离半步。同样，黄农对在外地教书的父亲也十分孝敬，通常隔几天就去探望问候。后来父亲忽然得了重病，黄农在除夕夜做祷告，期望自己减寿而为父亲增寿。正如他所愿，父亲病好了，而他30多岁就撒手人寰。他的妻子金氏，也是一个贤孝的女子，在黄农染病去世后，她至死不改嫁，孝敬老人始终不渝。抚摸着这两根石柱，不由感慨万千。在这工作节奏越来越快的社会，一些老人病了，子女忙于工作，有的仅仅在饭点的时候去送餐，有的干脆请护工料理老人的生活，还有的兄弟姐妹之间互相推诿，让老人黯然神伤而又无力改变。这是人生怎样的悲哀，问世间，有多少人参悟到其中的况味而以黄农夫妇为楷模，有能力并有时间尽孝道于父母的身边。

望星桥北堍7号之北，正对着百狮子桥(弄)。百狮子桥跨越官太尉河，桥上有走狮、坐狮、卧狮、蹲狮99头，号称"百狮"。笔者年幼时，常去看望桥身两边形态各异、栩栩如生但却残损的狮子。1963年，苏州市人民政府曾将其列为市级文物保护单位。令人匪夷所思的是，1966年，该桥以"危桥"的名义被拆除。曾记得《吴门表隐》中说："百狮子桥扶栏石，刻百狮子甚工。曾作怪扰境，今凿伤无完体者"，如此荒谬之理，就让百狮子桥只留下两侧基本与石驳岸持平的桥墩，让人扼腕叹息。古桥、街巷，它们不仅是苏州悠久历史的见证者，也是吴文化的民间载体之一，希望它们历经岁月的风雨而幸存下来。

程小青故居在望星桥北堍23号，实际上，是在一条与望星桥北堍垂直的东向的只容两人平行的20来米长的小巷子里。(详见拙作《姑苏名宅》)而这条小巷，正对着横跨第四直河的苏州市区最古老的用武康石砌就的寿星桥。(详见拙作《苏州古石桥》)如今的寿星桥始终被绿色簇拥着，春日，迎春抽条，杨柳依依；夏秋，繁荫蔽日，凉风习习；冬日，松柏常青，傲霜映雪。它们日夜守护着这座近千年的古桥，同时，也接受着这座古桥的检阅。

望星桥北堍只到24号，24号之北，是一条东向的小巷"钟楼头"，跨过钟楼头巷口，就又是一条向北小巷，称祖家桥。

沿河小巷祖家桥因桥得名，桥已废，巷存。桥原名佐家桥，后因谐音而作"祖家桥"。

祖家桥1号为民国存留建筑，据说曾是民国时期教授、会计学家、财政学家、国民政府财政部常务次长、江苏省代理主席贾士毅的旧居。每到秋天,院子里的桂花树开了,芬芳四溢,不由让人想象下桂花雨时的浪漫与美好。

祖家桥总长100多米,到了吴王桥(详见拙作《苏州古石桥》),向北就被石匠弄替代了。石匠弄,卢熊《苏州府志》等均作石匠巷,《姑苏志》并注"双塔寺东,因有石作居此"。我们见惯了以帝王将相、才子佳人或官衔官职命名的街巷,这条140来米长的小巷却以匠作的工种命名,实属罕见,可见苏州古城对劳动人民的尊敬和重视。

石匠弄的最北端,就是横跨第四直河,连接干将东路的兴市桥了。兴市桥,宋《平江图》作"尽市桥"。苏州古城区原以乐桥为中心,干将河从桥下穿过,集市沿河向东西两端延伸。东向到这座桥附近,集市冷落,故称为"尽市"。《吴门表隐》云:"东有尽市桥,今名兴市桥。"原名"尽市桥",或许为市场尽处之意。然而,"尽"毕竟不太吉利,于是,苏州人取"尽"之谐音"兴",似乎这样一来就"兴隆"了。兴市桥与其西面的官太尉巷北端的白显桥为姐妹桥,呈直角。原为石级步阶,桥梁西侧阴刻有"兴市桥"。新中国成立后为方便交通,改成弹石斜坡。1994年干将路拓宽时改为平桥。

据说石匠弄15号内有古井,红色花岗石井坪及井栏,一处房屋门楣上嵌有横卷形雕瓷雀梅图。但我们多次寻找,每次都抱憾而归。苏州城内,有多少不为人知的古迹遗存,默默地见证着苏州深厚的历史文化底蕴。

提示:最靠近的公交车站站名为"苏州大学""相门",轨道交通车站为"相门"。

双塔影园门厅

叶家弄与官太尉桥

望星桥之西,向北沿着第四直河(一般称之为"官太尉河")有一条巷子,其南部称为叶家弄,北部称为官太尉桥,为了不与附近的真正的"官太尉桥"混淆,我们将巷子"官太尉桥"暂称为"官太尉桥巷"。

叶家弄南起十梓街望星桥西堍,北接吴王桥西堍,弄长457米,宽3-4米,1990年改弹石路面为马路砖路面,现为异形石板路面。

叶家弄因宋代词人叶梦得居所得名,卢熊《苏州府志》等称作"叶家巷"。

叶梦得(1077—1148),宋代词人,字少蕴,苏州人。绍圣四年(1097)进士,历任翰林学士、户部尚书、江东安抚大使等官职。从北宋末年到南宋前半期,叶梦得对词风的变异起到先导和枢纽作用,有人认为他是从苏轼到辛弃疾之间的过渡词人。

然而,叶梦得故居宝俭堂却不在叶家弄,而在苏州市吴中区东山镇陆巷村。宝俭堂曾荒废多年,2001年,苏州市民许青冠、陆惠霞夫妇购置,耗资3 000多万元修缮,目前作为景点开放,并经营苏帮菜和住宿。

叶家弄最南端,曾经有一家门面向西南的南酱店"泰润"。在物资匮乏的年代,特别是风狂雪猛之日,小孩儿如能讨到去"泰润"购物的差事,都会倍感自豪,并呼朋唤友,一起涌进店堂。店堂内面对门口的就是一个朝向西南的椭圆形柜台。孩子们最感兴趣的是柜台里有一只颇大的"炭墼(jī)"炉。严冬,昏暗的店堂内,炭墼炉发出醒目的红光,跳动的火苗,给整个店堂送来阵阵暖意,这绝不亚于现在的人们对于空调的那份眷恋。笔者幼时,总觉得"泰润"是最好的去处,甚至一度产生了长大后到"泰润"当伙计的念头。如今,"泰润"早就没了影踪,只留下美好的回忆,与炭墼炉一起在岁月的深处摇曳,也许这就是一去不复返的悠悠往事,这就是扎根于很多人心间的时代踪迹。光阴荏苒,时代变迁,姑苏的美不止是呈现于眼前的风物,更是一脉相承的、连绵不绝的追忆。

如果要在苏州评选绿化最好的十条巷子,叶家弄肯定名列前茅。从南端开始,约100米后,巷东不再是鳞次栉比的房屋,而是茂密的绿化带,以及四角高翘的小亭。石栏蜿蜒,石凳点缀其间;河岸两旁,垂柳依依,红枫夹竹桃苍翠

叶家弄

嫣红，可谓时时有色彩，处处有雅致。亭中时有老人小憩，也有手捧书本的学子。

叶家弄的最北端，向西就是定慧寺巷，向东就是吴王桥（详见拙作《苏州古石桥》），向北与官太尉桥巷的南端相接。

"官太尉桥巷"因横跨官太尉河的"官太尉桥"（详见拙作《苏州古石桥》）而得名，而官太尉桥因一个姓官的太尉居此而得名。因为孤陋寡闻，笔者至今尚未考证出这个"姓官的太尉"究竟是何人，但这并不影响我们对这条"官太尉桥巷"的关注。

"官太尉桥巷15－17号"是一座翻修一新的古宅，看上去规模颇大，但经常大门紧闭，难以一探真容。这座被列为市级文物保护单位的宅第就是"双塔影园"，因靠近双塔而得名。其主人就是清代"诗虎"袁学澜。（详见拙作《姑苏名宅》）

官太尉桥巷的最北端就是干将东路，跨过那座横跨干将河的白显桥，就是平江路了。

白显桥原名白蚬桥。苏州有白蚬江，因盛产白蚬而得名。此处为集市，出售白蚬，有蚬壳堆于此，故名。后讹为"白显桥"。

白显桥始建于唐，清嘉庆十五年（1810）重建。梁两侧阳刻楷书"重建白显桥"，其旁阴刻小字"嘉庆庚午""里人公建"。1994年改建干将路时重建。如今的白显桥为单孔钢筋混凝土拱桥，长8米，宽13米，跨径6米。花岗石桥栏，桥栏上写有桥名。

叶家弄与官太尉桥巷连起来，只不过数百米长，但却与苏州的其他巷子一样，承载着厚重的历史人文，令人流连忘返。

提示：最靠近的公交车站站名为"苏州大学""相门"，轨道交通车站为"相门"。

双塔及罗汉院正殿遗址

定慧寺巷

　　从叶家弄和官太尉桥巷的交界处吴王桥向西通向凤凰街,是一条颇具特色的小巷——定慧寺巷。巷长294米,宽约11米。说这条小巷有特色,首先是它的路面,既不是弹石路面,又不是六角形水泥块路面,更不是柏油路面。它的路面,由组成人字形的长40公分、宽20公分,厚15公分的石板铺就。这种石板,1959年人民路拓宽时铺在北寺塔附近,2004年人民路改建,被移到了定慧寺巷。石板的下面,就是一条下水道。说这条小巷有特色,还有一个重要的原因,就是它两寺夹一院的布局。两寺,指的是东头的双塔寺与西头的定慧寺;一院,就是夹于两寺之间的当年的贡院。

当高楼大厦尚未在苏州林立的时候,远眺苏州城东,最瞩目的便是双塔。双塔位于定慧寺巷的双塔寺院内,是始建于宋代的古塔建筑。

双塔寺院又称罗汉院。唐咸通年间(860—874),由盛楚创建,初名"般若院"。吴越时改为"罗汉院",北宋雍熙间(984—987)王文罕兄弟捐资修建两塔,至道二年(996)更名"寿宁万岁禅院"。如今,其门口没有门牌号,问工作人员也说不出所以然,我们只能说紧靠在定慧寺巷66号的西侧。

罗汉院正殿已毁,故基在双塔之北,距离塔心21米,南向。根据柱础排列位置可知,正殿面阔与进深皆为五间,东、西、北三面绕匝副阶,总进深近20米,属正方形平面,明间有露台向南伸展。有人根据宋《营造法式》,认为此殿应为单檐歇山式。现存四周青石檐柱16根,大多完好,高约4米,上端有安装木枋榫头的槽。造型有雕花圆柱、瓜棱柱、八角柱三种。石柱础30个,皆为覆盆式,檐柱础的盆嘴形均与柱形相配。前檐六柱及础为圆形,通体浮雕牡丹、夏莲、秋葵等缠枝花卉,线条流丽,构图典雅,堪称宋代建筑石雕艺术精品。此外,尚有石门槛、石罗汉、石须弥座、石狮等遗物,可惜的是,残损的现象比较严重。

当然,双塔寺院最引人注目的还是双塔。两塔外貌几乎完全一样,平面为正八边形,分为7层,东塔高33.3米,西塔略高,33.7米,两塔间相距仅20来米。正因为如此,双塔又叫"兄弟塔",苏州人也有称之为"姑嫂塔"的。

像这样紧紧靠在一起的双塔,在全国是唯一的,因为在这么近的距离之内修建两座塔,对地基的承重要求相当高,这显示了我国古代建筑之科学精巧,工匠们智慧之高超绝伦。

塔基和塔身上所雕镂的龙、雀等图案,造型精美,栩栩如生,成为点缀苏州古城风景名胜的一大奇观。双塔塔冠上高达10米的塔刹至今让建筑学家费解:这两个塔刹都用生铁铸成,每个足有5吨重,当时的人是如何把这巨物"搬"上去的呢?正是这奇妙的"谜",让并不大的双塔院每年都能吸引数万名游客前来参观。笔者为写本书前往时,就看见好几个金发碧眼的小伙、姑娘在此叩首打坐,不由得想起70后诗人李商雨的《夜晚像一个苦行僧》,有两行诗意趣横生:

想要跑到一盏古代的豆油灯里去做灯光/想要跑到尘土里去消失/久居红尘中的我们/有时真想超然世外/获得安宁。

如今，苏州罗汉院双塔及正殿遗址已被列为全国重点文物保护单位。苏州市文物保护管理所设在双塔寺院遗址内。

紧靠双塔寺西侧的便是当年的贡院。贡院就是科举时代设立在府、州、县的官方考试中心。贡院举行的正式考试称之为"院试"，又称"童试"，参加考试的都是"童生"。由于他们没有考取功名，只能称为童生，就如我们熟悉的孔乙己，头发白了也还是童生——老童生。这是科举制度的第一级正式考试，合格者为生员，就是秀才。所谓生员，顾名思义也就是取得了府、州、县学的正式入学资格，为学生中的一员。所以考取秀才又称为"进学"，同时也就取得了参加更高一级考试的资格。

苏州贡院创建于北宋景祐年间（1034—1038），据说因范仲淹的建议而建。贡院最早设在吴县县治东南三皇庙基。明清时期，苏州贡院搬迁到了昆山县。清兵南下时，贡院一度遭受破坏，清顺治十四年，督学佥事张能麟重建并撰有《重建昆山试院记》。康熙年间，状元韩菼曾经写过《昆山试院记》。咸丰十年（1860），贡院毁于太平天国的兵火，同治三年（1864），江苏巡抚李鸿章将贡院迁至苏州双塔寺院之西。

如今，贡院旧址已无遗迹可寻，一座"吴作人纪念馆"在该处拔地而起，占地约1 430平方米，门牌为"定慧寺巷88号"。吴作人（1908—1997），著名画家，师从徐悲鸿先生，曾任中央美术学院院长。1989年先生表示愿将自己的艺术作品无偿捐赠给苏州长期陈列展览。苏州市委、市政府为感谢先生对苏州的厚爱，决定建造吴作人艺术馆，1993年年底艺术馆竣工。艺术馆展出吴作人以及他家人的作品100余幅，体现了吴氏艺术世家的风采。

吴作人纪念馆

吴作人纪念馆向西，就是与定慧寺巷成丁字交叉的苏公弄，苏公弄因苏轼而得名。(详见拙作《苏州文脉》)而苏公弄的西侧，定慧寺巷118号，就是著名的定慧寺，也称定慧禅院。

唐咸通间(860—874)，定慧寺原为般若院(今双塔寺)的子院"西方院"。宋大中祥符间(1008—1016)分出自立，名定慧禅院。元朝时期，定慧禅院被毁坏。明正统时(1436—1449)，苏州知府况钟重修了大殿，并改称"定慧禅寺"。后屡经毁建。1958年定慧寺被苏州市"雨伞塑料厂"占用。本世纪之初，在政府和佛教界各方人士的大力支持下，定慧寺以崭新的面貌展现于世人面前。今天的定慧寺，西依凤凰街，车水马龙，一派现代气息；东邻苏公弄，曲径幽深，唐宋古韵犹存。巷内的人们每日倾听着定慧寺的晨钟暮鼓，虽身处闹市，却是难得的怡然恬静。

定慧寺坐北朝南，现存清代山门、天王殿、大殿等建筑。

山门"定慧寺"三字为茗山法师所题。茗山(1914—2001)，中国佛教协会副会长，江苏省佛教协会会长。多年担任镇江焦山定慧寺住持，著书讲经，成为国内知名高僧。苏州定慧寺由镇江定慧寺主持题额，含意深刻。山门外的一副楹联颇引人注目，联曰"从方便门入如来室；依大乘法度有缘人"。"大乘"，佛教派别。此联内容通俗易懂，却能发人深思。岁月如花般美好，却也时常与苍凉相伴，来此修行过的芸芸众生，也许会在梵音阵阵里参悟到人生的不易和知足方能常乐的道理，从而再次踏入红尘的时候，能够淡然处事。

大殿为单檐歇山式，面阔三间19米，进深18米，高约12米。四周檐柱均为抹角石柱，檐下布列象鼻昂枫拱十字牌科。梁架扁作，结构完整。殿前两株古银杏，树龄200余年，夏日浓荫如盖，秋来一片金黄。

定慧寺巷的最西段靠凤凰街处，1995年37号街坊改造时，建了一座石牌坊，高大雄伟，两侧镌联。苏州古城区内，一条小巷能"享受"巷口立牌坊的待遇，也算是一种荣耀吧，当然，这也充分彰显了此巷的文化品位。

提示：最靠近的公交车站站名为"双塔"，轨道交通车站为"临顿路"。

第三单元　平江历史文化街区

- 平江路
- 建新巷
- 钮家巷
- 邾长巷
- 中张家巷
- 大儒巷
- 卫道观前
- 南显子巷与南石子街
- 混堂巷
- 悬桥巷
- 菉葭巷
- 胡厢使巷
- 东花桥巷

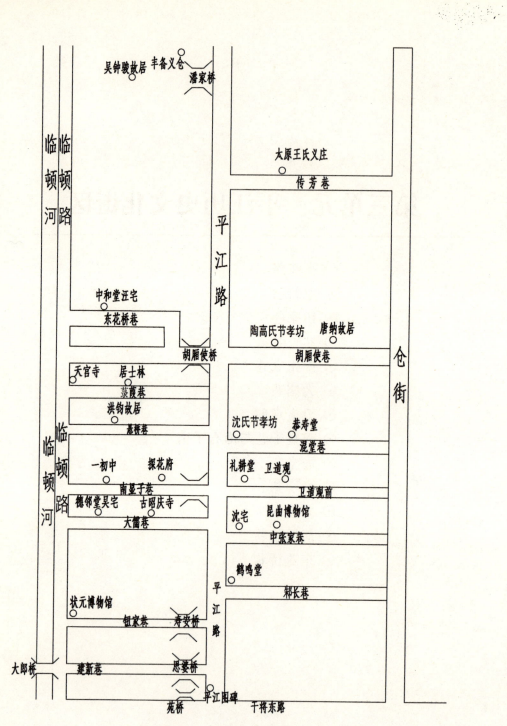

平江路历史文化街区游览示意图

平江路南端《平江图》碑亭

平江路

平江历史文化街区的中心是南北向的平江路。

平江路南起干将东路,北越白塔东路和东北街相接,长1 606.8米,宽3.2米。2004年5月,平江路完成保护与整治工程,路面改为传统的横铺长条石。平江路以东街西河"水陆并行,河街相邻"的特色著称,其西侧平江河即为古城内"三横四直"中的第四直河,宽5—6米,从南端苑桥到北端华阳桥,中间共有11座桥东西向跨越其上,而南北向有10座桥跨越横向的小河,连通平江路。

跨越平江河最南端的是苑桥,相传因吴王阖闾在此建苑囿而得名。如今平江路的南口,苑桥之北东侧沿河有一座碑亭,亭里竖立的就是著名的《平江图》碑(复制品,原碑在苏州文庙)。《平江图》为宋代平江(今苏州城)城市地图。系南宋绍定二年(1229)郡守李寿朋主持刻绘。图碑高2.48米,宽1.46米,厚0.3米。该图刻绘了宋代平江府城的平面轮廓和街巷布局,详绘城墙、护城河、平江府、平江军、吴县长洲衙署和街坊、寺院、亭台楼塔、桥梁等各种建筑物。其中桥梁多达359座,河道20条,庙宇、殿堂250余处。该图是中国现

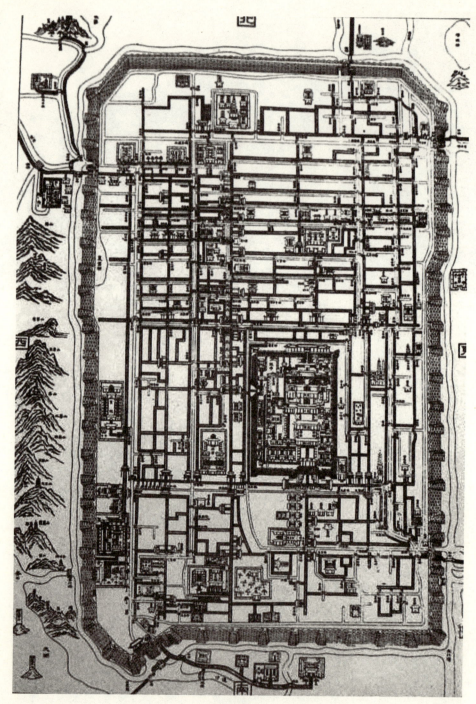

平江图

存最大、最完整的古代碑刻城市地图。

平江路是苏州保存得最完好的古街,与观前街相距不远,但其清静古朴的生活气息与咫尺外的鼎沸喧哗迥然不同,因此很多新人也都会选择在平江路拍摄婚纱照。

走在悠悠青石板上/看小桥流水/听吴侬软语/携亲密爱人/正合适/清新,温暖而雅致/就像/彼此的爱情//

面对平江路9号的就是思婆桥和桥东的建新巷。

平江路古名叫做"十泉里",《吴门表隐》中说道:"平江路古名十泉里,有古井十口,华阳桥南一,奚家桥南一,苑桥北一。"就在平江路20号之西,有一对双井,奇怪的是,此井虽然离平江河不足1米,但水平面明显高于平江河,这就是所谓的"井水不犯河水"吧!

平江路26-29号,隔河向西就是钮家巷;36号之旁,向东就是邾长巷;55号隔河向西,就是雪糕桥;58-68号之间,就是中张家巷;与著名的酒家"鱼食饭稻"正对向西的,就是大儒巷;87号之北,向西就是南石子街和南显子巷,向东就是卫道观前;107-108号,向东是一条混堂巷;132号,向西面对悬桥巷;134号之南,就是向东的大新桥巷;156-160号之间向东,就是大柳枝巷;163号,向西面对的是菉葭巷;180-184号之间,就是一度被当作戴望舒《雨巷》原型的丁香巷;216-222号之间,向东的就是胡厢使巷,而向西通过胡厢使桥就是曹胡徐巷。平江路256号,就是汪氏义庄。(详见拙作《姑苏名宅》)

跨过白塔东路,平江路的格局有了变化,路变狭窄,路西多了一排房子,房子之西才是河道;然而有些地方没有房子,仍是绿化地。平江路307号之南就是庆林桥,桥西为狮林寺巷,桥东为传芳巷。传芳巷长405米,直通仓街。因为此处既有河又有舫,故被认为是"船舫巷"之讹。传芳巷2号为苏州市城东中心小学。

城东中心小学原为太原王氏义庄旧址。太原王氏义庄建于清咸丰六年(1856),原是一路四进九开间,沿河有照墙。院内的王家祠堂保存较好,头门有清代江苏布政使司所立碑石。第二进大厅虽陈旧但原样未变。第三进神龛厅,又称楠木厅,仍完整,高大宽畅,粗木圆柱,石柱础,双翻轩,楠木雕花长窗6扇,磨砖铺地。第四进已拆除原屋,1981年改建三层教学大楼。那儿还有百年桂花树2棵,腊梅花2棵,山茶花1棵。其中,校园西面一个小园子内有一株山茶树颇为名贵。

平江路309号之南,就是奚家桥。跨过奚家桥,就是东麒麟巷了。

太原王氏义庄旧址

平江路313号在路西,是一个号称"沏妙茶"的茶馆。令人惊讶的是,跨过门槛,迎面的门楣上镶嵌着一块砖雕牌额"德为福基",落款竟然是状元陆润庠。然而,既无上款,也无书写年月。笔者记得玄妙观西脚门雷尊殿内也有这样一块同样的砖雕牌额,此处或许是照相后定制的吧。

平江路离东北街100米左右的地方,有一个拱券巷门。走出巷门,西侧有石拱桥跨过平江河,名潘家桥。潘家桥是古城区仅存的八座石拱桥之一,桥西就是通往临顿路的潘儒巷。(详见本书《潘儒巷》篇)潘家桥北,有一条铁栏杆平桥,叫"石家角桥",继续往北,就是纵向的华阳桥。跨过华阳桥,就是东北街了。

平江路保存着《平江图》所示的原汁原味的古城风貌,2002年规划建设为历史文化街区,如今已是苏州城内吸引中外游客人次最多的景区。避开喧嚣,凌晨或黄昏时分在这条历史悠久的经典水巷彳亍而行,眼前是粉墙黛瓦,木栅花窗,墙面剥落处攀生藤萝蔓草;耳边,是偶尔传来的弦索叮咚和欸乃橹声。或许,此处是能使"鸢飞戾天"者息心,"经纶世务"者忘返的最佳之地吧!笔者发现了一个奇怪的现象,平江路两侧的小巷,门牌号都是从西向东排列,而古城内其他街巷都是从东向西排列。

提示:最靠近平江路南端的公交车站与轨道交通车站为"相门",最靠近平江路北端的公交车站为"北园新村"。

大郎桥

建新巷

  建新巷位于平江路西侧,西起临顿路南端,东出思婆桥通平江路。建新巷由原思婆巷和大郎桥巷两条小巷合并而成。"文化大革命"中,东段思婆巷、西段大郎桥巷统一改名为"建新巷"。80年代初,苏州市地名办将之改名为"大郎桥巷",但由于未得到有关方面的认可,1994年又复名为"建新巷"。巷子长391米,宽6—7米,原为石子路面,1988年改建为沥青路面。1994年将西段(基本上原大郎桥巷部分)拓宽至10米,为临顿路与干将路交叉口的回车道。

  说到如今的建新巷,不得不提的是它西端的大郎桥。如今的大郎桥与建新巷1号一路相隔,在临顿路的西侧。大郎,神名。神名不缀姓,例如"二郎巷"等。二郎巷有二郎神庙;或许,大郎桥侧也该有个大郎庙吧。

  大郎桥初建于北宋庆历二年(1042),如今的一条梁石还是武康石。重建于清乾隆三十九年(1774)。原为石级拱桥,1982年改建为单孔石板平桥,长8.5米,宽3.4米,跨径6.5米。花岗石雕桥栏,望柱一侧书写桥名,另一侧书写"一九八二年十一月重建此桥"字样。

大郎桥的最大特点就是石梁长度小于河面的宽度。河两边的石驳岸各向河中挑出一排大石头,大石头上搁置长系石,长系石上再搁石梁。这实在是我等之仅见,这不能不说是苏州建筑史上的奇迹。可以说,大郎桥的建筑风格既是设计师独特思维的体现,更是苏州多元文化的象征。

坐北面南的建新巷3号,是控保建筑田宅。这座宅子是典型的清代建筑,原为潘世恩长房长孙潘仪凤养心园旧址,后归田氏所有。该宅现存两路三进,西侧第三进为楼厅,东路大厅面阔三间,扁作梁架,前有船棚轩。可惜该宅如今残破不堪。

建新巷中另一处控保建筑是29号坐北朝南的吴宅,这是上个世纪30年代的建筑。如今的吴宅正在维修,正面被建筑挡板紧紧围住,我们只能站在远处遥望主房东侧半六角形的小房。吴宅的东侧就是一条名为"东大园"的纵向小巷,在这条小巷子里,可以静心地欣赏吴宅东侧外墙:一律青砖打底,红砖镶嵌砌出菱形花纹,这是民国年间流行的一种既美观而又别具特色的花纹,可以说是苏州粉墙黛瓦外的另一种风格。远远望去,树叶苍翠,青砖红砌,悬殊的色调延伸至小巷的深处,行走其间,恍若走进了一条艺术长廊。

建新巷东首61-65号是董氏义庄,建于清道光四年(1824),状元吴廷琛曾为之作记。相传清嘉庆末年茶商董秉珏经商致富后,乐善好施,修桥铺路,

吴宅外墙

因族中贫困学子较多,董以私蓄 18 293 两白银,购田 1 003 亩,捐为义田,并建义庄。后江苏督、抚两宪把董氏事迹上报朝廷,道光皇帝给予嘉奖。礼部给银 30 两,由董氏家族建"乐善好施"牌坊。董去世后,长洲县上报江苏抚台,抚台饬令由布政使司衙门发给董妻浦氏及其子董景贤等执贴(即土地房屋凭证)。在执贴中,借事说典,重申了保护义田、义庄的地方性法规,并勒石以警世人。董氏义庄经过百多年的变迁,已经残破凋敝,真正完好留存的仅剩正厅享堂一座。现在的董氏义庄由一个香港的企业建了一家名为"苑桥别馆"的宾馆,宾馆大门开在建新巷之北的钮家巷。当年从董氏义庄地下挖出的残缺牌坊,竖立在那家"苑桥别馆"的大门边,犹如大户的旧门。附近的老居民如今仍对董氏义庄记忆深刻。

建新巷的东头是一座跨越平江河的历史悠久的石板桥——思婆桥。(详见拙作《苏州古石桥》)这里想说的是桥上保存的几块宋代的武康石。武康石,又名花石,主要产于浙江省湖州市德清县武康镇(原武康县)东郊的丘陵山地。建筑用材的武康石,习称"武康紫石",属于火山喷出岩中的融结凝灰岩,多呈淡紫色,少数呈黄褐色,石表经风雨侵蚀易氧化成紫褐色,质地粗犷古朴,纹理清晰,略具吸水性。砂岩质武康石即使加工非常平整,表面仍具涩性,即便是雨天,走在上面也不会滑溜,是建筑桥梁的优质石材。然而,到了元朝中期,武康石已经开采殆尽,我们苏州一带造桥就用青石了。

一条 400 米不到的小巷犹如一根扁担,两头各挑一座特色鲜明的古桥。而"扁担"上还有多座历史悠久的名宅,水城苏州的文化内涵,何其深哉!

提示:最靠近的公交车站站名为"临顿路(观前街)",轨道交通车站为"临顿路"。

钮家巷3号潘世恩宅

钮家巷

钮家巷位于平江路西侧,西起临顿路,东至平江路,长410米,宽5.6米。钮家巷古名"蓝家巷",《宋平江城坊考》称,宋代蓝师稷曾居此而名;又名"銮驾巷";后名"钮家巷",流传至今。巷南侧原有河,1956年填河筑宽路面。1984年改弹石路面为方形和六角道板路面,现为沥青路面。

钮家巷周围,旧属凤池乡,多大宅名园遗址。

作为泰伯的后裔,吴武真当年在其住地,即现在的钮家巷一带建宅立园,植树栽花,并在园内筑有池沼,这处园池就叫"凤池",意在招引更多"凤凰"栖集。武真宅第虽然在千百年的岁月轮回中,逐渐湮没,成为了普通民居,但人们一直没有忘记"百鸟之王凤来临"这个古老而美丽的传说,仍将古代钮家巷一带称为"凤池乡"。唐宋时期,就把现在钮家巷一带的区域,行政上划为凤池乡。直到清初,凤池园才得到重修。重修凤池园的是康熙年间的退休尚书顾汧,他购下了古凤池园及其周围的大片土地,并大事增饰,扩建成一座规模宏大的新园,正式题名为"凤池园"。据说其规模大到占了钮家巷大半条巷子。凤池新园落成后,宋荦、韩菼等名宦常来游览雅集。

原凤池园的西部,钮家巷3号,就是状元宰相潘世恩的故居。潘世恩在皇帝接见时搞错南北的笑话一直被苏州人津津乐道(详见拙作《姑苏名宅》)。如今这里是苏州状元博物馆。苏州"盛产"状元,为世所公认。按现在的辖区计算,历史上苏州曾出现过45位文状元、5位武状元,其中文状元数量占全国总量596位的7.55%,居全国各城市之首。最值得一提的是,清朝时期苏州府一共出过26名状元,占全国114名状元的22.81%、江苏49名状元的53.03%,而同期苏州的人口只占全国的1%左右。用作苏州状元博物馆的潘世恩故居,现为省级文物保护单位,建筑面积1825平方米,有纱帽厅、大厅、鸳鸯厅、女厅等建筑。博物馆中展品469件,其中达文物级别的91种(并不包括故居老宅所保留下的建筑文物),已经具备了专业博物馆的基本规模。目前,参观苏州状元博物馆成了苏州大学"学科教学(语文)"专业研究生入学后的必修课。笔者认为,苏州状元博物馆是苏州人文荟萃的缩影,是苏州深厚文化底蕴的展示载体,应该成为了解苏州文化的一个重要窗口。

原凤池园的中部,钮家巷5-6号清代王宅,也是控保建筑,上海同济大学阮仪三教授曾住过这儿。宅子坐北朝南,现存东、中、西三路四进,西路三进楼厅下有船棚轩,东三进楼厅体量较大,保存基本完整。

原凤池园的东部,钮家巷8号为清代陈宅,同为控保建筑。陈宅为清末民初建筑,一路三进,第二进大厅步柱下尚存木质柱础,桁条上的彩绘至今依稀能辨。

钮家巷27号为真觉庵遗址,目前早已成为民居,前门没有门牌,也不能进。从西侧的东升里17号进去,就能看见真觉庵砖雕门楼朝北的一面。上层正文为"佛即是心";上款"道光辛卯嘉平月",道光辛卯,即1831年;嘉平月,即农历十二

平江客栈

月。下款为"长洲褚逢椿沐手敬题",长洲,苏州府属下的一个县,辛亥革命后并入吴县;沐手,即洗手,表示恭敬。门楼下枋是有关琴棋书画的浅浮雕。

钮家巷31-33号方宅是苏州市文物保护单位。新中国成立后方宅除了方姓后人居住,还陆续搬进很多住户。到2003年时方宅主院和东西两侧院落共有20多户居民,大厅则被一家工厂作为仓库占用。从2003年开始,苏州市委、市政府要求平江区政府启动平江路风貌与环境整治工程。在保护人文脉络、维护历史风格的前提下,吸引外资"杠杆"的工作有条不紊地展开。2014年平江路一带引起了香港著名实业家王敏刚的关注。王先生是香港刚毅集团的董事长,是一位中国传统文化的追随者,他认为在平江路开设一家古典韵味的旅馆较为合适,于是便促成了改造方宅为"平江客栈"的设想。

如今,客栈的入口沿用原方宅的中路门厅,门厅较大,因其前临街巷,出入较为方便。不知什么原因,此建筑没有传统的轿厅,第二进就是大厅,设有服务总台,由此可以较方便地前往各个区域。大厅后有一个砖雕门楼,北向题曰"蒔松书柹"。第三进楼厅为商务中心,底层设商务间。其余的建筑大部分被改造成了客房。

寿安桥

钮家巷的最东面通过寿安桥与平江路呈丁字形相接。从南面看,可明显辨出桥梁外侧的"重建寿安桥"等字;然而从北面看,却发现了一个问题,桥梁外侧竟然镌着"积丰桥"等字样。估计重修者仅从牢固的角度考虑,修桥时从别处找来废弃的石梁,致使出现了"一桥两名"的现象。但愿不要以讹传讹,若干年后,让我们的后人又误以为"寿安桥"也叫"积丰桥",甚至有人花大量的精力辨析寿安桥也叫"积丰桥"的原委。(详见拙作《苏州古石桥》)

从西到东,从状元宰相至香港儒商,更有一系列的名人宅邸,铺就了这条400来米长的巷子的文化底蕴。而钮家巷9号内90多岁的古籍版本学家江澄波先生的"文学山房"旧书店,就如人的眉毛,使这条巷子更具魅力。

提示:最靠近的公交车站站名为"醋坊桥观前街东",轨道交通车站为"临顿路"。

鹤鸣堂康宅

邾长巷

邾长巷西出平江路,东至仓街,为平江路东侧南段第一条直通仓街的横巷。路长338米,路宽3.7—11米。现为长方形砖状水泥道板路面。

元人张昱在《辇下曲》中有诗句:"国初海运自朱张,百万楼船过大洋。"诗中的"朱张"就是元代崇明人朱清和嘉定人张瑄。《吴郡续志稿》记元代海运一事,文章开头云:"元起海运,朱清、张瑄出焉。两家第宅遍吴中。今朱张巷其故基也。"

朱、张两人出身海盗,对海路非常熟悉。两人投降元朝后,提议将漕运改由海路进行,并亲自试运,颇得朝廷欢心。因此,他俩子女、族人、家奴等被封为百户、千户、万户,佩金银符者多达百余人,房屋、财产遍布各地,苏州邾长巷就是他们居住的地方。朱、张两人后来得到了印钞权,逐渐横行不法。被举报后,田地浮财尽被籍没,家人、亲属被捕。朱清自杀,张瑄父子伏诛。

因为朱清、张瑄的缘故,邾长巷原名朱张巷。据说朱、张出事后,不知哪位文人脑袋一拍,将"朱"字加一个"阝",将"张"字减掉一个"弓",一进一出之间,"朱张巷"就成了"邾长巷"。

邾长巷最惹人注目的就是最西端的鹤鸣堂康宅。鹤鸣堂康宅位于邾长巷1号,据说是上世纪30年代黄金荣管家建造的。而当时黄金荣在苏州开发过房地产,为苏州留下了200多幢民国时期的建筑。康宅为市级文物保护单位,墙砖比较特别,上面的英文字母标识十分清晰,并不多见。电视剧《我们无法安放的青春》摄制组曾在康宅取景,将这幢民国时期的建筑搬上了荧屏,也把苏州的古色、古朴呈现给了全世界的观众。

如今,这里是一家餐饮店,号称"平江1号 地道苏帮菜"。餐厅的环境,无论是外围的墙壁窗户,还是室内顶上的吊灯,四周嵌电线的槽板,都确实很有民国的范儿。闲坐餐厅一隅,温一壶黄酒,品几道"地道苏帮菜",联想到《我们无法安放的青春》中周蒙的无奈,定是百感交集吧。

康宅之内

从鹤鸣堂康宅向东,经过曾作为南空干休所的一组民国建筑,有一座破落不堪、住有多户人家的园墅"洁园"。此地明代即有园墅,这座园墅民国初年时为房产商顾志华所有,抗战开始后,此宅又属常熟人孙维佳,号曰"德仁堂"。孙维佳,一作孙维嘉,早年曾负笈日本,归国后先任职于沪上的四川路某银行,因其为归国博士,故颇受重用。之后,他赴浙江兰溪,在当地开办丝织厂。不久又遇到了著名的民族资本家荣德生,一度在荣氏兄弟创办的申新纺织无锡公司(后属无锡国棉二厂)和维新纱厂(后属无锡国棉五厂)中担任要职。现宅沿街有铭文青砖扁砌外墙,一顺一丁式。内存民国式曲尺形二层楼一幢,二楼有老虎天窗,进口地砖保存较好,木质楼厅造型简洁。古井两口,井栏已改。宅北院内也有一栋民国建筑,楼前有银杏一株、广玉兰两株。如今,从几块遗留的彩色地砖中,我们还能看到昔日的辉煌。孙维佳善养花,上世纪50年代苏州成立花木公司特邀其妻罗雅安为艺兰师傅。1978年其女下乡返城也到花木公司工作。

洁园

郏长巷的最东头,有一口井,曰"洙泗泉",井身凿有"光绪戊申(1908)"字样。"洙泗"与"郏长"无关,这是一个专用名词,即洙水和泗水。古时这两条河流自如今山东省泗水县北合流而下,至曲阜北,又分为两水,洙水在北,泗水在南。孔子在洙泗之间的曲阜聚徒讲学,所以,后人以"洙泗"代称孔子及儒家。井称"洙泗",是因为郏长巷的南面就是长洲县、元和县的县学。建在这座县学旧址上的就是如今的平江实验学校,校内高大巍峨的大成殿和银杏树尚在。此井的命名确实很有内涵。

走在郏长巷,总能令人浮想联翩:狂极一时的土豪总被"雨打风吹去";十字路口徘徊的知识青年终将找到自己的道路;而唯有读书,才是永恒的道理。

提示:最靠近的公交车站和轨道交通车站为"相门"。

中国昆曲博物馆

中张家巷

平江路偏南段,有一条向东直到仓街的巷子称为"中张家巷"。中张家巷西端与萧家巷东端对应,东至仓街南段。其南为邾长巷,其北为卫道观前。巷长351米,宽5.8米。这条巷子很窄,原是"北巷南河"的格局,是典型的"河街相临、水陆并行"的江南水巷。那条小河,一头连接原内城河,另一头连接平江河。那时的中张家巷河大约有4米宽,沿河居民枕水而居,河上有好几座桥。每到夏天,这里都会有人划船过来卖西瓜,居民们听到吆喝声,就在驳岸上边聊天边挑选,浓浓的水乡生活气息扑面而来。那时的水清粼粼的,岸边的居民在河边洗衣服,一年四季捣衣声不断,美不胜收。大约是上世纪50年代,这条河就被填掉了,中张家巷也被拓宽,成了能驶汽车的宽巷子。

中张家巷的西头,略向南就是著名的跨越平江河的雪糕桥。(详见拙作《苏州古石桥》)

据笔者所知,苏州城里共有三条"张家巷":北张家巷现仍在,位于中张家巷之北,东园之西北;南张家巷就是如今的中张家巷。中张家巷之南与之平行的"邾长巷",原名朱张巷,也是张姓居住地。因为"南"字易引起混淆,故将"南张家巷"改名为"中张家巷"。

评弹博物馆

中张家巷内古建筑众多,3号沈宅是一座老宅,具体主人是谁尚未考证出来,仅知为沈宅(详见拙作《姑苏名宅》)。从两座砖雕门楼的上款都为"丙子"来看,此宅大约建成于1936年。若是前清的"丙子",一般应标明皇帝年号,既然无皇帝年号,大约就是民国时期。而就其建筑风格而言,又颇具清朝特色,估计初建于清代,大规模整修于民国时期。很长的一段时间内,沈宅曾作为振亚丝织厂的招待所,2004年6月被辟为"中国苏州评弹博物馆"。评弹,苏州评话和弹词的总称。评话,简单地说就是演员在台上手拿惊堂木,绘声绘色地讲故事,苏州人称为"说大书";弹词,主要为演员在台上说表,边弹边唱,苏州人称为"说小书"。评话仅一人表演,弹词则多为男女双档表演。如果说评话像太湖般开阔,弹词则似小桥流水般婉约。似水长流的评弹诉说着苏州人的灵动、变通。目前能见到的沈宅是一路三进,为苏州市级文物保护单位。

评弹博物馆向东为"新建里",据说就是嘉庆十三年(1808)高中状元的吴信中的故居。吴信中(1772—1827),字阅甫,号蔼人,安徽休宁县长丰人,寄籍苏州。吴信中的夺魁经过甚是惊险,桂冠险被夺。据说殿试过后,吴信中的殿试试卷被排在前十名试卷之首,即将进呈皇帝御览。与此同时,江西宜黄县考生谢阶树的试卷也以书法见长被阅卷官排在第五位。状元出身的阅卷官江西人戴衢亨久闻谢阶树是江西名士,自然很希望谢阶树成为今科状元。于是,他就在诸位阅卷官面前说:"江西自我以后三十年了,竟再无一人夺魁中状元,可叹!可叹!"阅卷官们听了这话,自然明白其用意,便心照不宣地依次重新审定已经定好名次的卷子。其中一人指着第五名的卷子说:"此卷书法甚佳,可以提上一名。"另一位考官说:"此卷书法突出,应提前一名。"接着又一位考官说:"此卷书法佳,文章也好,应再提前一名。"接连三次前移,谢阶树的卷子便排在了第二位。但更动第一名按例必须经过以总考官为首的诸位大臣同意。谢阶树试卷前移三位时总考官恰巧不在现场,等总考官回到阅卷现场时,有一位考官又试探着说:"第二名书法甚佳,似乎可以更列为第一名。"总考官本来就对有人趁其不在时随意更动名次有意见,便说:"书法的确不错,但列为第二名也不能算低呀!"这样,其他人就不便再说,任由总考官将试卷按刚排定的名次进呈嘉庆皇帝。嘉庆皇帝无暇多看,照批圈点。吴信中终于保住头名状元桂冠,而谢阶树屈居榜眼之位。

这个宅邸原为三路九进,如今是一个大杂院,但一条最长的黑洞洞的"陪弄"尚在。穿过这条"陪弄",可以到达与中张家巷平行的北面的巷子卫道观前。对姑苏豪宅有兴趣的读者,不妨到这条"陪弄"走走,体会一下。

新建里陪弄再向东,就是全晋会馆——如今的中国昆曲博物馆。

昆曲原名"昆山腔"或"昆腔",是中国古老的戏曲声腔、剧种,清代以来被称为"昆曲",现又被称为"昆剧"。昆曲是中国传统戏曲中最古老的剧种之一,也是中国传统文化艺术,特别是戏曲艺术中的珍品,被称为"空谷幽兰"。

昆曲是明朝中叶至清代中叶戏曲中影响最大的声腔剧种,很多剧种都是在昆剧的基础上发展起来的,昆曲被称为"百戏之祖,百戏之师",有"中国戏曲之母"的雅称。昆曲唱腔华丽婉转,念白儒雅,表演细腻,舞蹈飘逸,加上完美的舞台布景,可以说在戏曲表演的各个方面都达到了最高境界。正因为如此,许多地方剧种,如晋剧、蒲剧、湘剧、川剧、赣剧、桂剧、越剧、闽剧等,都曾受到昆剧艺术多方面哺育和滋养。昆曲中的许多剧本,如《牡丹亭》《长生殿》《桃花扇》等,都是古代戏曲文学中的不朽之作。昆曲曲文秉承了唐诗、宋词、元曲的文学传统,曲牌则有许多与宋词、元曲相同。

昆曲博物馆规模较大，进门就是魏良辅的雕像，里面的主体建筑是一个古戏台，现在这里每周公演一次。博物馆的西侧，是介绍昆曲源流的几间屋子，几组当年大户人家自家戏台的模型吸引了笔者的眼球。就是在这样的历史环境里，昆曲得以在士大夫中传承发扬，但也是这样的环境，在某种程度上限制了昆曲面向广大百姓的发展。让人欣喜的是，有些昆曲作品进入了中小学音乐教材，如毛泽东作词的《卜算子·咏梅》经过周友良的作曲，把昆曲韵味带给了正处于接受审美教育阶段的孩子们，为昆曲的传承和发展传薪。

中张家巷的门牌号码比较混乱，往往同一个号码有几个门面。就在明确标注20号的对门一个朝南的破屋子内，"藏"着一个砖雕门楼，题为"树德务滋"。树，立；德，德惠；务，必须；滋，增益，加多。意为向百姓施行德惠，务须力求普遍。上款为"乾隆乙卯仲春"；下款为人名"杨世进"，下有两个印章，难以辨认。

朝南的28号里面，还"藏"着一座典型的民国式洋房，上下两层，三开间。此屋建造于1930年。屋主黄一中乃辛亥革命元勋黄兴次子，建国后曾任上海养老院总院副院长，全国政协委员。

巷子的最东面，与仓街的交接处，有题为"福寿泉"的双井，题款为"民国二十三年孟秋"。此井，为苏州的"古城十大名泉"之一。

2010年4月，苏州市政府明确要求恢复中张家巷河道，但一直未见动静。2017年2月，报载仓街以西段恢复工程正式启动，

福寿泉

计划新开河道400米，新建桥梁三座，当年8月底完工，届时，消失半个世纪之久的中张家巷河将全面恢复，重现枕河人家的浓郁水乡风貌。然而，直至2018年年底，笔者见到的现状却是仅仅开了西头的100来米，只有几个工人在不紧不慢地干活。

近几年来，参观评弹博物馆和昆曲博物馆的人越来越多，尤其是港澳台同胞，他们一般都从干将路下车，步行一段平江路，向北右拐进入中张家巷。相信这些游览者，定会对作为苏州标志的评弹和昆曲留下深刻的印象。然而，昆曲博物馆向东的一段中张家巷，却少有人问津了。

提示：最靠近的公交车站站名为"醋坊桥观前街东"。

移建后的丁宅院落

大儒巷

　　大儒巷在平江路西侧,西起临顿路观前街东口,东至平江河。古称为"大木头巷",卢熊《苏州府志》称为"大树巷",又因为吴方言"树""儒"同音,更因为明代大儒王敬臣居此,康熙《苏州府志》转称为"大儒巷"。全长403米,宽7.3米。这条巷子原来是"北巷南河"的格局,巷子很窄。那条小河,一头连接原临顿河,另一头连接平江河。1958年河被填掉,大儒巷也就被拓宽成现在的模样。

　　提起大儒巷,不得不说的人就是王敬臣。王敬臣(1513—1595),字以道,号少卿,苏州人。明嘉靖四十三年(1564)贡生。万历中,受荐国子监博士,辞而不就。万历二十一年(1593),巡按御史甘士介继续推荐,但吏部认为王敬臣年已八十,不宜担任官职,请以优礼相待,得到皇上允许。

王敬臣的忠孝仁义之举令人敬仰。他的父亲背上患疽,王敬臣为帮父亲减轻痛苦,常常用嘴舔父亲背疾上的伤口,终于使父亲逐步康复。还有一次,他父亲得了瞀(mào)眩病(有点像现在的美尼尔氏综合症),不能正常行走,王敬臣每晚都睡在父亲床边的地上,甚至连衣服也不脱,只要听到咳嗽声,就立刻爬起来悉心伺候自己的父亲。在讲究忠孝的明代,王敬臣的孝行闻名天下,大家称他为"仁孝先生"。明朝万历年间,苏州知府朱文科特地为他立牌坊,题名"仁孝坊"。联想起现代社会,常耳闻老人因为久住医院而得不到子女的照顾,最终只能和护工整日相依为伴,甚是无奈。只有做到"老吾老,以及人之老;幼吾幼,以及人之幼",这个社会才能把孝顺之举、仁爱之行传承下去。

王敬臣的学说以"慎独"为先,即讲究个人道德水平的修养,看重个人品行的操守,是个人风范的最高境界。学者称他为"少湖先生"。他在家开馆讲学,先后收有门生2 000余人,才德出众者700余人。他的弟子中有申时行的儿子申用懋、申用嘉,孙子申绍芳等。后人为了纪念这位著名学者、大儒,将苏州大树巷改为大儒巷。

原大儒巷6号是一处控保单位,是一座坐北向南的七进大宅。不知始建于何时,也不知它最早的主人是谁,我们只知道它的民国时期的主人是丁春之(原名丁怀荣)。后来,由于长发商场扩建,丁宅被整体移建至大儒巷东端54号原"大儒巷农贸市场"地块。一度,这里成了"王小慧艺术馆"(详见拙作《姑苏名宅》)。然而,如今"王小慧艺术馆"不知去向。

由于6号丁春之故居的移建,8号德邻堂吴宅就成了长发商厦的紧邻。从宅内一座砖雕门楼"竹苞松茂"题字落款"徐葆光",以及"德邻堂"的名称,笔者曾考证出这个吴宅的主人就是吴士玉。(详见拙作《姑苏名宅》)

大儒巷38号是古昭庆寺。"古昭庆寺"为元代天历元年(1328)所创建,于明代洪武初并归北禅寺,后废败为王姓庭园,民国时期在此设立元和县高等小学堂。现在经修复后,这里成了苏州市的控保建筑,一度为平江区文化中心。后来,苏州市沧浪、平江、金阊三区合并,平江区文化中心撤销,这里成了苏州图

竹苞松茂砖雕

昭庆寺

书馆姑苏分馆。

目前的昭庆寺有三进建筑。

第一进是山门，额为"鸿儒昭庆"，吴溱书。楹联颇令人回味：

鸿儒抒妙理，烹茶论光风霁月；文苑钟英才，运翰写歌赋丹青。

上联中，"鸿儒"，指大儒王敬臣，也可泛指博学之人；"抒妙理"，谈论精微的道理；"光风霁月"，形容雨过天晴时万物明净的景象，这是"抒妙理"的典型环境；而这一切，都在轻松的"烹茶"之间。下联中，"文苑"，旧史中多立文苑传，记载文士的言行，此处指文化的集中处，应该就是大儒巷；"钟"，聚集；"运翰"，动用笔墨；"写"，泛指书写与绘画；"歌赋丹青"，诗词图画。显然，这副对联呈现的是大儒巷的文化内涵。

第二进为"鸿儒书房"，如今迁入了苏州图书馆姑苏分馆。

第三进为"吴苑深处"评弹书场，不时传出弦索的叮咚。

大儒巷44-52号端善堂潘宅，也为市控保建筑。这是一个五路七进的庞大建筑群，有四条陪弄。中路西陪弄宽约3米，中间第四进楼厅部位，有一座楼梯直达二楼，可见两路房屋楼上相通（详见拙作《姑苏名宅》）。受各界尊重的治黄专家潘镒芬就是它一度的主人。如今，这座宅子正在大修，有几个厅堂已经恢复原样。

大儒巷通向平江路的是一座胜利桥。宋《平江图》中名积庆桥，后讹名为吉庆桥，1945年抗战胜利后改为胜利桥。原系石拱桥，1970年重建为钢筋混凝土板梁水泥平桥。这两年又改为石阶微拱平桥。

当走出端善堂的时候，笔者不由得想起了有关潘镒芬的一件往事。北洋军阀时期，一次，他赶往山东黄花寺决口视察灾情，突然遇到劫匪。但匪徒一听到他就是来堵口子救百姓的治黄专家潘镒芬时，马上道歉，非但不伤害他，还特地护送他一程。能得到劫匪的尊重，其人格魅力可见一斑。潘镒芬，不愧为从大儒巷走出的英才。

提示：最靠近的公交车站站名为"醋坊桥观前街东"。

卫道观

卫道观前

卫道观前位于平江路东侧。路长356米,宽3米。卫道观前位于中张家巷北面,混堂巷南面。西出平江路,东至仓街。卫道观前原名"会道观巷",因巷内有会道观,卢熊《苏州府志》作"会道观巷",同治《苏州府志》作"卫道观巷",《苏州城厢图》标"卫道观前"。

1-8号为礼耕堂,坐北朝南,为"富潘"的代表人物潘麟兆的故居。1982年为市级文保单位,2006年为省级文保单位,而2014年已升级为全国重点文保单位,现在门前的文物保护牌就是证据。它的"文保等级"升级成为人们津津乐道的谈资。

乾隆四十八年(1783)始,潘家耗资30万两白银,历经12年,翻建卫道观前宅院,建成了六路六进、建筑面积达7 500平方米、巍峨气派的大宅子——其规模几乎是山西乔家大院

礼耕堂砖雕门楼

的两倍。里面的各进厅堂高大宽敞,单是砖雕门楼,如今还有八座(详见拙作《姑苏名宅》)。不知是什么原因,如今的礼耕堂中路没有门厅,就是一道围墙,门开在中路的东陪弄口。如今,东路为多户人家居住,中路成了一家高档会所,经常挂出"参观勿进"的牌子。礼耕堂的东二路有一个花园,花园中有数块珍贵的太湖石。遗憾的是,1978年被有关方面推倒院墙,移到美国建造"明轩"。而潘家后人,至今未得到"说法"。这不能不说是一种遗憾,更有一份悲凉。作为每一个有良知的苏州人,都应该善待历史遗留给我们的厚泽,并让它们完好地传承给我们的后代。西路房屋在民国时被潘家售予许氏。

紧挨着礼耕堂东面的是一条小巷子,叫"徐家弄"。徐家弄在苏州可谓是家喻户晓,因为此处曾与明代万历年间的首辅申时行有着密不可分的关系。

申时行(1535—1614),字汝默,苏州人。申时行祖父申周从小过继给徐姓舅家,故申时行幼时姓徐,住在徐家弄,中状元时题名录上是徐时行,万历初入阁后归宗姓申。评弹《玉蜻蜓》中说他为尼姑所生,据说是他的政敌以他为原型的"再创作"。申时行于嘉靖四十一年(1562)殿试高中状元,一举跃上龙门。当时张居正推广新政变法,权倾朝野。申时行以文字受知于张居正,从此仕途一路平坦,并于万历十一年(1583),继张四维为首辅。申时行同另一位苏州人王鏊,都是有明一代的大吏,权高位重,显赫一时。也许是受泰伯以来的苏州人谦让精神的影响,申氏为人温顺,散发着儒雅温和的江南气息,素以和事佬著称。

卫道观前16号就是著名的道观卫道观,这条小巷子就是因为在卫道观的前面而得名。

卫道观初名会道观,始建于元初,由道士邓道枢在原宋代上官氏废圃上建立。明初归属于玄妙观,成为玄妙观下院。成化十二年(1476)由主持张复淳重建,嘉靖二十年(1541)长洲县令吴世良捐俸修葺,更名为卫道观。清康熙四年(1665)周弘教重修扩建,嘉庆十五年(1810)再修,光绪十四年(1888)、1917年和1953年又几度修缮。

历经近千年的变易与洗礼,卫道观几度颓落与复兴。2013年11月,由苏州城投资产开发有限公司再度完成全观整体修复保护工作,现为苏州市文物保护单位。

如今的卫道观,中路已经修复好的有三进,依次为山门、玄帝殿与三清殿,其中三清殿是全观的主殿。玄帝殿和三清殿两端各有两座三开间的东西向的庑殿连接,东面的是三茅殿,西面的是三元殿,四殿围成了一个"口"字型。第四进原为斗姆殿,尚未修复,为一块空地。卫道观对申时行一生的辉煌仕途有着重大影响。申宅(徐宅)与卫道观相隔不远。明嘉靖二十年(1541)卫道观重修时,申时行才六岁,由于家境清贫,二十七岁考中状元前,申时行都是在卫道观中日复一日地埋首苦读。郑敷教《重修卫道观碑记》亦有"东曰东华堂,大学士申文定公时行所书也。堂故文定读书处"之记载。所谓的"东华堂",实际上就是紧靠三清殿东面的一座较为矮小的房子,如今已经重建,但尚未对外开放。申时行身故后,其子孙悬其像,立神主于东华堂,榜曰"申文定公读书处"。申氏后裔一直是卫道观的"护法",将这座观视为家庙,直至民国。

2017年,"苏州苏扇博物馆"进驻卫道观,激发并推动着中国传统文化的持续思考力与创造力。

紧靠卫道观的东面,向北是一条小巷,名为猛将弄。江南一带百姓以种植稻谷为生,老百姓最怕的就是蝗灾。传说当时有一位孩童在帮助村民驱除蝗虫时牺牲,因此百姓敬奉他为猛将,并为其塑像。"猛将"的塑像高约1米,民间流传下来正月十三有"抬猛将"的传

仍在使用的路口水井

统习俗,以此祈求平安与丰收。实际上,各地的"抬猛将"活动在祈福的基础上,更增添民众狂欢娱乐、尽享幸福生活的喜庆气氛。卫道观前的南面,正对猛将弄的是一条草庵弄,过去那里有一个庵堂,如今尚能辨出一些遗踪。就在

卫道观前、猛将弄和草庵弄交界的四岔路口,有一口至今仍在使用的水井。

老年公寓

紧靠猛将弄之东,卫道观前27号就是沈惺叔故居,现在是平江街道老年公寓。2013年9月18日《苏州日报》登出一条消息《"升级版"平江街道老年公寓投用》,曰:"改造后的老年公寓占地面积1 883平方米,建筑面积1 770平方米,共有床位120个。据了解,改造后的公寓每个房间都加装了独立卫生间,同时,每位老人的床边还配上了呼叫系统,确保遇到紧急情况服务人员能随叫随到。除此之外,公寓还新开辟了保健室、康复室、阅览室等公共活动场所,以保证大家在这里住得舒适。"(详见拙作《姑苏名宅》)

但是,对这座宅子的老主人沈惺叔先生,我们只知道他是保大钱庄的老板,只知道他捐建义井的善举和推动"居士林"设置的豪举,其他一片茫然。喝水而不知道掘井人,这是仅仅用"遗憾"一词就能概括的吗?

一条400米长不到的小巷子,竟然人才辈出,既有富可敌国而不忘本的富豪,又有苦读终成大器的状元宰相,还有善举频频的"掘井人"。姑苏之人文荟萃,可见一斑。

提示:最靠近的公交车站站名为"醋坊桥观前街东",轨道交通车站为"相门"。

潘祖荫宅

南显子巷与南石子街

　　位于平江路西侧的南石子街(328米长)与南显子巷(183米长)东西相连,西起临顿路长发商厦北侧,东至平江路苏军桥。这条巷子原来总称"大蚬子巷",后以讹传讹,成了"大显子巷"。由于巷子北面另有一条与它平行的"显子巷",所以,这条巷就被称为"南显子巷",北面的那条理所当然就成了"北显子巷"。后来,"南显子巷"东面的一段路面铺上了石子,故改称"南石子街",而西面的那段继续承袭着"南显子巷"的街名。两巷的分界处就是迎晓里。

　　姑苏坊间,普遍认为清代苏州城里有"彭、宋、潘、韩"四大望族。作为清代四大望族之一的韩家,首先要说的是复社成员韩馨。韩馨,字幼明,苏州人,明末复社成员。八岁能作擘窠大字,五人墓前四个大字"五人之墓"就是他八岁时所书。十三岁入郡学,有"文兼韩柳,书擅羲献"之誉。崇祯十七年(1644),魏忠贤的死党阮大铖居金陵,因慕其名,以金帛招聘,但遭到韩馨的拒绝。为了躲避迫害,韩馨只能晦迹徐庄。顺治六年(1649),韩馨购南显子巷归氏废园为栖隐地,构"洽隐堂"。往来觞咏者皆明遗民逸士。韩馨的侄儿韩菼(1637—1704),康熙十二年(1673)连中会元、状元。韩菼弟弟韩樵的玄孙韩崶、韩崇,都是闻名遐迩的学者、贤吏。

南显子巷8号韩宅坐北朝南,一般认为是韩馨故居。由于内部破损严重,且大门紧闭,我们只能从控保建筑牌上了解其概貌。中路第一进门厅,面阔三间,进深五界。第二进面阔三间带两厢,进深八界,门窗部分保留,前有鹤颈轩。天井内残存砖雕门楼。第三进面阔三间带两厢楼厅,天井内混水门楼题"燕翼贻谋",光绪丙子孟春(1876)仁和吴恒款。第四进楼厅有雀宿檐。西路第一进,面阔三间门厅,穿斗式梁架,进深六界。第二进面阔三间轿厅,前有船棚轩,圆作抬梁式,进深七界,门窗全无,地坪已改。第三进面阔三间带两厢平房,天井内有古井一口。东路存两进。

宅内门楼上题的"燕翼贻谋"出自《诗经》:"武王岂不仕,诒厥孙谋,以燕翼子。"原指周武王谋及其孙而安抚其子,后泛指为后嗣作好打算。

南显子巷8号的路南,实际上就是韩崇故居的后墙,而韩崇故居要从迎晓里进出。(详见拙作《姑苏名宅》)

韩氏洽隐园

南显子巷18号就是当年为韩氏所有的洽隐园。园址初为明代嘉靖年间归湛初宅园。清顺治六年(1649),韩馨得此废园,修为栖隐之地,名为"洽隐园"。洽隐园中曾有八景:柳荫系舫、柳荫眠琴、屏山听瀑、林屋探奇、藤崖伫月、荷岸观鱼、石窦收云、棕亭霁雪。可以想象,瀑布潺潺、琴音阵阵,那是何等的雅致生活,而当明月当空照、白雪纷飞来时,洽隐园一定是另一番别致的美。据说最引人注目的就是"林屋探奇",这是一座被称为"小林屋洞"的水中假山,需带着手电筒进去才能看清洞中的奇景。

韩馨的侄儿就是后来的状元郎韩菼。韩菼(tǎn)(1637—1704),字元少,别号慕庐,苏州人,清代第14位状元。韩菼文采极佳,颇受康熙皇帝器重,赞他"文章古雅、旷古少见"。一般认为韩菼所写的八股文最为规范。韩菼颇受伯父喜爱,常来洽隐园中读书玩耍,曾经植下一株紫藤。由于是状元所植,这株紫藤的身价就不同一般。如今,虽园子几经兴废,主人数度更换,但这株紫藤竟然在颇为不利的生存环境下"返老还童",枝叶茂盛;藤东,竖有不锈钢的指示牌"清康熙状元 礼部尚书韩菼手植紫藤"。正因为这段经历,如今的第一初级中学第一进大厅厅前,就悬挂着"昔日状元宅邸,今朝院士摇篮"的抱柱联。

抗日战争胜利后,洽隐园西部一度由女侠施剑翘创办从云小学,东部散为民居,如今都属苏州市第一初级中学。

第一初级中学大门东侧就是安徽会馆,坐北朝南,为江苏省文物保护单位。安徽会馆建于清同治四年至六年(1865—1867),属于洽隐园的一部分,也就是说,属于第一初级中学的一部分。"安徽会馆"门楼前有新建的铁护栏包围护卫,左右各有石库门,门上包铅皮,钉有装饰及虚空大字,从东向西依次为"福""禄""寿"三字,"福"字门上有砖饰门额"憩棠","禄"字门上有砖饰门额"敬梓"。

安徽会馆之东就是纵向的迎晓里。跨过迎晓里,南显子巷就成了南石子街。

南石子街5-10号是"探花府"(详见拙作《姑苏名宅》),为清光绪年间军机大臣潘祖荫和其弟潘祖年的故居,2003年被列为苏州市控保建筑。前几年,中路与东路经过了整修。东路石库门,上面砖雕"探花府"。一度开放的是中路第四进与第五进,从这两进房子就能看出典型的"走马楼"格局,东西两侧楼上楼下皆有走廊相连。第五进正厅无匾额,挂着潘祖荫自撰的一联:"莲出绿波有君子德,兰生幽谷为王者香。"洁身自好之情溢于言表。如今,这座宅子被"花间堂会所"占用,挂出了"参观勿进"的牌子。

徐氏春晖义庄位于南石子街 10-1 号。清宣统元年(1909),孝女徐淑英承其父徐佩藻遗志,创建此义庄。新中国成立之初,义庄所在地先是成了幼儿园,后又改为协成小学。1969 年,协成小学并入大儒小学(如今的大儒葑葭巷中心小学校)。现义庄西路和银杏等花木庭院仍位于大儒中心小学内。如今,大儒中心小学的东墙外已建成一个街心花园——儒石园,花园的北端恢复建有义庄的三间排屋。

徐氏春晖义庄

南石子街的最东端,就是那条颇有特色的青石拱桥——苏军桥(详见拙作《苏州古石桥》)。苏军桥跨越平江河,向东就是纵向的平江路,跨过平江路,就是卫道观前了。

徜徉在南显子巷与南石子街上,心绪难以平静。正是这些小巷深处的老宅、义庄、石桥,以及小巷历史上的才子、探花、孝女,造就了姑苏独特丰厚的文化底蕴。它们既是中华文化的重要组成部分,也是苏州响彻海内外的一张名片。

提示:最靠近的公交车站站名为"醋坊桥观前街东"。

杨氏弘农义庄

混堂巷

平江路东侧的混堂巷位于卫道观前之北,大新桥巷之南。西出平江路,东至仓街。长349米,宽3.3米,1988年改弹石路面为沥青路面。

"混堂"为吴语名词,就是公共浴池澡堂,意为众人在池内混杂洗浴,或者说水混浊不清。这条巷子旧时有浴池,所以得到这个称号。

旧时,在苏州城内有"七塔八幢九馒头"的说法。"塔",《吴门表隐》提到"七塔":"第一在临顿路白塔子桥东堍","第二在孟子堂东","第三在朱长巷东口塔弄","第四在司狱司署内","第五在宫巷南口","第六在濂溪坊上","第七在望汛桥西"。《吴门表隐》又曰:"城中八幢,形如方塔,层层供佛,非石幢也。一在孔副使巷中,亦名方塔;一在装驾桥南堍,向有宝幢寺,久废;一在洙泗巷南口;一在石塘桥北小桥头;一在桃花坞石幢弄底;一在因果巷陈氏清畲堂前南隅;余未详。""九馒头"之"九"泛指多数,"馒头"不是实指,指的是城里城外的公共浴室——澡堂,因为这种澡堂用青砖盘砌而上,屋顶留天窗放光入室,形如馒头,故得此名。因旧时洗澡多人合用浴池,池水混浊,所以澡堂又被叫作"混堂"。

沈氏节孝坊

混堂巷原名"长庆里"。关于巷名被人叫做"混堂巷",还有另一种说法。这条长庆里有潘氏义庄,又有潘公祠堂,又有杨氏义庄,还有恭寿堂等。老百姓缠夹不清,混为一堂(谈),有时会嘲弄道:"这个堂,那个堂,简直是'混堂'哉。"于是,戏称长庆里为"混堂巷",以讹传讹,直到今天。

我们还是从这条巷子的西端1号开始,寻找几个重要的"点"吧。

最西端面向南是沈氏节孝坊。仔细辨认,发现双钩题刻的文字为"旌表故民钱应襜(chān)妻沈氏贞孝之门",归来查遍各方志"坊表"著录,也未见其名。唉!这是又一处未被史乘记载的牌坊。然而,这个节孝坊已砌入民宅墙中,只能看到临街一面的轮廓,坊柱与上枋基本完好。每天,从此巷子经过的游人无数,想来鲜有注意到这一隐秘的牌坊遗迹的人。都说苏州是个历史悠久,有着丰富文化内涵的城市,而未知的,又还有多少呢?

混堂巷8号为杨氏弘农义庄。清光绪三十年(1904),由祖籍苏州的上海富商杨廷杲,承其祖杨承忠的遗志创建。新中国成立前后,杨氏义庄被协成布厂占用,后又成了染织二厂的职工宿舍,毁坏严重。1995年,才由杨家后人杨元龙(排行十二)和定居香港的杨濛(即电影演员夏梦)等筹资,修复了杨氏义庄。夏梦身材高挑、容貌美丽。她1947年随家人移居香港,1950年进入演艺圈,主演电影《禁婚记》崭露头角,此后主演过《娘惹》《白日梦》《孽海花》《绝代佳人》等近40部电影,是20世纪五六十年代香港长城电影制片公司首席女演员,公认的"影坛西施"。坊间传言,武侠小说大家金庸当年在"长城"做编剧时就暗恋夏梦,曾化名"林欢",为夏梦量身定制剧本《绝代佳人》。金庸《神雕侠侣》中小龙女的原型、《天龙八部》中神仙姐姐王语嫣的原型,据说也都是夏梦。金庸曾说:"西施怎样美丽,谁也没见过,我想她应该像夏梦才名不虚传。"据说这个坐北朝南的宅子现存两路三进,中路第二进砖雕门楼题有"翰苑流芳"四字,落款为乾隆年间。而如今,这个宅子黑漆大门紧闭,外人难以一探究竟。

混堂巷9-11号,为坐北朝南的费宅"恭寿堂"。费树蔚、费孝通等,都是恭寿堂的后代。恭寿堂的南对门,就是礼耕堂的后门。

混堂巷的东半条,基本是一片废墟。其北侧,原来最有名的是清嘉庆七年(1802)建的"潘氏荥阳义庄"与"善行潘公祠堂"。"潘氏义庄"早就成了染织二厂的厂房,如今,染织二厂被拆成了一片废墟,成了一个大型的停车场。那些潘氏的遗迹,或许在日后某一位领导英明决策之下能够历史再现。其南侧,就是卫道观第四进待建的斗姆殿。

有趣的是,混堂巷最东端南侧新建不久的"常熟古建园林建设集团有限公司姑苏分公司"竟然自标为"得趣堂",不知是对这条混堂巷当年多个"堂"的纪念相呼应,还是纯属巧合?

提示:最靠近的公交车站站名为"醋坊桥观前街东",最靠近的轨道交通站为"相门"。

洪钧故居

悬桥巷

悬桥巷位于平江路西侧,西出临顿路,东至平江路,西端跨过临顿路就是旧学前。

悬桥巷古名迎春巷。武则天万岁通天元年(696),长洲县从吴县分出,在今玄妙观之北建长洲县署,称今史家巷为"县后巷"。县署之东(今旧学前口)有桥即名"县东桥",于是就将迎春巷改名"县桥巷",一名"员峤里"。因为吴方言"县"与"悬"同音,所以"县桥巷"就成了"悬桥巷"。另有一说,明天启年间,权宦魏忠贤在巷内造道观,为安全计,建造悬桥控制人员进出,此巷故改作"悬桥巷"。当然,这是戏说。如果魏忠贤在苏州造过道观,地方志定会有记载,所以说,即使有悬桥,也与魏忠贤无关!

悬桥巷长 414 米，宽 2 米，1985 年改弹石路面为六角道板路面，现为长方形砖状水泥道板路面。巷内多深宅大院，三处市保（市级文物保护单位），其他多为控保（控制性保护）建筑。

23 号、25 号为钱伯煊故居。钱伯煊（1896—1986），苏州人，出身世医家庭，祖上三代从医。16 岁师从清末御医曹沧洲的儿子曹融甫，20 岁随父习医，22 岁悬壶苏州，尤擅妇科。1955 年奉调北京中医研究院，积极投身医疗、科研、教学工作，直至 90 高龄。钱伯煊用药以平和见长，对过偏、耗散之品，则严格掌握用量。他临床配方精当、严谨，善于利用药物之间的相互作用，取利祛弊，提高疗效。这些对今日的中医妇科临床仍然具有积极的指导意义。

钱伯煊故居是一处典型的具有明清风格的苏州传统民居，现为苏州市文物保护单位。这座宅子坐北朝南，分成东西两路。东路为主轴线，深达六进，依次是门厅、轿厅、大厅，接着是两进楼厅，最后为下房。第三进大厅就是钱伯煊行医之处。由大厅西折，便进入西路。前面残存的是一座花园，尚有花厅三间与曲廊相接。花厅北面，平房三间一字排开，宽敞高爽，中间为客厅，左右为卧室。屋前庭院杂种花木，四周围墙深锁，颇为宁静雅洁，这便是钱伯煊当年起居之处。

这座老屋是在明代住宅基础上逐年改建而成的，其中最为古老的要算主轴线上的大厅了，无论是构架还是局部构件，至今仍保持着明代建筑的特征。厅面阔三间计 10.4 米，进深 8.3 米。屋面平缓，梁架扁作，前后各置翻轩。梁间坐斗呈荷叶状，与棹木、山雾云等构件，均雕刻精美，线条柔美流畅。东西壁面贴砖细墙裙，下有圭脚，柱下承古镜式木础。该厅面积不大，但用料考究，做工细致。厅前庭院敞亮，砖刻门楼古朴典雅，额为"世德流芳"。这也许是个巧合，此处大厅正是钱伯煊当年的诊所和药局，砖刻题额为主人的一生业绩作了恰如其分的评价。

这所老屋的悠久历史已无从考证，唯一能知道的是：钱益荪为了能让嗣子钱伯煊开业行医，于 1916 年倾其一生积蓄，从一位姓陆的业主手中买下此宅。

悬桥巷 27 号与 29 号为清同治七年（1868）状元洪钧的故居。如今"洪钧故居"的牌匾与苏州市文物保护标志牌都悬挂在东路门口，即悬桥巷 29 号。实际上，东路是洪氏桂荫义庄（洪氏祠堂），如今能见到的是一进门厅、一进享堂，左右以两庑相接，就如北京的四合院。而西路第五进楼厅，就是当年赛金花的居处。（详见拙作《姑苏名宅》）

悬桥巷 37 号为控保建筑"查宅"，坐北朝南，为清代建筑，如今已破败不堪。

41号为丁氏济阳义庄。道光十八年(1838)苏州人丁锦心和他的亲属建成丁氏济阳义庄,知县丁士良又置书田三百亩,设义塾。现存坐北朝南六进房舍,建筑面积259平方米。头门三间五檩,前有"丁氏义庄"砖额,后有砖雕门楼,额为"遗泽流长",落款"怀荣书"。这个"怀荣",就是丁春之。(详见拙作《姑苏名宅》)

悬桥巷45号、47号为方嘉谟故居,45号为园,47号为宅,是市级文保单位。方嘉谟是清末民初苏州有名的西医专家,与同在悬桥巷的著名中医专家钱伯煊齐名。巧合的是,两人少年时曾是同一学校的校友。方嘉谟学习西医,放弃了平江路旁钮家巷的方家祖宅,而在悬桥巷重新择地建屋,并且还在那里开办了一个比较小的西洋医院专门接待病人。47号前三进院落由门厅、花厅和楼厅组成。第四进楼厅是方氏所开西医馆的病房部,应该归入西花园的部分。其建筑特点是前半部分为典型的中式院落,后半部分为中西混合式,带有"洋味",并且建造技术和方法与传统的"营造法式"略有不同,是研究清末民初建筑特色的优秀样本。方嘉谟出资建造好悬桥巷45号住所及西花园后不久,整个建筑就被日本侵略者占用,后被国民党征用。新中国成立后归入政府,洋房的八大房间被分别出租给居民,1983年归还方家。

悬桥巷52号为控保建筑潘氏松鳞义庄(详见拙作《姑苏名宅》)。说到潘氏松鳞义庄,不得不说的是黄丕烈。黄丕烈的后人没能守住那批珍宝(宋元古籍)。黄丕烈去世后,他的宋元古本书籍都转让给汪士钟、杨以增等藏书家。黄家后代连宅第也守不住,道光十年(1830),苏州贵潘躬厚堂长房第三代潘遵祁买下此宅,改建为潘氏松鳞义庄。也就是说,潘氏松鳞义庄原为藏书家黄丕烈藏书楼"百宋一廛"故址。1907年,在义庄内创办小学,聘请高等学堂毕业的知名教员实行新法教学。对本族子弟概免学费,无力缴膳费、书费的可申请减免,对报考中学、大学以及出洋留学者给予资助。新中国成立后,义庄和祠堂曾先后为敬善中学、悬桥巷小学使用,后归美术地毯厂。1985年,为工艺美术玩具厂,后归丝绸服装厂。2010年,上海某集团出资修缮,改成酒店"平江华府",从北面菉葭巷进出。

松鳞义庄的主厅"松鳞堂"是一座五开间的大厅,应是松鳞义庄当年的享堂,用于祭祀祖先和议事。如今,这座大厅成为"平江华府"的豪华餐厅。也许笔者久居苏州,骨子里总喜欢厅堂楼阁的那份古意,总喜欢坐在船棚轩下看人来人往,听琴音阵阵,但愿来此处的各方朋友都能寻觅到一份姑苏特有的雅韵。

55—60号为潘宅,也属市控保建筑,然而已经难以找到"古"味了。

松鳞堂

　　悬桥巷最东头,就是平江河,有一座桥跨平江河,西堍连悬桥巷,东堍略北接大新桥巷,这就是众安桥,也叫"大新桥"。而众安桥的北面有一座新桥和它成直角相交,构成了平江路上的"双桥"景观。(详见拙作《苏州古石桥》)

　　走在悬桥巷这条安静而又幽深的小巷中,钱伯煊、洪钧、方嘉谟等名人的形象与事迹相继浮现,与之相伴而来的,是浓浓的书香和文化气息。如果说钱伯煊从事的中医代表着传统文化,方嘉谟擅长的西医代表着现代文明,那么洪钧则是从古老的中国走向世界的关键人物,他们的功绩是一个不可分割的整体,他们的过去必将影响着苏州的现在和未来。

　　提示:最靠近的公交车站站名为"市立医院东区东"。

苏州居士林

菉葭巷

菉葭(Lùjiā)巷是苏州城区东部的一条街巷,位于平江路西侧悬桥巷北,曹胡徐巷南。西出临顿路,东达平江路。菉葭巷原名"陆家巷",因巷内有陆姓大户得名。后根据吴语谐音,雅化为"菉葭巷"。

巷南本有河,1958年填河加阔路面。巷长415米,宽5米。

菉葭巷10号、11号旧为天宫寺。该寺原为唐光禄大夫许台宅,景福元年(892)舍宅为寺,住持僧法名澹然。宋大中祥符间改称天宫寺,寺内有"澹泉井"为澹然开凿,故名。因为苏州菉葭巷有"澹泉","汲以烹茶,清寒甘澈,可比天平山白云泉",有佛缘,就在此处建天宫寺。后来因为政治原因,天宫寺屡废屡建,明景泰二年(1451)重建大殿,状元宰相申时行为天宫寺撰写了碑铭。

天宫寺屋脊

如今，天宫寺为控保建筑，走进天宫寺东侧那条纵向的小巷，还能辨出一路四进的格局，坐北朝南"工"字大殿的痕迹尚存，但都已散为民居。南向的寺门成了几个商铺，我们只能踮起脚尖，遥望大殿高耸的屋脊，想象着里面的鹤颈一枝香轩和"澹泉"。姑苏的建筑风格深藏在各处，时过境迁之后，依然静默于深宅大院、小巷深处，它们的存在一如四季的风景，若用心去寻觅，总有无言的感动，这也许是很多游客游遍世界各地却依然独爱苏州的缘故吧。

天宫寺旁有井名"仲英泉"。此井开凿于1926年，原有井亭，后坍塌。六面井圈有五面题刻，"仲""英""泉"各占一面，一面刻有"为纪念前社长陆仲英而凿"，一面是落款"中华民国十五年十月临平市民公社副社长戈日焕题"。陆仲英曾是临平市民公社的社长，临平公社的范围包括临顿路和平江路。这里的"市民公社"，是清朝末年由商会倡议建立的民间组织，有点像如今的"社区"。它主要负责调解民事纠纷，维护地方治安，做好消防，修桥补路，疏浚河道，安装路灯，举办赈济等事务。目前，还有市民在这个井边吊水洗濯。

菉葭巷31号为"苏州佛教居士林"，其西为西小弄，其东为佛兰弄。居士林是佛教居士们学习教理、开发智慧、弘扬教义、净化身心的活动场所。这里的居士，是在家信佛的人的泛称。民国十九年（1930），印光法师提倡念佛法门，苏州先后成立了12个以念佛为主旨的"莲社"。1958年，各莲社合并为"苏州市佛教居士林"，社址就设在悬桥巷31号原净心莲社。"文革"中，居士林难逃一劫，社舍被占，佛像被毁，社员星散。1986年落实相关政策后，全面恢复诵经等活动。2008年，经全面规划，佛教居士林在原址恢复。

如今的居士林占地面积950平方米，建筑总面积1 000余平方米，社员有1 200余人。整个建筑分为两路。正路依次为门厅、大殿和后殿。居士林大门上方的"苏州佛教居士林"砖刻匾额为中国佛教协会会长赵朴初1987年手书。大殿门前为一头六牙大象的塑像，这是普贤菩萨的坐骑，象征着吉祥如意。大殿内放满蒲团，乃居士诵经之处。后殿有"西方三圣"雕像。西方三圣又称弥陀三尊，指的是西方极乐世界三尊主要的佛菩萨，三者都在莲座上，"莲"象征出淤泥而不染。三圣中,阿弥陀佛居中,观音菩萨侍左,大势至菩萨侍右。在这纷繁的尘世,总有诸多烦恼,心灵疲惫之时,到此小憩,想来定会驱走些许烦躁,以一颗平常心去看待人和事。居士林西路建筑,以无相图书馆为主。

陈宅在菉葭巷49号、50号,为控保建筑。如今大门紧闭,我们只能从控保牌上了解一些概况:该建筑建于明代,坐北朝南,东路第一进面阔三间门厅,砖细垛头,云头挑梓桁。第二进面阔三间轿厅,门窗、地坪已改。中路存第三进,面阔三间纱帽厅,前有船棚轩,存棹木、山雾云,门窗、地坪局部保留。天井内花岗石六角古井已废。中路第四进、第五进为面阔三间带两厢走马楼,有雀宿檐、竹节撑、门窗、地坪、屏门保留。2009年12月的一场大火,让陈宅损失惨重,也不知道现状如何。

菉葭巷53号是"彭、宋、潘、韩"四大望族中宋家宋德宜的故居,但由于前几进院落被占用,被拆除,如今只能从菉葭巷北面的曹胡徐巷进出。这座宅子中9米长1米宽的楼板,青石板铺就的天井,透出了无尽的华贵和沧桑。(详见拙作《姑苏名宅》)

"下马"断碑

菉葭巷最东端,就是平江河。巷南侧河边有一块断碑"人等至此下马",有人说岳飞就是在此接下12道金牌,诏赴杭州后便一去不回,百姓为纪念这位抗金英雄而立下碑刻以表缅怀、崇敬之心。实际上这是不可能的,首先,岳飞接12道金牌是在黄河边;其次,这块碑所立地,其东北两侧紧靠着河,是个死角,谈何"下马","下船"还差不多。估计是好古者从别处移来。然而,因此给菉葭巷平添了忠臣义士的花环,也是可喜可贺的。

一条小巷,在姑苏本是很寻常的,可巷名的更改不由让人想起《诗经》中的"蒹葭苍苍,白露为霜"一句,这小巷便平添了一份典雅的韵味,似乎它是姑苏悠悠历史的写照,又是姑苏人文荟萃的体现。

提示:最靠近的公交车站站名为"市立医院东区东"。

胡厢使桥

胡厢使巷

胡厢使巷为平江路东侧的一条东西向的小巷。胡厢使巷过去有两条,从平江路到仓街是大胡厢使巷,长365米,宽1.3—2.1米;而从仓街到城河为小胡厢使巷,长133米,宽2.7米。如今两"厢"合一,统称为胡厢使巷。位于胡厢使巷南侧,与胡厢使巷平行的,就是胡厢使河,胡厢使河西接平江河,东连内城河。

宋代在都城内设四厢,各设厢官一个,在辖区内主管斗讼、盗贼等事。这个厢官就是厢使,有点儿像地方驻军司令。南宋时平江府(苏州城)因为它特殊的陪都地位,所以也设"厢",有了厢,当然也就有了"厢使",至于这位姓胡的"厢使"究竟何许人也,已经没法考证了。但是,"胡厢使巷"的名称却一直流传下来,甚至影响到桥的命名。

吴方言中,"shi"与"si"不分,所以在苏州人的口中,"胡厢使巷"演变成了"胡相思巷",于是,又演绎出一个凄美的故事。相传300年前,有一家归姓富商住在胡厢使巷,他对菜源特别讲究,因此,每天让苏州葑门外的一个小伙子按时送菜到家。这个年轻农民不但老实本分,而且长相清秀俊朗,肚子里还有点学问。聪明美丽的富商家小姐有时与他攀谈几句,发现他待人接物也不错,竟然慢慢地爱上了他。富商知道后立即阻止他们的交往,并积极托媒人为女儿说亲。小姐对小伙子一往情深,故而相思得病。后来,忍受不住"终日思君不见君"的现实,在一个月黑风高的夜晚,跳入院中的水井,结束了短暂的青春。从此,这条小巷也被大家称为"胡相思巷"。然而,这位小姐的相思源于一份刻骨铭心的感情,是"不思量自难忘"的千千结,岂是"胡"乱的"相思"呢?

幽幽的胡厢使巷,是一条古迹众多的巷子,然而如观音庵、真君庙、古太尉堂、管家园等等,如今都没有了踪影。

位于胡厢使巷最西端的是东西向的跨越平江河的胡厢使桥,是平江河上仅存的一座夹杂着武康石和青石的拱式石桥。当然,随着胡厢使巷的被叫俗,"胡厢使桥"也被称为"胡相思桥"了。与胡厢使桥互为犄角的是平江路上南北向的跨胡厢使河的梁式石桥唐家桥。胡厢使桥和唐家桥,是历史悠久的双桥,南宋《平江图》上已有刻录,其历史应该早于周庄的"双桥"400来年。(详见拙作《苏州古石桥》)

桥东,胡厢使巷1号门口,有一座油漆斑驳的小亭和一个紫藤架,几个老人坐在那儿拉家常,凸显出一种小巷深处特有的悠闲。此亭名为"三吴亭",这个"三吴",实际上指的是这条小巷子里有一个历史悠久的"三吴纺织厂",这个三吴纺织厂在胡厢使巷16号,如今已经没有踪影了。

胡厢使巷27号前的那座陶高氏节孝坊,颇引人注目。乾隆年间的《江南通志》卷一百八十二人物志:"陶士龙妻高氏,长洲人。"节孝坊临河而立,为花岗石仿木结构,一间两柱三层楼,间宽2.36米,高6米。枋雕鸾凤、卷云、百结、如意、莲花等。正楼石匾额"圣旨"

陶高氏节孝坊

两字清晰可见。"二楼"正中"节孝坊"三字能依稀辨出。

胡厢使巷 35 号是蒋氏义庄,蒋氏义庄又称淞荫义庄,是清光绪九年(1883)监生蒋兆烈等奉其曾祖蒋镐遗志创建的。《吴县志》称其为"善行蒋公祠"。蒋氏义庄坐北朝南,两路六进。东路大门三间,前后檐有桁间斗栱,内有光绪九年潘遵祁撰《蒋氏义田碑记》石刻。祠堂面阔三间 10.6 米,进深九檩 9.8 米,有船棚式翻轩,青石鼓墩柱础。蒋氏义庄至今保存尚好,已列入苏州市控保建筑名录。然而,大门紧闭,我们不得而入。

就在胡厢使巷的东头 40 号,有一座破旧不堪的陈年老宅,这就是苏州市控保建筑——唐纳故居,民间称之为"马家墙门"。苏州人口中的"墙门",就是石库大门,包括石库大门内的宅院,所以说,这座老宅当年定有座高大的石库门楼。

实际上,这里就是蓝苹(一度炙手可热的江青的艺名)的前夫马季良(唐纳)的故居(详见拙作《姑苏名宅》)。唐纳是影评人,蓝苹是演员,他们因电影而相识。据说当唐纳与江青准备结婚时,唐纳的同乡好友、资深编辑史枚曾告诫唐纳:"蓝苹不简单,你可要小心火烛啊!"可唐纳只当耳边风。1936 年 4 月 26 日,唐纳与蓝苹,会同赵丹与叶露茜、顾而已与杜小鹃,在杭州六和塔举行了浪漫婚礼。

同年 5 月,唐纳携娇妻来到古城苏州胡厢使巷老宅度蜜月。唐、蓝的卧室在西花厅的内书房。屋前屋后有庭园,花木扶疏,清丽幽雅。60 年代初期,笔者曾听一位住在胡厢使巷的老太说过,她曾亲眼看见蓝苹在门前的河中涮洗马桶。

婚后不到 3 个月,蓝苹便天天撒泼吵架。有一次,她抛下唐纳,匆匆出走。留书说回济南探视母病,唐纳感到事出意外,7 月间火速赶到济南,始知上当受骗。逼得唐纳在济南服毒自杀,险些送了性命。当时大大小小的报纸,都作了详细报道。蓝苹还背着唐纳,偷偷地同导演章泯同居。致使唐纳在吴淞口第二次自杀,幸而又一次获救。"唐、蓝婚变"震动沪上。

小巷深处,往事如烟。无论是真实的历史,还是凄婉的传说;无论是显赫的人士,还是无名的百姓;无论是保存良好的住宅,还是破旧的老宅,都从桥的这头走到了那头。追寻历史,是为了珍惜当今。

提示:最靠近的公交车站站名为"市立医院东区东""东园"。

杭氏义庄

东花桥巷

位于平江路西侧的东花桥巷从平江路通往临顿路,长 400 米,宽 2.2 米,1985 年改弹石路面为六角道板路面,现为长方形砖状水泥道板路面。

这条巷子西端有桥名花桥,桥东即为东花桥巷,桥西名西花桥巷。白居易担任苏州刺史时,曾有诗曰:"扬州驿里梦苏州,梦到花桥水阁头。"

东花桥巷 10 号怀德堂凌宅为控保建筑,凌宅前门在曹胡徐巷,但如今从东花桥巷的后门进出,所以被"归入"东花桥巷。凌宅原有三路五进,现存西路楼厅和中路两进楼厅。中路后进楼厅五开间,底层前檐有落地长窗十六扇,明间后部有纱槅十二扇。

凌宅之西有一条巷子,名为"姑打鼓巷",甚是奇特。难道是因为一个姑妈而得名?姑打鼓巷南起曹胡徐巷,北至东花桥巷,巷长82.3米。民国《吴县志》载:"姑打鼓巷,曹胡徐巷中。姑疑当作顾"。姑打鼓巷4号,就是凌宅的西门。

东花桥巷18号郑宅为控保建筑,恕我等才疏学浅,至今无法考证出此"郑"所指何人。郑宅原为坐北朝南四路七进大宅。现仅存两路,东路三进较完整。内有明代小型纱帽厅一座。郑宅正门在曹胡徐巷35号,有控保牌,但无详细介绍。而有详细介绍的控保牌在东花桥巷18号。令人哑然失笑的是,控保牌上称"东路第四进门楼有嘉庆五年(1800)款,'令德贻芳''王世琛题'"。我们所知的状元王世琛(1680—1729)是明朝探花王鏊的第八世孙,确实书画俱佳,但到1800年就去世了,也就是说,偏偏有人让王世琛多活了71年,到120岁时才给这座门楼题额。遗憾的是,我们没法亲眼见到这座砖雕门楼。或许是另一个"王世琛"?

东花桥巷33号为中和堂汪宅,其菱形的外墙贴砖,以"鲤鱼跳龙门"为主题的"质厚文明"砖雕门楼,享誉各界。然而,其"72家"房客却将整个宅子搞得残破不堪。(详见拙作《姑苏名宅》)

质厚文明砖雕

东花桥巷41号为控保建筑杭氏义庄。实际上,杭氏义庄原来在东北街,有两进,第二进为享堂,面阔三间11.2米,扁作梁架,前双翻轩,后单翻轩,外檐有桁间牌科。因为博物馆扩建,被移到东花桥巷巷南。移建后为传统庭院式建筑,东路为享堂和附房,西路为花园和住房。笔者看到的杭氏义庄的门牌号是"兰亭苑1号",这个"兰亭苑"不知从何而来。但此处隐逸雅致,清新有余韵,夏天花开爬墙,冬日瑞雪铺瓦,好一副苏州的美卷,想来,里面的住户是极有情调之人吧。

东花桥巷的文化,体现了两种文明:中和堂汪宅体现的是传统的保护方式,但却残破不全;而移建的杭氏义庄究竟还保留了多少往昔的内涵呢?这个恐怕专家们也说不清楚,更不是使王世琛活到120岁者所能说清楚的了。

提示:最靠近的公交车站站名为"市立医院东区东"。

第四单元　拙政园历史文化街区

- 东北街
- 西北街
- 白塔东路
- 白塔西路
- 园林路
- 狮林寺巷
- 潘儒巷
- 蒋庙前

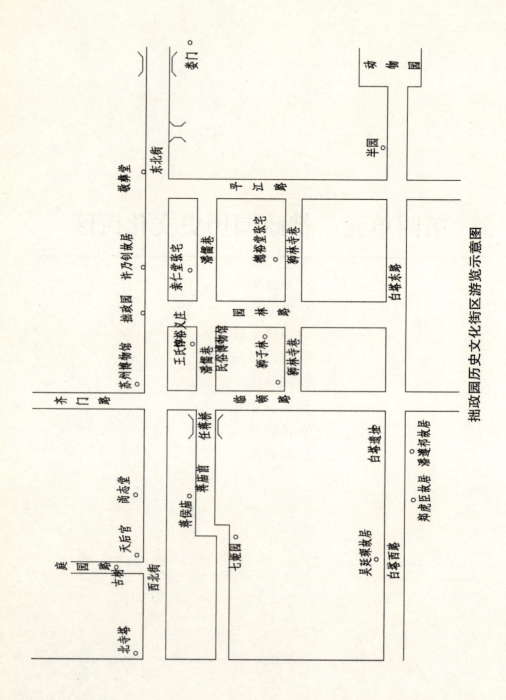

娄门城楼

东北街

东北街是苏州古城内的一条东西向大道,东起娄门,西到临顿路,再向西就是临顿路西侧的西北街了。民国前,东北街以平江路为界,东段原名娄门大街,西段原名迎春坊。如今,将迎春坊和娄门大街合并,统一命名为东北街。而东北街的南侧,就是第一横河。上世纪 30 年代,这条街道宽度从 2 米多拓宽至 10 米。因为苏州园林的著名代表拙政园在这条街道上,所以一度也叫拙政园街。

东北街的最东端是娄门。娄门是春秋伍子胥建阖闾大城时所辟八门之一。在历史的长河中,苏州城门有新辟的,也有被封闭堵塞的,城门最少时仅剩五个。不过娄门始终是开启的,可见此门对古城的重要性。

史书记载娄门初辟时名字是疁(liú)门,"疁"字本义是"以火烧田而种也",

人类最早的农耕方式就是刀耕火种。《越绝书·外传·吴地传》云："吴东北野禺栎东所舍大疁者,吴王田也。"说明古城东部的土地是王室之田。此地北有长江,东依大海,西侧有大城为屏障,不受诸侯侵扰威胁,王室与军队用粮得到了保障。

秦统一六国,置会稽郡,郡衙署就在古苏州城。在古苏州城以东置疁县,东至大海。王莽篡汉,改疁县为娄县,其范围极广,包括了现在的昆山、太仓、嘉定、宝山、青浦、松江和上海市区。而疁门也正式定名为娄门。自汉至唐,苏州一直处于战争较少的和平状态下,统治者对城门、城墙的修缮也如例行公事。直至唐末战乱,包括娄门在内的苏州城门、城墙已残破不堪。后梁龙德二年(922),在中吴军节度使钱元璙的主持下,全城得以重筑。因当时已有火器用于战争,新建的城墙、城门都穿上了"砖石外衣",土城成了砖城,娄门也焕然一新。

2004年,第28届世遗大会在苏州召开,"环古城风貌保护工程"展开建设,古城墙外沿环城河两岸建成48处景点。

2011年又开始恢复兴建已被拆毁的城墙,娄门段城墙复建工程于2013年启动。在发掘城墙基础时发现此段城基的宽度达18米,是阊门至胥门段的1.5倍,而且城基内还有道路地坪。新建的城墙城门上方重建了重檐歇山顶的门楼,二楼前檐下悬挂的匾额上书"江海扬华"。这是根据《吴门表隐》中的记载请书法家重书的。这座城楼上开办了一家茶座,它的招牌是"娄上楼",很有特色。新建的城墙内侧有一片商业区为市民休闲提供服务。

东北街50号一带为当年的长风机械厂三分厂旧址,如今是一片废墟。然而,有谁能想到这里是清康熙十二年(1673)状元礼部尚书韩菼的故居遗址呢?可惜如今无踪迹可寻。

东北街65号的马路对面,是一座梁式石桥张香桥,跨第一横河。关于张香桥的来历,有两个故事颇耐人寻味:其一,相传某大户人家的使女张香与长工相恋被发觉,长工被逐,张香投河殉情,里人为此立张香桥纪念。二是《吴门表隐》所载:有个女子姓张名香,拒倭寇在此牺牲。桥长10米,跨3.5米,宽2米,高约2.7米。这座桥的石质较为复杂,透露出历代修建的"秘密",既有宋末元初通用的武康石,又有明清之际通用的青石。桥面的四条花岗石定是清代所铺,而其光滑的抹角石条显然是用了现代化切割工具。桥南的一口古井,也被盖上了打磨精致的花岗石井盖。

东北街118号就是正在整修的敬彝堂。清嘉庆十六年(1811),洞庭东山严良裘(1787—1855)以白银6 000两从汪氏手中置地六亩多,筑园造宅,建"敬彝堂"。严良裘去世后,敬彝堂由后裔居住,传承七世。近现代,最著名的严氏后裔当属第十八世严家淦,以及任全国人大常委会副委员长、民进中央主席的第十九世严隽琪。

如今在重修的敬彝堂共有三进,实际上门厅只是一道轩,后面两进甚为完整,因为正在整修,各进厅堂内空空如也。

东北街 128 号就是道观灵迹司庙。灵迹司俗称"疟痢都城隍"或"痢疾司堂",明成化元年(1465)始建于百口桥,清乾隆初移建于此,光绪初重修。

灵迹司庙现存坐北朝南三路四进。大门入口处,原有戏台。民国时,国民党军队曾将这里用作兵营。后因弹药爆炸,山门、戏台俱废,成了一个大院。大院向内就是正殿,如今住着多户人家,无法一探究竟。正殿西南阶下就是那口著名的"止疟泉",传说饮此井水可以治疗疟痢。井上原有井栏圈,镶嵌着"狮子滚绣球"图案,可惜的是,井栏圈已于 2003 年被"雅贼"偷走。正殿的后面为寝宫,俗称娘娘殿,数进楼房至少构成了两组走马楼。

东北街 132 号,苏州市六中的西部为许乃钊故居(详见拙作《姑苏名宅》)。如今,许乃钊故居的西面两路已经修复,气势恢宏,门牌为东北街 142 号,挂牌"苏州玉雕艺术馆",许乃钊故居的文物保护牌也挂到了此处。穿过"琴悠墨香"的圆洞门,东院内的一尊许乃钊塑像栩栩如生。

东北街 147 号之西,就是平江路的最北端。从此处跨过东北街,就是一条向北的百家巷了。百家巷的得名源于一座早就没了踪影的百口桥。《吴

许乃钊像

郡志》卷一七"桥梁"记载:"百口桥,在长洲县东。东汉顾训,五世同居。族聚百口,衣食均等,尊卑有序。因其所居名其桥。俗传:子孙多不能辨架上之衣。岁朝会集,子孙悉坐,依次行酒。三岁以上者,并自知位次,不亏其礼。故俗又名试饮桥。"据《宋平江城坊考》载,东汉人顾训五世同堂,家中子孙百口,衣食均等,长幼有序,所以,所居名百口桥,巷亦因此得名。

东北街 178 号就是与北京颐和园、承德避暑山庄、苏州留园一起被誉为"中国四大名园"的拙政园。拙政园是苏州现存的最大的古典园林,占地 78 亩(约合 5.2 公顷)。全园以水为中心,群山萦绕,厅榭精美,花木繁茂,具有浓郁的江南水乡特色。

拙政园正门

园分为东、中、西三部分,东园开阔疏朗,以山水为主;中园是全园精华所在,亭台轩榭与假山池沼和谐相配,为苏州园林之冠;西园较为俭朴,另有特色。

1961 年 3 月,拙政园被列为首批全国重点文物保护单位。1997 年被联合国教科文组织批准列入《世界遗产名录》。2007 年 5 月 16 日,被国家旅游局评为首批国家 AAAAA 级旅游景区。

由于介绍拙政园的书籍实在太多,在此就不赘述了。

拙政园向西直达园林路西,就是汪东故居、李经羲故居和太平天国忠王府(详见拙作《姑苏名宅》)。实际上,这些宅邸都可以看作拙政园的一部分。

紧挨着太平天国忠王府西侧的就是苏州博物馆新馆。1999 年,苏州市委、市政府邀请世界著名华人建筑师贝聿铭设计苏州博物馆新馆。2006 年 10 月 6 日,苏州博物馆新馆建成并正式对外开放。新馆占地面积约 10 700 平方米,建筑面积 19 000 余平方米,加上修葺后的太平天国忠王府,总建筑面积达 26 500 平方米,投资达 3.39 亿元,是一座集现代化馆舍建筑、古建筑与创新山水园林三位一体的综合性博物馆。

苏州博物馆

当我们认真考察东北街文化内涵的时候,不由得为一些现象而困惑。其一,张香桥向西不远,就是跨越纵向的北园小河的"楚胜桥"。《地名文化》一书中说楚攻吴自娄门入,在这里击败吴军,故名。此说实在令人喷饭,只有吴军破楚入郢,而楚军从未进过吴都,楚军攻破的是作为越都的苏州城。越守将把防守重点放在西侧,而楚军绕至城东,攻入娄门。越军见城门已失,军无斗志,稍作抵抗便退至这座桥边溃败了。后楚国春申君据吴城,将该桥命名为"楚胜",流传至今。其二,敬彝堂严宅的砖雕门额"敬彝堂"竟然放到了大门外。其三,新修复的许乃钊故居几座厅堂楹联的作者竟然都是许乃钊本人!当我们在保护传统文化的时候,岂能将新的不规范甚至谬误"流传百世"!

提示:最靠近的公交车站站名为"娄门""北园新村""苏州博物馆(狮子林、拙政园)"。

苏州工艺美术博物馆

西北街

　　西北街是苏州北部一条东西向的大街,称之为"西北",并不是说它在苏州城的西北方向,而是指"北街"的西半部。它东端跨过跨塘桥与东北街衔接,西端跨过人民路与桃花坞大街连通。

　　与临顿路平行的第二直河到西北街处与第一横河交叉,但在第一横河的北侧却整体向西"移动"了十多米,其结果,就使得西北街最东端的临顿桥成了"斜桥"。民国《吴县志》载:"临顿桥,在任蒋桥北。"临顿,吴时馆名,当年吴王征东夷,曾在此处暂时驻扎,赏赐军士,因此置馆,而桥因馆得名。由此桥向南直达如今干将路的南北主干道就成了"临顿路"。清乾隆四十一年(1776),北禅寺僧了义重建临顿桥,嘉庆二年(1797)重修。光绪末又重修且加上铁栏杆。如今的临顿桥为钢筋混凝土平桥,沥青路面,花岗石栏杆,其西侧有六根望柱,而其东侧却只有四根望柱。

西北街50号，如今的"竹之苑"小区曾经是清兵驻扎的中大营，公私合营后为新苏丝织厂厂房。上世纪末，在全国的"压锭"风潮中，苏州丝织行业被迫停产，新苏丝织厂的厂房改建成了小区。

西北街88号就是如今为苏州工艺美术博物馆的尚志堂吴宅，关于吴宅的一段公案，笔者已在拙作《姑苏名宅》中做了比较详细的分析，此处不再赘述。

西北街111号为著名的面店"美味斋"，美味斋的面确实美味，在苏州历次面点评比中，他家的面总能进入前十名。

西北街166号之西，曾经是著名的天后宫。天后，福建一带称为妈祖，她是中国东南沿海信仰的海神，又称天后娘娘、天妃、天妃娘娘、湄洲娘妈等。天后信仰首先来自传说，然后是传说的历史化和神化，最后形成普遍的妈祖信仰。北宋建隆元年(960)农历三月二十三日，福建省莆田市湄洲湾畔一户姓林的官宦人家降生了一个女婴，因其出生时不哭不闹，取名为默，当地人称之为林默娘。林默娘幼时聪明颖悟，八岁入塾读书，能过目成诵。长大后，她矢志不嫁，平素精研医理，为人治病，防疫消灾。她热心助人，为乡亲排难解纷，行善济世。宋太宗雍熙四年(987)九月初九，在一次海上搭救遇险船只时，林默娘不幸被桅杆击中头部，落水身亡，年仅28岁。当地人为了纪念她，为她建祠堂。北宋灭亡，南宋建立以后，她一下就出名了。宋高宗绍兴二十五年(1155)，林默娘被册封为崇福夫人，这是官方对妈祖最早的褒封。从这以后，经过南宋、元、明和清四个朝代，14个皇帝先后敕封了36次，林默娘的地位从"夫人""天妃""天后"到"天上圣母"，封号最长达64个字，已达到无以复加的地步。到了康熙五十八年(1719)，妈祖的地位与孔子、关羽一样，被列入国家祀典，地方官员亲自主持春秋二祭，行三跪九叩礼，她成了万众敬仰的"海上女神"，主要功能为护航。实际上，天后"管"的事情特别多，诸如护航救灾、祷雨济民、挂席泛槎、降服妖怪、解除水患、治病救人、驱除怪风，甚至帮助施琅收复澎湖列岛，都和她有关。

苏州天后宫建于宋宣和五年(1123)，赐庙额"顺济"，取其"济以顺风"之意。元大德元年重建，历代屡有封号。该庙延续到清代，香火不绝。清《吴门表隐》卷十有载："天后宫门石坊左右石刻'神明在迩，各宜恭敬，官吏士民，于此下马。''明嘉靖时御制。'"由此可见，天后得到人们无限的敬重。

苏州天后宫自创建以来一直居城中"三宫"之首，地位与玄妙观相埒。由于历史的原因，今天天后宫早已不知去向，如今是"苏洲庭园小区"(非"苏州庭园小区")，仅仅保留下来一棵高大的香樟树。显然，这棵香樟是从它的母

原天后宫香樟

体——旁边的一个巨大的树根上萌生出来的。这棵香樟保护牌上的年龄是 340 岁,然而,从它旁边那个巨大的母体树根,以及元朝时已有的记载来看,这棵树的真正年龄应该在 700 岁以上!

正对天后宫的西北街南侧,有一条天后宫桥跨过第一横河与皮市街相连。这是一座梁式桥,令人感叹的是,这座桥最西侧的梁石是武康石,标志着它宋末元初已经屹立在此。

西北街 298-302 号曾经是报恩寺的别院李王庙,如今已无踪迹。李王庙正北数十米处有一条东西向的关帝庙弄,关帝庙弄因弄中的关帝庙而得名。关帝,即三国时蜀汉大将关羽。关羽(?—220),字云长,河东解良(今山西运城)人,早期跟随刘备辗转各地,于白马坡斩杀袁绍大将颜良,与张飞一同被称为"万人敌"。赤壁之战后,刘备入益州,关羽留守荆州。建安二十四年(219),关羽围襄樊,擒获于禁,斩杀庞德,威震华夏,曹操曾想迁都以避其锐。后曹操派徐晃前来增援,东吴吕蒙又偷袭荆州,关羽腹背受敌,兵败被杀。关羽去世后,相传曾多次"显圣护民",于是逐渐被神化,被尊为"关公""忠义神武灵佑仁勇威显关圣大帝""武圣",竟然与"文圣"孔子齐名。全国各地纷纷建关帝庙。

此处的关帝庙也是报恩寺的别院,如今已散为民居,虽然门前有控保建筑标志牌,但里面的情形惨不忍睹。当我们进入这个大院的时候,几个老头老太围了上来,询问我们此处何时能拆迁。

李王庙遗址向西,就是苏州古城的标志北塔报恩寺了。关于北塔报恩寺,我们已在《人民路》篇中做了详细介绍。

从表面上看,当今的西北街除了"尚志堂吴宅"外不再有显赫的文化遗存。然而,我们却可以通过它了解中国妈祖文化与武圣文化,也就是说,它是"国家级"历史文化的窗口。

提示:最靠近的公交车站站名为"苏州博物馆(拙政园、狮子林)""北寺塔",轨道交通车站为"北寺塔"。

动物园改建的城市公园

白塔东路

白塔东路东起东园,西至临顿路,路长846.7米,宽9—14米,是苏州城区东北部的一条主要街道。白塔东路原名东白塔子巷,因为西端有白塔子桥,故得名。《红兰逸乘》:"白塔子巷,有白塔,雕刻佛像,今在人家壁中。"可见,桥因塔而得名,巷因桥而得名,而路因巷而得名。卢熊《苏州府志》作白塔子巷,乾隆《苏州府志》作东白塔子巷,民国《吴县志》复作白塔子巷,《姑苏图》《苏州城厢图》《吴县图》《苏州图》都标作东白塔子巷。

实际上,如今的白塔东路由原来的三条小巷组成,最东头到仓街为二门口,仓街到平江路为中由吉巷,而平江路到临顿路为东白塔子巷。"文革"中,改名为"井冈山东路",1980年重新命名为白塔东路。

说起白塔东路,那可是笔者童年时的最爱,因为苏州动物园就位于其最东头。在出游远没有现在频繁的那个年代,能有机会看各种可爱的动物,可是令很多孩子激动的事儿。无论是身手敏捷的猴子、威猛无比的老虎,还是憨态可掬的大象,都给了那一代人因和动物相处而生发的温暖。在动物园中有一个水池,在这里居住着一对斑鳖。斑鳖俗称"癞头鼋",能在水下潜伏较长的时间,保持静止的姿势,酷似一块小岛边的岩石,笔者虽然常去动物园,但难得看到其浮出水面。现在,这个物种已知存活的个体仅有四五只。而苏州动物园里就有一对,雄鳖是仅存的"开园元老",从苏州动物园建园至今一直就在园里生活。雌鳖尽管居住在苏州却不属于苏州动物园,她是原长沙动物园(今长沙生态动物园前身)的元老,六年前担负着延续物种的重任来到苏州结下姻缘。2019年4月14日,报载雌鳖因人工授精而去世。

从2016年4月底开始,苏州动物园逐步搬迁到上方山麓,眼看着各种可爱的动物就要连同童年的记忆一并远去,心中甚是不舍。更担心的是,动物园原址或将成为某房地产开发公司的"肥肉",古城区这个地方何时才能恢复往日的人气?

然而,2018年5月,老动物园旧址用全新的面貌迎接苏州人!它和东园合并,成了古城区最大的城市公园,全园面积为18.2万平方米,南北全长(耦园至娄门)1公里。其中陆地面积为13.5万平方米,水域面积为4.7万平方米,绿化覆盖面积7.2万平方米,绿地率增加到了75%,新增了大量的体育健身器材。总之,这里成了苏州人新的乐园。

白塔东路60号,就是著名的北半园,这座园林由清顺治年间沈世奕所筑,最早起名"止园"。沈世奕,生卒年月不详,字韩伯,号竹斋,江苏吴县人,顺治

半园

十二年(1655)进士,官至太子洗马。清咸丰年间(1851—1861),安徽人陆解眉予以扩建,取名"半园",又因为在仓米巷史氏半园之北,俗称"北半园"。

1949年新中国成立后,曾先后由木器盆桶社、织带厂、东吴丝织厂、第三纺织机械厂使用。1982年被列为苏州市文物保护单位,1992年向公众开放。

据说,"半"是该园的特色,园中有半桥、半亭、半榭等,为苏州园林所仅见。"半亭""半榭"尚可理解,但"半桥"又是怎么回事呢?原来,这儿的一座桥只有一边有栏杆!园东北角建有藏书楼,造型别致,重檐高阁,外观两层半,小巧玲珑。

园中植有白皮松、黄杨、紫藤等花木。在酷暑难耐的午后,漫步于这半园之中,仿佛缠绕的红尘之事都随风而去。也许,这无处不在的"半"还告诉世人:人之一生,一半清醒一半糊涂也是一种圆满,一份美丽。

如今,住宅部分成为一个高档会所"平江食府",据说人均消费至少600元,显然,这会让很多人望而却步。

半园对门,是一家名为"知止"的书店,这是苏州仅存的一家卖旧书的书店,推出的口号是"论斤卖"。顺手翻翻,发现这里确实有些好书,哪天定下心来,开着车子来选择一番,应该有所收获。

半园西侧是跨平江河的保吉利桥。此桥古名"打急路桥",此"打急路桥"估计是"打劫路桥"的谐音。因为此地是城东偏僻之处,常有抢劫案发生,所以得到这样的名称。后来,城市人口增加,桥畔逐渐成为闹市,抢劫案也不再发生。有关方面认为原名不雅,就改成了"保吉利桥","打劫"与"吉利",当然有天壤之别。

保吉利桥桥西就是原来的东白塔子巷。如今,原东白塔子巷部分已改建,北侧的居民小区"桐芳苑"为1992年城市改造时拆迁的桐芳巷改建而成,小区内全部是独立门户小庭院,景色优雅,闹中取静。1995年获建设部颁发的"90年代国家示范小区奖"。

白塔东路的最东头,就是临顿路,跨过临顿路,就是使得白塔路得名的白塔子桥,而桥西,就是通向人民路的白塔西路了。

提示:最靠近的公交车站站名为"东园""平江路""狮子林南""市立医院东区东"。

白塔西路小游园中名人遗址碑

白塔西路

  白塔西路东头与白塔东路隔临顿路相连,西达人民路,与东中市相连。白塔西路原以皮市街为界,东段名西白塔子巷,西段名古市巷。1980年,为了与东侧的白塔东路呼应,西白塔子巷与古市巷合并,统一称作白塔西路。

  在"七塔八幢九馒头"中,白塔就是其中的"七塔"之一,白塔西路的名称也因此而来。这座白塔曾经"藏"在一户人家之中,后来白塔连同那户人家都被拆掉了,"遗址"就在白塔西路最东端的市立医院东区的小花园里。而这个坐北朝南的市立医院东区,曾经是一座道观,始建于元代,是苏州"三宫九观"之一。据说初建这座道观时,有一只白鹤在树上筑巢。鹤在中国文化中占有较高地位,自古以来人们把鹤称为一品至尊的贵鸟,寓意吉祥如意、长寿无疆,这座道观也因此得名白鹤观,历朝历代香火鼎盛。然而,光绪年间,白鹤观的王姓观主竟然将这座道观的北半部卖掉,被洋人建了一座大门朝北,向着谢衙前的教堂嘉音堂。于是,巷子对面就有了晏成中学与慧灵女中两所教会学校——如今苏州第三中学的前身。

白塔西路13号为潘遵祁故居,这个故居貌似坐南朝北,但实际上它的正门在白塔西路南侧的西花桥巷3号,而控保文物标志牌却挂在它的北向的后门白塔西路上。

潘遵祁故居

潘遵祁(1808—1892),清代书画家。字觉夫,一字顺之,号西圃、简缘退士、抱冲居士等,室名香雪草堂等。潘遵祁是状元宰相潘世恩堂兄潘世璜的儿子,道光二十五年(1845)进士,二十七年(1847)进翰林。当官不久就辞职回归苏州,热衷公益,主讲于紫阳书院20年。有藏书万余卷,不幸的是,这些珍贵的藏书都在太平军占领苏州之时散失。

潘遵祁故居为东宅西园格局,现仅存大厅与楼厅四座,大厅为"五松堂",面阔三间13.8米,进深12.5米,前后有翻轩。这座宅子,一度为吴县人武部所据,如今被附近的店铺储存货物。前几年,笔者曾跟随一个取货的水果店老板进去转了一圈。由于大门紧闭,如今只能在西部的巷子里遥望里面的屋脊。

白塔西路45号邱宅也是控保建筑,和潘遵祁故居一样,这座宅子也是坐北朝南,它的正门也在西花桥巷,而文物控保标志牌也挂在它的北向的后门白塔西路上。这座宅子已散为民宅,凭着我们的能力,这个"邱"已无法考证。我们沿着西面的一条陪弄,弯弯曲曲,一直走到了西花桥巷。陪弄中,一扇小门开着,一座砖雕门楼出现在眼前,"垂裕勤俭"四字赫然在目。垂裕,意思是为后人留下业绩或名声,而这个名声,就是勤俭了。但也在这条陪弄中,竟然挂有"苏州市新世纪蟋蟀培育中心"的牌子。

白塔西路南侧靠近皮市街东侧处,有一座街心花园,花园中最为瞩目的是

"南宋郑虎臣故居遗址"的石碑。郑虎臣(1219—1276),字廷翰,又字景兆,生于福建路长溪县柏柱南山(今福安市溪柄南山洋头村),德祐元年(1275)任会稽(今浙江绍兴)县尉。他的父亲郑埙,宋理宗时任越州同知,遭奸臣贾似道陷害,流放至死。郑虎臣长期居住在苏州,德祐元年,郑虎臣在押解大奸臣贾似道途中将其诛杀,为天下除奸,其事迹被载入《闽都别记》。

白塔西路与皮市街的交界处,原来有一座鹤舞桥连通南北。鹤舞桥,与吴王阖闾关系密切。吴王阖闾有个女儿,因不满意她的父亲而自杀。吴王很痛心,厚葬于阊门外。下葬之日,吴王令手下舞白鹤于此处,使百姓跟随观看。然后,将这些人与白鹤都骗进墓门,发动机关全部掩杀,杀活人以殉死人。后即以"鹤市"别称苏州。有人说,白塔西路东头的白鹤观之名与这个故事有关,此说有理。

白塔西路过了皮市街,就是原来的古市巷了。古市巷,过去作顾市巷,因谐音而改。相传明顾雪窗先生在此教书,跟随学习者进出如市,所以被称为"顾市"。

麟趾呈祥砖雕

白塔西路70号洪宅也是控保建筑,这座宅子是真正位于白塔西路的坐北朝南的老宅,现存两路,西路存四进。由于街道拆宽,原来的正厅竟然成了第一进。大厅后的咸丰七年(1857)题额的砖雕门楼尚存,四字为"麟趾呈祥"。这是用于贺人生子或祝贺子孙昌盛的常用语。大厅后就是构成走马楼结构的两座楼厅。根据我们的了解,这个"洪",应该是与状元洪钧(参见本书《悬桥巷》篇)同宗的洪少圃。洪少圃,字玉麟,徽州人,顺康钱庄经理,清同光时苏州"钱业三少"之一,苏州商团创始人,沪宁铁路通车后建"大通转运银洋公司"。民国十四年(1925)与张一麐等八人在桃花坞办私立树德小学与树德初中。民国十八年(1931)获教育部捐资兴学一等奖。如今禾家弄老虹村内尚有洪氏祠堂,藏有"洪树德堂界"碑,西北侧不远处即树德小学旧址。

白塔西路80号也是控保建筑,是状元郎吴廷琛故居。

吴廷琛(1773—1844),字震南,号棣华。吴廷琛在兄弟四人中最小,但孩童时的他就已经显示出了超人的才华。乾隆五十三年(1788),吴廷琛参加县试,一举夺魁,年仅16岁。有个姓康的官员视察学校,在众多学生中,独欣赏吴廷琛,遂把侄女许配给他。乾隆五十七年(1792),吴廷琛乡试中举,但在翌年的会试中落榜了。他从北京回家,与康家女完婚。10年后,即嘉庆七年(1802)二月,吴廷琛在会试中一举成为会元。四月二十一日殿试吴廷琛又是一举夺魁,成为清朝开国以来第67位状元。这年,吴廷琛正值而立之年。中状元后,吴廷琛按惯例入翰林院为修撰,掌修国史。第三年,即嘉庆九年(1804),出为湖南乡试考官,随即督学湖南。后历任金华知府、杭州知府、直隶清河道道员、云南按察使、云南布政使等等。无论在何时何地,吴廷琛都工作勤勉,关心民间疾苦,深得好评。年老回苏州定居后,对国事民政仍很关心。遇上歉年,他放粮赈济贫民;修治苏州城,他捐钱助费。闲暇时,他修订旧著,主要有《归田集》《池上草堂诗集》。

由于街道拆宽,吴廷琛故居被拆除的门厅应该在如今慢车道处,而当年的轿厅如今开了一家长发西饼店。大厅结构宽敞,十分华丽,据说前一阶段毁坏严重,如今整修一新,但却加了一把锁隔断了观众。我们从大厅北面的门缝中,依稀能辨出巨大的青石鼓墩柱础,雕刻精致的梁架。然而,大厅后面的楼厅,竟然有8个窗户,或许是8开间?

白塔西路100号东侧的南向外墙,有砖雕"古状元府邸"的字样,而100号却挂着"温宅"的控保牌。我们进入100号,沿着陪弄向北,一位在陪弄中纳凉的老人信誓旦旦地说:"这里不是温宅,也是吴宅,为吴廷琛的侄儿所住。"是耶?非耶?不知有关方面考虑到这些没有!

白塔西路南侧115—125号,是真正坐南朝北的杭宅。东起第三路头进为花厅,面阔3间8.75米,进深6.8米,扁作梁架,卷棚顶,落地长窗。西起第二路第二进为楼厅,外檐有桁间牌科,后园已废,现今全为民居,破败不堪。杭氏在清末以经营绸缎为业,古市巷沿街全为绸缎庄。其义庄在东花桥巷。

白塔西路的最西段,就是人民路接驾桥了。

一条白塔西路,长仅800余米,竟然有如此多的控保建筑,苏州的人文荟萃,可见一斑。然而,这么多的控保建筑,大多是控而不保,住户们怨声载道,又何以堪!

提示:最靠近的公交车站站名为"市立医院东区""市立医院东区东"。

狮子林曲桥和湖心亭

园林路

  园林路是拙政园历史文化片区的一条南北向的重要街道。这条路南出白塔东路,北至东北街,直对拙政园原大门(拙政园如今的正门挪到了东面)。之所以称为"园林路",是因为这条路连接着拙政园这个"园"与狮子林这个"林"。

  狮子林在园林路23号,大门朝东,实际上这个"大门"是正门前的一个侧门,进这个门后右转才是朝南的正门。

  狮子林是苏州四大名园之一。介绍苏州狮子林的书籍、文献数不胜数,笔者只简单地说几点。其一,元至正二年(1342),天如维则禅师的众徒弟为师父建寺筑园;其二,园中造假山的石头很多形状像狮子,故得名;其三,民国四年(1915),这座园林被世界著名建筑设计师贝聿铭先生的叔祖贝润生购得,经9

年修建、扩建,仍名狮子林;其四,园中假山洞窟迂回曲折,颇得儿童喜爱。

狮子林真趣亭

真趣亭是狮子林的主要观景亭,"真趣"两字为乾隆皇帝所题。笔者去过多次,听到不同导游所说关于此亭的轶事,大致有两个版本:

一说乾隆下江南时游玩狮子林,在假山里钻来钻去,感觉很有趣,兴之所至,喊来随从笔墨伺候,写下"真有趣"三字。这时给乾隆当导游的状元黄轩在一旁见了觉得俗气,便说"万岁御笔千金,微臣一贫如洗,叩请皇上把中间的'有'字赏给奴才吧!"乾隆明白了他的用心,也觉得这三字的确太俗,传出去有损名声,便顺水推舟地把"有"字赏给了他,成了"真趣"两字。乾隆走后,地方官在此筑造亭阁,将"真趣"两字作为亭名。

二说狮子林乃苏州王状元的祖产,后家道中落,转手卖给了他人。王状元此次陪同乾隆游玩狮子林,看到乾隆所题的这三个字,灵机一动,觉得要回祖产的机会来了,于是向乾隆讨要这个"有"字,皇帝没多想就给了他。王状元一转身就向现在的园主人要这宅子,皇帝都说"有"了,园主人也没办法,只好忍痛割爱。

此两种传说确实"真有趣"。但是,据我们所知,乾隆皇帝赐给状元黄轩的是一个"福"字,至于出自苏州的清代的两个"王状元"王世琛(1680—1729)与王敬铭(1668—1721),与此事也搭不上边。黄轩才是乾隆时狮子林的园主!

笔者颇感兴趣的是亭中由晚清探花吴荫培(1851—1930)撰写的那副楹联:"浩劫空踪,畸人独远;园居日涉,来者可追"。作者款署为"润生先生有道重修真趣亭,命撰楹帖,即希是正,狮林自咸丰庚申劫后六十余年,今始修复。此真趣亭联采司空《诗品》、靖节《归来辞》"。落款为"著雍执徐岁九秋云庵吴荫培集,分诠之纪往迹慰后人也。是岁嘉平月朔,平江遗民荫培又识"。从中可知,"浩劫"指咸丰庚申(1860)年英法联军入侵事件;"畸人"乃是与世俗不同的"异人""奇特的人"。全联的大意是经过长时间的劫难留下空虚之踪影,性情奇特的人独自离远了;居住在园里每天散步自成乐趣,知道未来的事情还来得及补救。款识中"著雍"是天干戊,"执徐"为地支辰,戊辰是民国十七年(1928),嘉平朔是农历十二月初一。

过去,园林路称为神道街。此处的神道,指紧靠寺观的道路。苏州城区中部靠近察院场处就有神道街,位于景德路东段南侧,北起景德路,南至马医科,因街北口正对苏州城隍庙(府城隍庙)而得名。因为我们的这条神道街与景德路神道街重名多年,所以1953年拓宽后改名园林路。

那么,与"神道"有关的寺观是什么呢?它就是在园林路北端东侧,也就是拙政园原大门东南方向的眼目司庙。眼目司庙又名任敬子庙、任王庙,专祀本乡土谷神任昉。

任昉(460—508),字彦升,小字阿堆,山东人,是南朝著名文学家、地理学家、藏书家,"竟陵八友"之一。他幼年即被认为神童,后举兖州秀才,拜太学博士。曾担任宜兴太守,后又调任为新安太守。一生清廉,不置产业,以至于没有宅屋府第。当时有人嘲笑他经常借贷,其实,借贷来的钱他都分散给亲戚朋友,他以别人快乐为乐,以别人忧愁而忧,所以赢得百姓敬仰。他的行为可以激励当地风俗,他的气节有很大的教化作用,所以各地为他立祠,也就理所当然了。任昉去世后,谥号曰"敬",所以他的祠堂也就被称为"任敬子庙"了。

宋嘉泰三年(1203),任昉的二十八世孙任清雯重建此庙。明宣德二年(1427)后辈任伯通又修建。当时庙内庭中还有宋代留下的紫荆树,其枝叶能够治疗眼病。据说清初某亲王驻苏,军士多患眼疾,因在此庙内祷告,并折紫荆树枝煎服,结果士兵全部眼目清亮。所以,"任敬子庙"又称为"眼目司庙"。

民国时,中共党员、后来的苏州市聋哑学校首任校长华有文在此创办了我党领导的第一所平民夜校。1938年部分庙屋被改为吴县县立初级小学,此校部分校舍拓宽神道街(今园林路)时被拆除。1985年时改为拙政园小学。从此,有着约1500年历史的眼目司庙退出历史舞台。

如今,眼目司庙夷为一片平地,成为"拙政园换乘中心""拙政园停车场"。站在时光的变迁里,笔者难以排遣内心的那份惆怅:若干年之后,还有多少人知晓任昉是何许人也?有多少人还明白"眼目司庙"名称的由来?期待"园居日涉,来者可追"吧。

提示:最靠近的公交车站站名为"博物馆(狮子林、拙政园)"。

狮林里小区

狮林寺巷

狮林寺巷平行于东北街,西起临顿路,东至平江路,与园林路成十字交叉,简单地说,狮子林就在这个"十"字的西北方。

显然,狮林寺巷得名于狮林寺,这座狮林寺在狮林寺巷的西头北侧,靠近临顿路处。元至正一年(1341),高僧天如禅师来到苏州讲经,受到弟子们一致拥戴。元至正二年(1342),弟子们买地置屋为天如禅师建禅林。天如禅师师从临济宗十九祖中峰明本禅师,其道场在天目山狮子正宗禅寺,故此寺名"狮林寺"。狮林寺紧靠狮子林的西侧,从一定意义上说,狮子林就是狮林寺的后花园。天如禅师圆寂以后,弟子渐渐散去,寺与园逐渐荒芜。明万历十七年(1589),明性和尚重建,再现兴旺景象。乾隆皇帝下江南,曾"到此一游"。如今,取代狮林寺的是一个名为"狮林里"的现代化小区,这个小区粉墙黛瓦,飞檐翘角,是满满的苏州味道。更吸引人的是这个小区绿荫匝地,闹中取静,既和城市融为一体,又保持着一方的安静。不由得让人想起《人民日报》推荐给所有人的生活方式中有一项就是生活极简:慢生活;不做无效社交;锻炼。这个小区的地理位置和环境特点给人们如此生活提供了足够的条件,想来居住在此的人们是心有所托的,是安静恬淡的,是喜欢陶渊明"结庐在人境,而无车马喧"的人生况味的。

狮林寺巷75-1号是控保建筑,为坐北朝南的德裕堂张宅。此宅为清代建筑,现存两路四进,西路第一进是门厅,面阔3间,穿斗式梁架,进深五界。第二进为轿厅,面阔三间带两厢,已改建。第三进是大厅,面阔三间,扁作梁架,前有翻轩,梁檩上彩绘依稀可辨,梁底细雕方胜,椁木椭圆形,雕刻贴金的众走兽。青石柱础,方砖斜铺,厅前砖雕门楼已残,原来镌刻着"德裕后昆"。"裕",使动用法,使丰裕;"后昆",亦作"后绳",后嗣、子孙的意思。意思是积下的德,可以使后代丰裕。堂名"德裕",与此密切相关。可惜的是,这四字现在已经找不到了。笔者无法考证此"张"为何张,只觉得这座宅子历经风风雨雨,已经破败不堪,住在里面绝不是享受。然而,因为是"控保"建筑,住户又不能改建,"控"而不"保",实在是悲剧。

德裕堂张宅东侧不远处,就是跨越平江河的庆林桥。《平江区志》载:"庆林桥位于狮林寺巷东端,跨平江河。宋《平江图》中名庆历桥,清代更名。民国《吴县志》载:'庆历桥,在打急路桥北。'1985年修复为条石平桥,花岗石栏杆,桥宽2.75米,长9.2米。"如今的庆林桥为梁式石桥,四望柱,柏油路

庆林桥

面,没有了古韵。然而,其北侧桥栏木栅上面爬满绿色植物,与平江路的景物甚是协调,却没有平江路主区的那份喧闹。

在拙政园历史文化街区中,狮林寺巷往往被忽视,人们仅仅注意到拙政园与狮子林的繁华,却无视繁华背后的宁静。当人们从喧闹中走出,再去寻找那份宁静时,或许,宁静已经离我们远去了。

提示:最靠近的公交车站站名为"博物馆(狮子林、拙政园)"。

王氏惇裕义庄

潘儒巷

潘儒巷,与东北街平行,离东北街仅数十米,是平江路北端西通临顿路的一条文化底蕴深厚的小巷子。王鏊《姑苏志》作章家桥巷,同治《苏州府志》作潘儒巷,并注:"旧名潘时用巷。在狮林寺巷北,相传宋章綜居此,故又名章家桥巷。元潘元绍又居之,宅甚广,左右皆有别业,狮子林在焉。"称为"潘时用巷",是因为明代有一个名叫潘时用的人曾住在此。

在有关这条巷子的一"章"两"潘"中,潘元绍的故事颇令人深思。根据《明史》等书记载:张士诚为人"外迟重寡言,似有器量,而实无远图",其实,就是说他"见好就收",没有远大的抱负。"(张士诚)既据有吴中,吴(地)承平久,户口殷盛,渐骄纵,怠于政事。"张士诚的弟弟张士信和其女婿潘元绍特别喜欢聚敛财富,贪得无厌。金玉珍宝及古书名画,无所不取,日夜歌舞自娱。张士诚称吴王时,潘元绍和他的哥哥潘元明大见宠信(潘元绍被招为吴王爱婿,潘元明则手握重兵,出镇杭州)。但两人在张士诚危难时,竟先后背叛了张士诚,投降了朱元璋,从而加速了张士诚的失败。

这里不得不说到《水浒传》的作者施耐庵。施耐庵从小受到正统的儒家思想的教育。据说张士诚起义抗元时,施耐庵参加了他的军事活动。张士诚占领苏州以后,施耐庵又在他幕下参与谋划。后因张士诚贪图逸乐,不纳忠言,施耐庵就辞别了他。施耐庵《水浒传》书中有两个背夫偷情的不忠之妇,都取姓为"潘",即潘金莲与潘巧云。后人说到淫妇,必说两潘。淫妇与叛臣有着本质上的相同点:不忠,淫妇的不忠必然导致家破人亡,叛臣的不忠必然导致忠臣死节,江山易主。有人认为施耐庵是以此发泄心中对潘氏兄弟的不满与讽刺,笔者心有戚戚焉。

如今的潘儒巷,以园林路为界,分为"西潘儒巷"和"东潘儒巷"两条,但门牌号码却是从西到东一连到底,实在令人难以想象——或许,强行将巷子一分为二的某个人士完事后却忘了门牌号码之事。

潘儒巷19-21号之间是一条往北的"丑弄"。称巷子为"丑",并不是因为这条巷子仅一米来宽,两旁是褪了色的墙壁——容貌丑陋。这条巷子的西侧,原来有一个"牛衙",专管耕牛的买卖屠宰,所以,这条巷子就被叫成"牛衙弄"。"文革"中被改成一个十分"革命"的名字——革新弄,"文革"结束,便因"牛"而"丑"了。

丑弄之南,就是狮子林的北部后围墙。

丑弄之西的潘儒巷31号坐北朝南,就是苏州市文物保护单位"王氏惇裕义庄"。义庄的前身是敦睦园,据说,就是上文说到的章综和潘元绍住宅的旧址。义庄由王鏊(详见拙作《苏州文脉》)后代王笑山重修于清同治年间(1862—1874)。惇,敦厚之意;裕,丰裕之意。王鏊及其后代向以敦厚济民为世人称颂,故取名"惇裕"。王氏义庄现为苏州民俗博物馆饮食文化展示区,一度以"苏帮菜"著名的"吴门人家"开设于此。如今因租赁期满,"吴门人家"已搬迁,大门紧闭,无法进去一探究竟。只留下当年在里面用餐时的一点记忆:饭店很大,好像有四进,最后一进是楼厅,还有"敦睦成风"的砖雕门楼。

王氏义庄巷南对门,就是苏州民俗博物馆的后门。民俗博物馆与狮子林都属于原贝氏祠堂。进入民俗博物馆,需通过开设在园林路上的东门。

民俗是民间在长期的生产生活中形成的风俗习惯,它是人民群众集体智慧的结晶,是弥足珍贵的文化遗产。苏州民俗博物馆现有婚俗、生俗、节俗、寿俗及吴歌风俗等五个展厅。婚俗厅内,花轿、喜堂、洞房布置得精美华丽,到处

苏州民俗博物馆

张灯结彩,喜气洋洋。新郎新娘结婚拜天地,吹鼓手吹吹打打,犹如一个世纪前正在举行婚礼的一户苏州人家。节俗厅里再现的主要是苏州人过各种节日的风俗。苏州地区有着终年不断的岁时节分活动,如闹元宵、邓尉探梅、轧神仙、迎伍君、黄天荡赏荷、石湖串月、天平观枫、寒山寺听钟等等,节俗厅把旧时的各种节俗再现于观众面前,组成了浓郁的吴中地方风情。

跨过园林路,就是东潘儒巷了。

潘儒巷 74 号是坐北向南的亲仁堂张宅。张宅占地面积很大,西部是义庄,东部是住宅。张宅的主人是张履谦(1838—1915),字月阶,号无垢居士。其祖辈经营扇庄,后其父张肇培在苏北彩浦经营盐田,张履谦成了盐商巨富,纳捐得户部山西司郎中衔。后来,他在苏州置房产,办尚德小学,设育婴堂,办慈善事业,开数家典当,并投资苏纶纱厂、苏州电力公司等。宣统元年(1909),张履谦出任苏州商务总会第四届总理。

亲仁堂张宅原在东北街 208、210 号,而其义庄在东北街 222 - 228 号。2004 年,因苏州博物馆扩建新馆,张宅被整体移建到潘儒巷 74 号。如今,张宅门外挂着"苏州市博物馆协会""故宫学院(苏州)""苏州市图书馆古籍部"等牌子,但大门紧闭,无法一睹真容。据笔者老友张长霖说,现在移建的张氏义庄及张宅的亲仁堂,重现了当年风貌。张氏义庄正厅是一座彩绘大厅,是清乾隆时期建筑,又称纱帽厅,其正脊、梁枋敷有彩绘,枫拱(即"纱帽")上雕有戏文故事,人物服饰装点金箔,厅后设砖雕门楼,是张氏义庄的精华部分。而主厅亲仁堂是一个宏丽的楠木大厅,即使在古建筑众多的苏州也不多见这样的厅堂。

清代住在苏州城内的共有三位吴姓状元,分别是嘉庆七年(1802)夺魁的吴廷琛(1773—1844)、道光十二年(1832)夺魁的吴钟骏(1798—1853),以及嘉庆十三年(1808)夺魁的吴信中(1772—1827),吴廷琛有故居在白塔西路80号,状元第在青石桥畔;被有些人认为的吴信中故居在中张家巷的新建里;坐北朝南的潘儒巷79-81号就是吴钟骏故居。

吴钟骏,字崧甫,号晴舫,苏州人。吴钟骏年少时就聪慧,博闻强记,显示出非凡的天赋。他13岁遍读《十三经》《楚辞》《文选》《史记》等,而且能背诵,不丢一个字,记忆力十分突出。

青年时代的吴钟骏由于家贫,靠教书维持生活。道光二年(1822)中举人,当时梁章钜任江苏布政使,慕名聘他为幕僚。道光十一年(1831)冬,吴钟骏辞别梁章钜,计划北上参加次年的会试,慷慨的梁章钜为他准备了路费。然而未到京城,他的哥哥去世,吴钟骏只能拿出路费为哥哥办理丧事。因为没有了北上的路费,又因为辞掉工作没有了经济来源,吴钟骏一度陷入困境。所幸的是,第二年他一举夺魁。其中的艰辛,一言难尽!联想到今日的学子,他们衣来伸手饭来张口,一心只读教科书。甚至对父母恶语相向,完全不把父母的艰辛放在心里,如此自私、享乐的行为,已然在向"百善孝为先"的中国传统文化挑战,甚至还有个别人因无法承受学习的压力而选择跳楼等极端行为,真让人痛心疾首!

吴钟骏言语很有分寸,与朋友聚谈,常能将离题之语拉回正轨。生平无他好,惟喜爱藏书,未仕之前,常借贷以购佳本。买不起书时,便借书抄录,终日不辍。为官以后,在公事之余,仍矻矻孜孜,写书抄书,可惜其著作未见流传。

上文说到的状元吴廷琛,就是吴钟骏的叔父,吴廷琛与吴钟骏皆中状元,被称为"叔侄状元",与翁同龢叔侄(详见拙作《苏州文脉》)一起构成了苏州一道亮丽的风景线。

如今,吴钟骏故居残留两路五进,东路门厅有双翻轩,第二进大厅面阔三间,扁作梁架。楼厅前砖雕门楼有"毓秀□臻"题额,落款竟然是"乾隆三十二年(1767)",这个年份比吴钟骏出生还早了30多年。看来,吴钟骏此屋要么是祖产,或者系购买他宅翻建。民国十三年(1924),吴家后裔将房产卖给伤科医师闵采臣,民国二十七年(1938)又为缪澄江所住。新中国成立后,第一进改为吴县丝织厂驻苏办事处,余为民居。1958年改为吴县丝织厂厂房。

潘儒巷的最东端北侧的一条小巷子被称为"石家角",石家角4号是丰备义仓旧址。丰备义仓最早为道光十五年(1835)任江苏巡抚的林则徐(详见拙作《苏州文脉》)所建,用以积谷备荒。同治三年(1864),冯桂芬、潘遵祁重建于

丰备义仓

此。原有粮仓 220 间,现存 30 余间。总体成"口"字形布局,当中为晒谷场。如今,当年的仓库成了民宅,但从屋顶的气窗还能辨认出当年的气象。

七拐八拐从石家角东面出来,跨过一条石家角桥,就是平江路的北端了。走一条潘儒巷,就如进入了历史的隧道,既能了解古时的名贤足迹,又能知晓民间的风俗习惯,还能明白苏州城因基建拆迁而无奈的名宅移建之举,称"一举而三役济",甚是恰当。

提示:最靠近的公交车站站名为"苏州博物馆(拙政园、狮子林)"。

任蒋桥

蒋庙前

  蒋庙前是苏州城区北部的一条街巷,位于西北街南侧 100 来米处,东出临顿路,西至后庙巷,与白塔西路平行,因巷内蒋侯庙而得名。卢熊《苏州府志》作庙巷,王鏊《姑苏志》、乾隆《苏州府志》、同治《苏州府志》都称作任蒋巷,民国《吴县志》也作任蒋巷,并注"今名蒋侯庙弄"。巷长 200 米,宽 2.5 米。"文革"时曾名永锋巷,1980 年恢复原名。

  从临顿路进入蒋庙前,必须经过任蒋桥。任蒋桥跨第三直河(临顿河)。桥东,跨过临顿路就是潘儒巷,而潘儒巷与园林路的交界处曾有被称作"眼目司庙"的任敬子庙;而桥西,就有我们将要介绍的蒋侯庙。任蒋桥,就是联系任敬子庙和蒋侯庙的桥梁。

  任蒋桥始建于宋嘉定十四年(1221),清乾隆三十七年(1772)重修。1999 年 12 月重建。如今为单孔钢筋混凝土平桥,长 7.6 米,宽 3 米,跨径 6 米,花岗石桥栏,中间的桥名用大红字标注。

  蒋庙前 2-10 偶数号为潘奕藻故居。潘奕藻(1744—1815),字思质,号畏堂,苏州人,祖籍安徽歙县。潘奕藻的父亲生有三子:奕隽、奕藻、奕基,而潘奕基，就是状元宰相潘世恩的父亲。潘奕藻为清乾隆四十九年(1784)进士，主要任职于刑部，官至郎中。仅当了四年官，于乾隆五十三年(1788)主持湖南乡试以后，就告病回乡了。潘奕藻天性俭朴，敝衣羸马，安之若素，但急人之急，千金弗惜。

潘奕藻故居存诚堂，又名潘太史府第，为苏州市控保建筑，标志牌在蒋庙前6-1号。从控保标志牌可知，这座建筑原来是五路五进，现存厅堂6座，楼厅3座，门房及下房十余间。其中鹤颈轩、船棚轩等甚是精巧。据说，宅内尚存乾隆年间的"文元""进士"等匾牌4块，但我们没有看到，说是已被苏州状元博物馆征集。

19-22号就是"蒋庙前"之所以得名的蒋侯庙，也属市控保建筑。文物保护标志牌挂在20号门前。

蒋庙侯之"蒋"，就是指汉末秣陵(今南京)尉蒋子文，他在讨黄巾(军)时于钟山阵亡。吴大帝孙权在南京建都后，一位蒋子文当年的部下称，他曾在路上碰到蒋子文，骑着白马，手执白羽，身边的侍从与活着的时候没有两样。后来，与蒋子文有关的灵异事件不断发生，于是，孙权追封蒋子文为中都侯，并在钟山为蒋子文建了一座祠庙。蒋子文之魂从此一路直升，封王封侯，上升为孙吴政权认定的正神。

一般认为苏州的蒋侯庙建于明洪武四年，《吴门表隐》中也有相关的记载："蒋侯庙在七姬庙后，神姓蒋名子文，封乐安下乡土谷神，八月二十八日神诞，明洪武四年建。"也有人说东晋时期的吴郡(苏州)就建有蒋侯庙了。

据说明初苏州府发生大疫，蒋侯暗中保护民众。清雍正四年(1726)庙颓废，里人重修。乾隆十年(1745)立碑刻石纪念。咸丰十年(1860)庚申之乱庙毁，同治十年(1871)重建。宣统二年(1910)四月遭火毁，又重建。

从有关文献记载来看，原庙大殿高敞，歇山顶，桁间枫拱牌科比较完整，是一座具有一定规模的庙宇。可惜的是，在时代的变迁中，此处已经面目全非，神像等物件更是在"文革"中

蒋侯庙旧址

被毁,笔者只能推断尚存的高大的门厅的上层北向应该就是昔日的戏台。如今,大殿、上层戏楼与看楼等全部散为民居。

蒋侯庙西南,就是纵向的七姬庙弄。

张士诚女婿潘元绍有七个小妾,个个容貌秀丽,能诗善女红。1367年6月,朱元璋手下徐达炮攻苏州城,张士诚命女婿潘元绍临敌。眼看自己无力抵抗,破城在即,潘元绍溜回家对七个小妾说,看来城就要破了,我受国家重托,义不顾家,很可能有不测,你们还是早些自杀吧。这七个女子果然识大体,都愿保持贞节,一起悬梁自尽,做了封建制度的牺牲品。据说其中最小的才18岁。

然而七姬死后,潘元绍自己却偷偷出城投降了朱元璋。

明嘉靖初,苏州知府胡缵宗建"七姬庙"祭祀这七位女子,亲题匾额"七姬一节"和楹联"三吴昭七烈,一死足千秋"。

七姬庙新中国成立后被毁。蒋庙前与前庙巷交接处,那条窄窄的"七姬庙弄"东侧就是遗址,现已翻建成民居。2003年,平江区将七姬庙遗址后面的一块旧地改造成了三百多平方米的小游园,取名为"七姬园",其中一口古井也命名为"七姬井",以作纪念。

一条短短的蒋庙前,显示了人们对忠奸善恶的态度。凡为百姓作出贡献者,凡气节高尚者,人民包括正直的当权者都不会忘记他,如豪爽慷慨的潘奕藻、暗护百姓的蒋子文、慷慨赴死的七姬等。

七姬园

提示:最靠近的公交车站站名为"苏州博物馆(狮子林、拙政园)"。

第五单元　怡园历史文化街区

- 人民路怡园段
- 嘉余坊与金太史巷
- 马医科
- 庆元坊

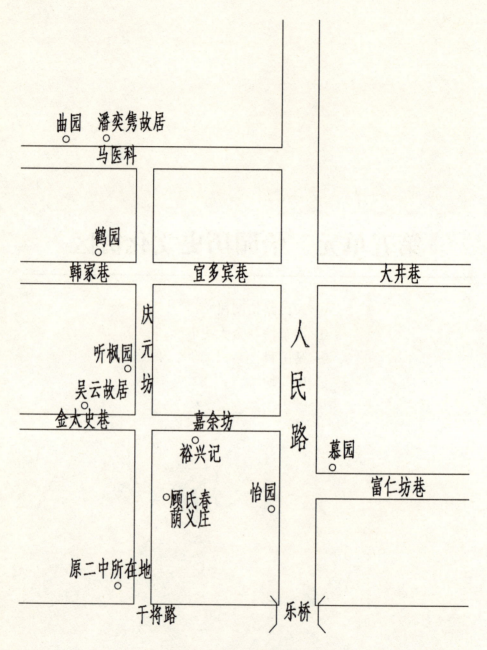

怡园历史文化街区游览示意图

怡园一角

人民路怡园段

作为怡园历史文化街区的主干道,我们截取了人民路从乐桥到察院场的一段。

乐桥位于苏州市古城区心脏地带,跨越干将路和干将河,自古以来就是苏州最著名的桥梁之一。据说这座桥始建于三国吴赤乌二年(239)。这座桥原名戮桥,因周围曾是闹市区,古代刑人于市,在桥旁杀戮犯人,故名。后来人们因嫌"戮"字不吉利,吴语中"戮"与"乐"同音,遂改称乐桥。

人民路西侧1265号是过云楼顾家的后花园怡园。园分东、西两部分,园西旧为祠堂,园南可通住宅。因建园较晚,吸收了诸园之长,如复廊、鸳鸯厅、假山、石舫等。怡园1963年被列为苏州市文物保护单位,1982年被列为江苏省文物保护单位。

该园由过云楼主人顾文彬第三子顾承主持营造。园成之后,江南名士多来雅集,名盛一时。1919年仲秋,怡园园主顾文彬孙子顾麟士为弘扬琴文化,与琴家叶璋伯、吴浸阳、吴兰荪等人,特邀上海、扬州、重庆、湖南等地琴客三十余人,相聚怡园举行琴会。会后,李子昭作《怡园琴会图》长卷,吴昌硕作《怡园琴会记》长题以志其盛。顾麟士在《怡园琴会图》上题诗纪念,有"月明夜静当无事,来听玉涧流泉琴"之句,一时传为佳话。自此,"怡园琴会"便成为琴友相聚的固定活动。日伪时期,怡园遭受重创,园中古玩字画被劫掠一空。上世纪,怡园一度百戏杂陈,成为游乐场所,有"苏州大世界"之称。1992年,享誉国内外古琴界的著名古琴家、吴门琴派的代表人物吴兆基,著名古琴家徐中伟、叶名佩,及吴门琴社琴友十余人欣然应邀,再续怡园琴会,绝响多年的古琴声又在怡园回响。古琴,作为中国最早的弹拨乐器,一般认为已有三千五百年的历史。其音域宽广,音色深沉,余音悠远,这和苏州这座城市的文化内涵、悠久历史是相通的。

怡园中有一座"石听琴室"。室分东西两部,东部为"坡仙琴馆",悬吴云手书额并加跋,藏有宋代苏东坡"玉涧流泉琴",并挂东坡小像,故名。西即"石听琴室",昔顾文彬得翁方纲手书"石听琴室"旧额,加跋悬于宅内。

人民路东侧1274号之南,就是富仁坊,富仁坊为苏州60古坊之一,唐代称"富春坊",宋时改成"富仁坊"。富仁坊与人民路交界处,有一座控保建筑,这就是慕园。实际上,今天的中国电信营业厅就设在慕园。太平天国占领苏州后,慕王谭绍光将这一片辟为府第,花园部分保留至今。园内湖石假山堆叠精巧,岗峦起伏,峰石玲珑多姿,与池塘花木结合自然。谭绍光(1835—1863),广西象州人,太平天国慕王。1851年参加金田起义,为忠王李秀成的得力部下。1863年12月4日,在苏州慕王府被叛徒郜永宽等刺死。(详

慕园

见拙作《苏州古石桥》)

怡园之北就是中国移动手机连锁卖场,这个"卖场"的北面就是嘉余坊。

人民路西侧1309号之北,就是宜多宾巷。宜多宾巷与继续向西的韩家巷连成一条直线。

宜多宾巷原名糜都兵巷。"都兵"为职衔,糜都兵即宋代武将糜登。糜登是苏州人,曾练兵以抵御金兵入侵,据载:"登习射、训兵、修器械、立旗帜,军容士气一新"。父老乡亲为之立生祠。后糜登转为朝议大夫,77岁卒。苏州人便

将这条巷子取名縻都兵巷,后讹称宜多宾巷,已经失去原意了,而笔者小时候与玩伴一起称之为"耳朵饼巷",则更是相差十万八千里了。21号是一处花园洋房,据说房主是一位将军。上世纪 80 年代,该宅由市民族宗教事务局使用。本世纪初,改作市地方志办公室方志阅览馆。以后又是市志愿者总会办公处。2006 年此处列为控保建筑。花园内有百年花椒树一株,为古城区中仅有。

韩家巷 4 号鹤园也是一座名宅,主人更迭较多。(详见拙作《姑苏名宅》)

人民路东侧 1310 号的北侧是大井巷,大井巷中的乐乡饭店一度被称为皇后饭店,在上世纪 50 年代,是苏州最高档的涉外饭店。

人民路西侧 1331 号为马医科,这可是一条文化内涵丰富的巷子,当然要专门叙说。

我们在怡园流连忘返时,为"石听琴室"庭院中的几块如伛偻老人俯首听琴的湖石感到惊讶,不由得联想到了"生公说法顽石点头"的境界。然而,为怡园历史文化片区点头的,又何止是几块顽石!

提示:最靠近的公交车站站名为"乐桥北""察院场观前街西",轨道交通车站为"乐桥""察院场"。

吴云故居正厅

嘉余坊与金太史巷

　　嘉余坊位于怡园的北墙外,东出人民路,西至庆元坊,与金太史巷相直。路长180米,原宽3米,1992年后拓宽至11米,原弹石路面改为沥青路面。该处为旧时古城中心鱼市场,因此,陆广微《吴地记》作嘉鱼坊;范成大《吴郡志》也作嘉鱼坊,并注"鱼行桥西";卢熊《苏州府志》作嘉鱼坊;民国《吴县志》作嘉鱼坊巷。现称嘉余坊,路牌作"嘉徐坊"。

　　嘉余坊旧时有集福庵,故也称作集福庵前。但如今集福庵踪迹全无。

　　嘉余坊为改革开放后苏州城著名的美食一条街。一条原本默默无闻的小巷子,一时间四方美食云集、食客络绎不绝,占尽古城餐饮市场风光。据说嘉余坊及相连的庆元坊,总共不到400米,却有40余家酒楼饭庄。

　　嘉余坊的面店生意特别兴隆,乃得益于两道面点。

　　其一为"枫镇大面"。这是原产于枫桥镇的特色面点,被誉为苏州"最难做、最精细、最鲜美"的枫镇大面。面浇头采用优质五花肉,经过拔毛、清洗等一系列步骤,从加佐料到放入锅中焖煮4个半小时才能起锅,总之味道鲜美,入口即化。面汤采用肉骨、黄鳝骨、虾脑、螺蛳肉等鲜物吊(厨师行话,似应为"调")成,每碗汤里还有一小撮酒酿。由于调味时不用酱油,汤汁澄清,所以称为白汤大面。

"枫镇大面"的由来颇有戏剧性。相传乾隆年间,一位张姓店主在枫桥镇上开了一家红汤面馆。一天下午,张店主外出买佐料,路上看到一位中年妇女因给老父买药的钱被偷而悲痛欲绝,张店主就把身上的钱都给了她。晚上回店后,张店主才想起第二天煮面没有佐料,郁闷之下边喝酒边吊高汤。昏沉中,竟然误将喝剩的残酒当作酱油倒入锅中。第二天早上起来,才发现未加酱油等调料的高汤居然喷香扑鼻,张店主从此开始主营白汤面。有一年,乾隆皇帝下江南,在游完寒山寺后路过枫桥,闻到了面馆里飘溢而出的香味,径直走进了店里。在品尝了美食之后,连连称好,并赐名"枫镇白汤大肉面",此后300年来,枫镇大面名闻遐迩。

其二为"两面黄"。"两面黄"也是一种苏州的传统面点,曾被称为"面条中的皇帝"。近年来在苏州老字号餐饮界中再次兴起"两面黄"热。此面有硬"两面黄"和软"两面黄"之分,硬"两面黄"是生面油炸,软"两面黄"是水煮后的硬面滤干再炸。总之,要两面都炸成金黄色,香味飘出,然后捞出放在盘子上,再将浇头连卤浇在面上,让面条吸足卤汁,味道既香又可口。

主要凭着这两道面点,嘉余坊的生意火爆,日甚一日。

延伸到纵向的庆元坊,嘉余坊就结束了,与它对直的就是一条窄窄的小巷金太史巷。金太史巷路长167米,路宽3米。1984年改弹石路面为六角道板路面,现为长方形砖状水泥道板路面。民国《吴县志》作金太史场,相传因住过一位姓金的太史(翰林)而得名。金太史巷4号即吴云故居(详见拙作《姑苏名宅》)。

金太史巷的最西段,就是永定寺弄,然而永定寺早已不知去向,即使在它的遗址上建成的苏州二中也被吞并,我们只能在那块硕大的荒地上想象当年的盛况。

提示:最靠近的公交车站站名为"乐桥北",轨道交通车站为"乐桥"。

俞樾故居曲园

马医科

马医科在怡园之北200来米。巷长305米,宽4米,1982年改弹石路面为道板路面。现东段为沥青路面,其他为长方形砖状水泥道板路面。《姑苏图》《苏州城厢图》均标马医科,《吴县图》标作马医科巷,《苏州图》复标马医科。

马医科原名流化坊巷,又名褚家巷,得"马医科"的巷名有两个版本。其一,宋代马杨祖在此建济民药局。据吴渊《济民药局记》,药局初设在鱼行桥东,南宋绍定四年(1231)创于广惠坊之左。后重建于子城内路分厅之故址,继又迁到此处,巷因此得名。其二,清代御医马培之曾在此挂牌行医。这个"科",大概就和"内科""外科"的意思差不多了。马培之(1820—1905),名文植,武进孟河人,师从名医费伯雄,精通内外科,在医治伤寒病方面有独到的本领。1880年应召进京为慈禧太后治病,受到赞赏,御赐"务存精要"匾额,从此名声大振。然而,苏州人都习惯将马医科称作"蚂蚁窠",笔者幼时,一度认为那里有一个大大的"蚂蚁窝"。

马医科28号附近与纵向的庆元坊相交。这个"三岔口"的北侧,如今的"如家快捷酒店"处,是宋代的吴县衙门,明时吴县县治迁走后,原县治旧址改建为申时行家祠(详见拙作《姑苏名宅》)。申时行位极人臣,晚年回苏闲居,祠堂是申时行去世后,其后人为表彰其功绩而建的。整个祠堂很大,新中国成立后曾作为马医科小学使用。就在这个"三岔口",原来有一座高大的石柱木结构的牌楼跨越庆元坊巷口。这座石牌楼是4柱3间5重檐,坚固稳重,建筑完美。木结构主体都是优质木材,斗栱是香樟木,上下穿枋和定盘枋为楠木,承担各套斗栱的负荷。1979年,这座牌楼被移到了北寺塔前,同时移建到北寺塔的还有申公祠仪门。

马医科27-29号"绣园",为清庞氏居思义庄,现为控保建筑。苏绣大师沈寿一度借庞氏居思义庄创办了刺绣学校。1996年,市房管局修复义庄后,将其取名"绣园",园内花木扶疏,园林要素一应俱全。

马医科32号也是一座古老的宅子,石库门门楣上还能辨出"公所"两字。

马医科34号之西有一条小巷(神道街)直通景德路的城隍庙。

马医科38号是控保建筑潘奕隽故居,名"躬厚堂",但潘氏后人否认"躬厚堂"这个堂名。这座宅子坐北朝南,东西两路。西路第二进大厅前有"庄敬日强"清水砖雕门楼一座。纪年款:"乾隆丁亥(1767)仲秋榖旦立",落款处有印章两方。"庄敬日强",意思是主观

庄敬日强砖雕

上对人对事对物态度庄重严谨,恭恭敬敬,就会一天比一天壮大自己;反之,如果主观上对人对事对物态度傲慢无礼,肆意而为,就会一天比一天消亡。

潘奕隽(1740—1830),苏州人,字守愚,号榕皋,晚号三松老人。乾隆己丑(1769)科进士。历任户部主事、内阁中书,乾隆五十一年(1786)任贵州乡试主考官,进四品卿衔。工行楷篆隶,善画山水,画兰尤得天趣。终年91岁。其族

弟奕鋆、奕钧、奕荫、奕藻均为知名画家。潘奕隽是清代显赫的潘氏家族第一个通过科举走上仕途者，为状元宰相潘世恩的伯父。

马医科43号曲园始建于清同治十三年(1874)，是清末著名文学家、朴学大师俞樾的故居(详见拙作《姑苏名宅》)。实际上，这个曲园是俞樾在李鸿章、顾文彬、吴云等人的帮助下，买下潘奕隽故居的西路改建而成的，因为地方较小，故称为"曲园"。

从马医科这条巷子的名宅来看，曲园在最西头，也就是说，到头了。然而，潘奕隽、俞樾等人的人品、学问又怎会"到头"？苏州的典雅、厚重又怎会"到头"？

提示：最靠近的公交车站站名为"乐桥北"，轨道交通车站为"乐桥"。

听枫园

庆元坊

庆元坊是怡园西侧的一条南北向的巷子，离人民路100来米，并平行于它。如今路长300余米，路宽2.8—11米。原来的庆元坊南起怡园里，向北过嘉余坊、宜多宾巷直达马医科。1994年南段（怡园里口）向南延伸至干将西路。

庆元坊原名小平桥巷。南宋庆元二年（1196），此处立武状元坊。明初，该处因建城隍庙，将武状元牌坊移至别处，此处改名庆元坊。卢熊《苏州府志》录武状元坊，民国《吴县志》录周武状元巷，《吴县图》《苏州图》均标庆元坊。

这个武状元就是指周虎。周虎（1170—1231），字叔子，原籍临淮（今安徽省凤阳县），宋钦宗靖康年间（1126—1127），周氏宗族徙居平江府常熟县。周虎文武全才,既能诗文书法,又武艺高强。南宋庆元二年(1196),一举夺得武状元。开禧二年(1206),金兵攻和州。任和州守将的周虎手下兵卒不足2 000人,敌我力量悬殊,但周虎不畏不惧,激励将士,誓死守城。一月中作战34次,杀金兵将领十多员,金兵遭受重创败退,并由此与宋议和,江淮一带得以安定。周虎殁后,赐谥忠惠,墓在虞山西麓山居湾。

如今的庆元坊干将路口的西侧原来是一座永定寺,唐代诗人韦应物去官后,晚年就寄住此处。"文革"前这里是苏州第二中学,后二中被并入一中,此处改为一中的初中部草桥实验中学,2010年,草桥中学搬迁,此处被拆为一片平地,至今杂草丛生,唯几株泡桐在风中摇曳。笔者也是一名教育工作者,不由替那些本可以就近读书的学子感到惋惜,因为这意味着他们从此要在上下学的路上付出更多的时间,增加附近的交通拥挤不说,还会给他们的家长增加接送的任务,其中的不便和辛苦岂三言两语能道尽。

顾氏春荫义庄

庆元坊东侧A-6号为过云楼顾家的春荫义庄,义庄的东面紧靠怡园。顾文彬(详见拙作《姑苏名宅》)的父亲顾春江虽然经商,但酷爱书画,顾文彬深受濡染,致力于收藏历代书画家手迹。辞官回里后,在铁瓶巷宅中建过云楼贮藏。他思想开明,于光绪三年(1877)在宅旁建春荫义庄,置田2 408亩,以田租济助贫苦族人。义庄内建祠堂。1949年初,春荫义庄尚有田1 200余亩,人丁115口。现义庄整修后,由苏州市歌舞剧院使用。

从嘉余坊朝北的庆元坊变窄,巷宽不足3米。

庆元坊12号的听枫园是一处始建于清代的古典园林,为苏州知府吴云所建,因园内有古枫婆娑,名"听枫园"。实际上就在金太史巷吴云宅第的东侧(详见拙作《姑苏名宅》)。园门东向。园主吴云爱好金石、书画,当年与邻近的曲园老人俞樾、寓居鹤园的词坛名家朱祖谋过从甚密,常一起聚会、切磋书画诗词。以书、诗、画、印名著于世的艺术大师吴昌硕,与园主吴云相交甚厚,是听枫园的常客。

吴昌硕第一次游历苏州时年29岁,同年秋拜俞樾为师,并慕名拜访金石家吴云,观赏了吴云收藏的三代古铜罍和书画金石,后来还应聘住在园中教授吴云的儿子,每日与园主切磋金石书画艺术。吴昌硕寄寓听枫园两年后搬至靠近寒山寺的西放巷四间楼,61岁时定居桂和坊"癖斯堂",吴昌硕居苏时间长,结识吴中名士多,如任伯年、吴大澂、顾鹤逸等,举凡诗文书画、金石无一不学。这一切使他视野大开,艺事大进,在苏州创作了大量书画作品,苏州的园林、名胜古迹等处也由此留下了他的许多书画墨迹和篆刻印作。

光绪九年(1883)吴云卒后,园渐衰微。宣统二年(1910),词人朱祖谋曾寓居此园。1928年,园归陈氏,曾获修治。其后屡更园主。

1949年后,此园曾相继为教师进修学校、第二中学、评弹研究室、评弹团使用。1966年以后,园内假山被拆,建筑失修,花木凋零,堂构破旧衰败,庭院内搭建杂乱无章。

1982年,听枫园被列为苏州市文物保护单位。1983年,园中占用单位与住户迁出,5月文化局修建站动工整修,于1984年底竣工。1985年春节,苏州市国画院迁入。

如今的听枫园焕然一新,推开半掩的园门,绿意尽收眼底,让人心旷神怡,而面对门口的那副楹联"自得云林雅趣 且凭泉石清吟",不仅道出了主人的情趣,也使每一个来访者感受到了一种恬淡的生活气息。笔者不由得想起最近很流行的一句话"生活不仅是眼前的苟且,还有诗和远方"。也许,若干年之后,国人会越来越注重自己的精神生活,更喜欢亲近自然、融入自然。漫步园中,发现该园以"听枫山馆"为中心,西接"味道居""两罍轩",东连"平斋",将园地分划为南北两半。"听枫山馆"东南,叠石为山,上建"墨香阁",并用墙垣相隔。水是苏州园林的重要构成因素,少了水,园林就少了一种风情和寄托。听枫园虽非依水而建,但是园主精心设计开凿池塘,水绕假山而下,依假山而流,山水相伴成趣。

庆元坊的北端,与马医科成"丁"字形相接,那座移到北寺塔的牌楼,原本就建在该处。

走过一条短短的庆元坊,似乎阅尽人间春秋。春荫堂如春暖荫蔽着顾氏族中的平民,听枫园红枫尽显秋日的浓艳。两处主人的恬淡儒雅,都给人留下深刻的印象。顾文彬在浙江做官却到苏州安度晚年,吴云就在苏州当"市长",是他们爱上了苏州的儒雅,还是苏州因他们而增添了更多的儒雅?也许,我们无需明白。

提示:最靠近的公交车站站名为"乐桥北",轨道交通车站为"乐桥"。

第六单元　观前街片区

- 观前街
- 宫　巷
- 北　局
- 太监弄
- 旧学前与因果巷

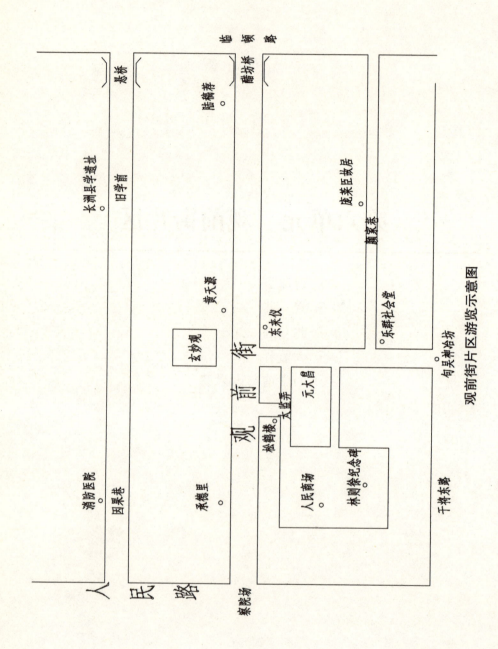

观前街片区游览示意图

观前街东端

观前街

  观前街因在玄妙观之前而得名。观前街东起临顿路,西止人民路,有150多年的历史,是苏州人气最高的购物聚集地,历来有"苏州第一商圈"的美誉。"荡(逛)观前"是老苏州人闲暇时的最佳选择。然而,自从1999年被改造以后,我们必须透过满街的金银首饰店、眼镜店和鞋帽店去寻找昔日的文化内涵。

  观前街东头是临顿河上的醋坊桥。醋坊桥当然与醋有关,宋代这里是官办的醋坊。

向西跨过醋坊桥,首先映入眼帘的是始创于清康熙二年(1663)的陆稿荐肉铺。以"酱汁肉"名扬姑苏的陆稿荐在苏州老字号中也可称"元老"了。"陆"显然是姓氏,"稿荐"为草垫子。陆稿荐原来开在苏州东中市崇真宫桥堍,专营生、熟肉。据说某年四月十四日"轧神仙"前夜,有个衣衫褴褛、背一条破草荐(草垫子)、手捧两只叠在一起的旧陶钵的乞丐,走进肉店求宿。陆老板见他可怜,就同意他在灶前蜷宿一晚。那乞丐把草荐铺在地上,两只陶钵合叠当枕,呼呼入睡,次日凌晨不辞而别。烧火伙计烧肉时发现灶前有条破草荐,于是随手撕碎往灶膛一塞,不料肉锅里一阵异香迅速散发开来。陆老板百思不得其解,突然想到昨天那乞丐手中的两只陶钵,"口"对"口"不就是一个"吕"字吗?天哪,这是吕洞宾下凡!陆老板连忙把未曾烧掉的破草荐留下来,每天抽出一根放进灶内,烧出来的肉都是异香扑鼻。一传十、十传百,肉店的生意越来越兴隆。陆老板干脆将肉店的牌号改名为"陆稿荐"。从此,这家陆稿荐肉店长盛不衰,最终开到了观前街,即在如今的观前街8号。我们不必去探究这个故事的真伪,但滋味最好的熟肉在观东陆稿荐,老苏州人都这么认为。

观前街46号西侧,就是一条向北的巷子——山门巷,与平行于观前街的清洲观前(巷)成"丁"字相交。这个交点北侧,原来有一座清洲观,也叫清真观。

观前街64号就是具有一百余年历史的著名药铺王鸿翥,这家药铺原来在观前街最东头的临顿路上。由于某位领导一拍脑袋,现在的王鸿翥和苏州其他老字号的中药铺一样,不能以自己的名号立足江湖,前面必须冠上"雷允上"的头衔。

观前街66号之西也是一条向北的巷子——洙泗巷。从这条巷子向北,就是旧学前的长洲县学,巷子得到"洙泗"的名称,也就不奇怪了。

在洙泗巷口西侧曾经有一家生春阳火腿店,原名巨成祥腿栈,始创于清同治年间。它从金华、东阳、义乌、如皋等地购进火腿,进货严格,薄利多销,逐渐成为苏州腌腊业巨擘,然而如今已不知去向。

观前街72号稻香村、75号叶受和、86号黄天源、91号采芝斋,都是供应糖果糕点的老字号,至今生意兴隆。笔者每次经过这几家店,总会回忆起自己的童年。在那个物资匮乏的年代,糖果、糕点,绝对是舌尖上的美味了。哪像生活在现代的孩子,总是对食物挑三拣四,有的小小年纪就学会了美团购物,与我们的童年相比简直是天壤之别。

玄妙观是观前街得名的源头,在观前街的当中段,面向南,对着宫巷,为观前街94号。

玄妙观创建于西晋咸宁二年(276),极盛时有殿宇30余座,是西晋时期吴郡最大的道观。最初名叫"真庆道院",后来曾改称为"开元观""天庆观"。公元1295年,元朝皇帝下令改为玄妙观。它至今已有1700多年的历史,被称为"江南第一古观"。

玄妙观正山门位于三清殿南约80米处。清乾隆四十年(1775)重建。重檐歇山式屋顶,面阔5间,宽20米,进深12米。观前街改造后,此处曾是一家金店,在苏州百姓的

玄妙观

反对声中,如今这座山门"还给"了苏州百姓。

玄妙观的主殿是三清殿。三清殿是苏州仅存的一座南宋木构殿宇式建筑,历史悠久、规模宏伟,至今仍保留着宋代建筑的风貌与特点,在中国建筑史上具有重要的历史价值。殿中须弥座上供奉着17米高的木雕贴金的三尊神像:正中是玉清元始天尊,两旁是上清灵宝天尊和太清道德天尊,俗称"三清"。神像高大庄严,是宋代道教塑像中的上品。1982年,三清殿被列为全国重点文物保护单位。

三清殿之北,原有一座始建于明正统三年(1438)的弥罗宝阁。阁高3层,阔9间,飞檐翘角,高耸云天,十分壮观。如此一座堪称苏州楼阁之最的古建筑,却不幸毁于民国元年(1912)8月28日晚的一场至今原因不明的大火之中。在弥罗宝阁的原址建起的中山堂,如今为苏州市滑稽剧团所在地。

玄妙观内文化积淀深厚,民间传说动人。旧有十八景之说,如元赵孟頫所书玄妙观重修山门碑、麒麟照墙、六角亭、钉钉石栏杆、一步三条桥、无字碑、海星坛、一人弄、杨芝画、运木古井、"妙一统元"匾额、靠天吃饭图碑……

三清殿露台三面围着青石栏杆,石栏构件之间以熔化的生铁浇连,冷却后犹如铁钉钉合一般,故称"钉钉石栏杆"。经过数百年的风吹雨淋,这些青石栏杆略有风化,透露出重重古意。

"妙一统元"匾额悬挂在三清殿正门门楣上。关于这块匾额,传说动人。话说清朝时翻修玄妙观,这四个字中的"一"字金漆剥落已久,找不到旧痕。玄妙观的老道士连忙把苏州所有书法好的人请到观里,求他们把这个"一"字补

上去,结果没有一个人写得和原来一样。这时候,一位立在殿门口的卖柴老头用破草鞋沾了墨汁,在纸上一画,竟然像模像样。面对着大家奇怪的眼神,老头说出了原委。原来他不识字,但从小在玄妙观卖柴,看惯了这块匾额,由于"一"字简单,天天用草鞋在地上抹着玩。表面看来这是一个奇迹,其实何尝不是实践出真知!实际上,清代翻修时,"妙一统元"匾额由康熙年间的太傅吴江人金之俊所书,但是,竟然有好事者将此事归到金兀术的身上。

三清殿东侧的无字碑留下了一个悲惨的故事。据说这块碑原来刻有洪武四年(1371)明建文帝的侍读学士方孝孺(1357—1402)写的一篇记,铁划银钩,大气磅礴。可是后来因方孝孺违抗圣命,不肯为篡权夺位的明成祖朱棣草拟登位诏书,因此被株连十族,被杀近900人,连立在玄妙观里石碑上面的文章也未能幸免,被全部铲除,成为了无字碑。故事应该是真的,但这个"洪武四年"却令人疑惑,那时方孝孺只有14岁,而且当时的文坛领袖是方孝孺的老师宋濂,如此大事,宋濂难道会让一个孩子承担吗?如果说是"洪武二十四年(1391)"那还差不多。

玄妙观院落的东部,有一座西向的文昌大殿,为了显示"有文化",有关部门在文昌大殿特制了一块《苏州状元名录》的石碑嵌入壁中。然而,上面的"丑年"的"丑"全部刻成了繁体字"醜"!设计者自以为用繁体字书写就是"有文化",然而却不知道"丑年"的"丑"不同于"丑陋"的"丑",没有对应的繁体字!这种"皇後洗發"式的笑话竟然出现在"文昌大殿"上,悲夫!当有人指出这个问题时,有关部门没有换掉这块小小的石碑,却在下面加了一条注:"'醜'应为丑",甚至"丑"上不加引号——笑话越闹越大。文昌殿门外的"状元名录"竟然写了12个白字,此事非同小可,期待能引起有关方面的重视。

过去,一直到"文革"之前的玄妙观,是孩子的天堂。玄妙观的小吃名目繁多,如小米子糖、灰汤粽、氽鱿鱼、熏鱼、凉粉、藕粉、千张百页、酒酿圆子、豆腐花、糖粥、梅花糕、海棠糕、焐酥豆、五香茶叶蛋、鸡鸭血汤,其余如面、小笼馒头、锅贴、烧卖、馄饨、汤团等等,应有尽有。观内空地经常有各种江湖杂耍的演出,有变戏法、木偶戏、耍猴戏、西洋镜、唱小热昏、卖拳头、说露天书等等。锣鼓响处,围满人群,熙熙攘攘,热闹非凡。所以,苏州玄妙观一向与北京天桥、南京夫子庙、上海老城隍庙齐名,同为三教九流聚集之地。

观前街南侧99号是文具店——东来仪。笔者幼时,特别迷信东来仪的文具,即使是墨水用完了,也要拿着空墨水瓶到东来仪"零拷"。那时候,在其他地方买不到的文具,东来仪文具店定会有。东来仪是苏州历史最悠久的文化用品店,它的历史最早可以追溯到200年前。近年来,东来仪在观前街的店面越来越小,如今只留下三楼店面继续维持,令人无语。在各大商店铺天盖地的今天,那些仅靠微薄利润生存的店面越来越难经营了,他们一方面要缴纳日益昂贵的租金,另一方面要和各大网店竞争,所以,正面临日渐式微甚至关门的结局。然而,谁又能说这样的店不是我们期待常能看到的呢?毕竟它承载着我们这一代人的童年记忆啊。

和东来仪一样,132号的儿童用品商店小吕宋也"蜷缩"到了三楼。

观前街北侧138号是"丝绸大王"乾泰祥绸缎行,乾泰祥原址在观前街南侧宫巷拐角处(如今采芝斋的西侧),由于拐角的弧形拆大,没了地盘,搬到了此处。但是,它的楼上却成了"肯德基",让人哭笑不得。

222号工商银行之东为向北的巷子平安坊,与平安坊对应的观前街南侧的界限就是通往"小公园"的邵磨针巷。

实际上,平安坊以西的那段观前街过去称作察院场。察院场之名始于明代,明代全国最高监察机构称"都察院",在地方州府均设都察分院,简称"察院"。清时在苏州设察院三处,分别是北察院、南察院、西察院。这里就是原北察院所在地,当时的察院,大致就在如今222号工商银行附近。如今,"察院场"成了观前街西头与人民路、景德路交界处的十字路口的专用名称。

222号工商银行之西是承德里。承德里南出观前街,北至银房弄,为民国二十年(1931)庆泰钱庄老板叶振民及"承德银团"筹资兴建并命名的住宅小区。总共有九座民国式的洋房,在苏州城里很有影响力。2014年列为苏州市文物保护单位。

承德里

观前街是苏州的窗口,是苏州的骄傲。但是,如今正宗的老苏州人较少去"荡观前",他们认为虽然几家老字号还在,但总体上这条街少了"苏州味",尤其是夏天,赤日炎炎之下,原来如盖的悬铃木被砍掉,栽在木质花盆里的几株半死不活的桂花树根本起不了遮阳的作用。于是,街头少了吴侬软语,多了南腔北调。

提示:最靠近的公交车站站名为"醋坊前观前街东""察院场观前街西",轨道交通车站为"临顿路""察院场"。

乐群社会堂

宫 巷

宫巷南起干将路,北至观前街上的玄妙观。

玄妙观在唐代曾名开元观,而观中有供奉老子的紫极宫,这条巷子正对宫门口,故得此名。

宫巷之南,即如今干将东路"句吴神冶"牌坊处,过去建有玄妙观的照壁。有人将玄妙观比作一只鹤,照壁是鹤头,宫巷是鹤颈,正山门、三清殿和弥罗宝阁为鹤身,两边的偏殿为鹤翅,而北侧殿宇为鹤尾。此说颇为形象。

宫巷20号为基督教乐群社会堂。1891年,美国基督教监理公会在苏州建一座小礼堂,即乐群社会堂的前身。1921年新建后正式称作"乐群社会堂",堂名取之于古文"敬业乐群"。1935年,乐群社董事部还创办了乐群中学及附属小学(今草桥小学)。

1958年苏州基督教会走向联合,乐群社会堂成为被保留的四个堂之一,1959年乐群社会堂改名为耶稣堂。"文革"期间,教堂被城建局、纺工局、教育局、卫生局等单位先后占用,历时18年之久。直到十一届三中全会以后落实党的宗教政策,1986年教堂产权归还基督教会。1987年10月11日乐群社会堂举行复堂典礼并恢复宗教活动。

乐群社会堂原有两重大门,后宫巷拓宽,门面缩进少许,原来的两重门成了今日的一重大门。乐群社会堂为苏州古城区内最大的基督教堂,主堂二楼大堂可容纳四五百人,两边有附房可作办公等用途,三楼可坐一百多人。如今,乐群社会堂为苏州市文物保护单位。

宫巷东侧,乐群社会堂之北五六十米处,是颜家巷。颜家巷16号就是被称为"吴中掌故第一人"的王謇的故居。王謇(1888—1968),字佩诤,号瓠庐,晚署瓠叟。王謇是著名的藏书家,王謇所藏之书,并不秘藏或束之高阁,而是经常借给友人翻阅,以促进学术研究。王謇藏书,还有一段鲜为人知的爱国轶事。日本学者吉川幸次郎是著名的汉学家,他慕王謇之名,经友人介绍,经常去王謇处借阅。卢沟桥事变后,王謇对吉川幸次郎说:"现在我们两国交战,我不能再和你交往,请你不要再来看书了。"对方像一个做错了事的孩子,低下头多次求情,却无法打动王謇,只好垂头丧气离开。令人痛心的是,"文革"期间,王謇所藏书刊字画、金石拓本等11万余件被查抄一空。

颜家巷26号-28号是控保建筑庞莱臣故居。庞莱臣(1864—1949),原名庞元济,字莱臣,号虚斋,浙江吴兴南浔人,被誉为"全世界最负盛名"的中国书画收藏大家。庞莱臣既拥有财力,又精于鉴赏,收藏有青铜器、瓷器、书画、玉器等文物,尤以书画最精,为全国著名书画收藏家之一。他与于右任、张大千、吴昌硕等人均有交往。据说,他的收藏中没发现过赝品。

颜家巷向北不多远,宫巷西侧是一条名为"第一天门"的小巷,因为当年玄妙观的山门前牌坊建于此处。第一天门有个光裕书厅,天天有评弹

元大昌酒店

演出,是苏州评弹"粉丝"们向往的去处。

宫巷离玄妙观 100 来米处,有一条向西的小巷珍珠弄,一般认为此处为过去的珍珠市场,因而得名。

宫巷 91 号是一家百年老店元大昌酒店。元大昌创办于光绪二十二年(1896),苏州人都认为元大昌的酒最好,酒醇味香,事实也正是如此。每年冬至,苏州人有饮"冬酿酒"的习俗,冬酿酒有瓶装与"零拷"两种。离冬至还有十来天,到元大昌零拷冬酿酒的队伍就排到几十米长。

元大昌酒店向北 20 来米,就是太监弄。太监弄向北 50 来米,就是玄妙观了。

苏州市是全国著名的旅游城市,一条宫巷是中西文化交汇融合的代表。当我们崇仰"国粹"的时候,千万别忘了外来文明对我们的影响;当我们迷恋"舶来品"的时候,千万别忘了民族的精华。

提示:最靠近的公交车站与轨道交通车站为"乐桥"。

林则徐纪念碑

北　局

　　北局不是"标准"的街巷,而是一块长方形的地盘。这块地盘东起第一天门、珍珠弄西口,西至南北向的邵磨针巷,南起第一天门西端的那条北局三弄,北至如今太监弄西侧的北局一弄。就它的"长"而言,与观前街平行。

　　这块地盘,据说元末时为张士诚所设监狱。明朝时,为了搜罗江南民间的丝织品,在这里建了一个织染局(就是织造府)。正因为明代这里有了织染局,而明代外派干事的多为太监,所以,北局之西就有了太监弄。清顺治三年(1646)工部侍郎陈有明又在带城桥下塘建总织局,俗称"南局"(即为后来的织造府),原明代织染局就改称"北局",于是,这块地盘就被称为"北局"。后来,北局的织染局被废弃。太平天国占领苏州时,这里成为一片废墟,随后这片废墟又成了一个蔬菜市场,苏州救火总会在此建了一个瞭望塔。

1921年,在这块地盘的北部建造了基督教青年会。这个青年会中设有高等浴室、理发室、电影院、弹子房,里面的食堂还兼备中西大菜、西点咖啡,成了当时苏州上层社会的社交中心。年长一点的苏州人应该能记得这个青年会的模样,即便不能想起全貌,至少能记得这个青年会东部的新艺剧场。青年会南面的那条马路被称为青年路,如今这条路成了北局一弄。

1931年,吴县商会拟在此筹建国货商场,为迁走菜场,特地和玄妙观方丈倪仰云商量。方丈同意拆除西脚门水府殿,开辟小菜场。从此玄妙观西通大成坊,通道就被称为"观成巷"。这处菜场日渐兴旺,发展为后来的玄妙观菜场。至于救火会的瞭望塔,被迁到因果巷的薛家园,就是如今公安消防姑苏区大队因果巷中队所在地。

1933年,北局东南部的开明大戏院开业,请来了梅兰芳、马连良等名角儿,苏州老百姓奔走相告,一场"追星"大会拉开了帷幕。北局,慢慢成了"热闹"的代名词。

1934年,苏州国货公司在北局西半部闪亮登场,这家公司为当时江浙沪商界所瞩目的中国四大国货公司之一。当时苏州洋货横行,老百姓的日用品主要来自东瀛,而眼镜、手表这些新鲜玩意儿,大都来自德国、瑞士,国货少之又少。苏州国货公司的开张,无疑是一剂"兴奋剂"。当时的苏州国货公司,不仅仅是购物中心,它集吃、喝、玩、乐于一体,甚至还有时装表演,成了苏州最时髦的地方。所以,北局越来越趋向时髦、热闹。

新中国成立后,苏州国货公司成了著名的人民商场,现在门牌是"北局二弄22号",直到现在,苏州的一些老人还认为人民商场的东西最正宗,到人民商场购物最放心。

就在苏州国货公司日益兴隆之时,北局珍珠弄口和原太监弄口的大光明电影院、新苏旅馆,南部开明大戏院之西的静园书场先后开张,再加上北侧的新艺剧场同样人声鼎沸。北局,成了真正意义上苏州闹市的中心,融购物、休闲、住宿与餐饮美食于一体。

人民商场与大光明电影院之间有一块空地,这块空地绿化密集,其北部曾经还有一座亭子,人们在此休憩喝茶聊天,成了一个小小的公园。实际上,苏州人都把它称作"小公园",以区别于已经建成的"大公园",甚至以"小公园"代称北局。

小公园的中心,有一块林则徐纪念碑。这块纪念碑原来就在此处,"文革"时"破四旧",将它移到了人民商场南部的绿化地的阴暗之处。由于众所周知的林则徐的特殊地位,碑才未被砸烂,这已经是万幸。如今,林则徐纪念碑也算重见天日了。

　　1994年以后,随着苏州高新区与工业园区的建成,年轻人纷纷到金鸡湖等新建的场所去休闲,因为那儿有着更好的消费环境;而原本常去观前街购物的老年人,因为不喜欢如今街道被改造得不伦不类的格局,反而更愿意到北局怀旧。这,也许就是不同年龄段的人之间的差异吧。

　　提示:最靠近的公交车站站名为"乐桥""市一中",轨道交通车站为"察院场"。

百年老店松鹤楼

太监弄

　　太监一般指古代被阉割后失去性能力,专供皇室役使的男性人员。按理说,太监是负责宫廷杂事的奴仆,不得参与国家政务,但因为常在皇帝身边,有可乘之机,故在一些朝代中存在着太监掌握国家政务大权的情况。虽然说唐代就有"将军外出打仗,太监当监军"的先例,但太监掌权的现象以明代特别严重,皇帝常派太监们到江南搜刮民脂民膏,鱼肉百姓。

　　苏州丝织品名闻天下,明代在苏州小公园(当时地名天心桥)设立了专门供奉皇家丝织品的织造局,即后来的"北局"。明代织造局由皇帝派亲信太监主持其事,还有若干中小太监做助手。这些太监聚居的织造局附近的里弄就被称为太监弄。

苏州太监弄位于观前街之南不到 100 米处，为一条"丁"字形的街道，"一横"与观前街平行，而"竖勾"向北连到了观前街上。

太监弄，见证了苏州市民反抗剥削的可歌可泣的英雄事迹。明万历二十九年（1601），住在太监弄的是大太监孙隆，他受派到苏州增税，另外私设

太监弄

税官，擅立关卡，并勾结地方劣绅，鱼肉工商业者，民愤极大。后被葛成率领机匠抗税运动吓得魂不附体，狼狈逃往杭州，从此不敢再回太监弄。

民国年间太监弄就被称为"苏州美食一条街"，素有"吃煞太监弄"之称。

日伪时期，上海租界和四乡有不少人移居苏州，太监弄、北局及周边市面一时呈现畸形繁华。从民国二十八年（1939）开始，大量的饮食店到太监弄择址开业。观前街拓宽，北局开发后，又有大量的酒家饭店逐步来到太监弄。

"文革"中，饮食业中的老字号全被砸掉，菜肴受"大众化"思想影响，取消特色，餐饮业沦落到少有的低谷状态。直到 1979 年，老字号店名恢复，传统名菜重登大雅之堂，太监弄成了真正的"美食一条街"。

位于太监弄 1-5 号 2 楼的是五芳斋，五芳斋为苏州餐饮小吃领衔名店。

太监弄 13 号为从接驾桥北搬过来的新聚丰，这里的热呛鱼片、牛腩筋煲、枣泥拉糕、清炒虾仁色香味俱佳，更有蜜炙火方、香酥八宝鸭、美味酱方等名菜，常常食客盈门。

新聚丰向西是老正兴菜馆，主要经营"上海本帮菜"，成为观前街上独具特色的经营正宗上海菜的名牌企业，驰名中外。老正兴菜馆本来在路北，为了"让位"给松鹤楼，如今搬到了路南。路南此处原为城内最大的吴苑书场。

太监弄 43 号的"得月楼"创建于明代嘉靖年间，原址在苏州虎丘半塘野芳浜口。当年乾隆皇帝下江南的时候，在得月楼用膳，因其菜味道极为鲜美，赐名"天下第一食府"。上世纪 60 年代的电影《满意不满意》内容就围绕"得月楼"展开。得月楼菜馆 1982 年复建于太监弄，上世纪 80 年代电影《小小得月楼》就在得月楼拍摄。

老正兴的路北是松鹤楼，松鹤楼的大门原来在观前街 141 号一带，后逐步向南"扩张"（将老正兴"挤"到了路南），而将大门开到了太监弄"丁"字的一

"竖"的根上,为朝东门面的太监弄72号。

松鹤楼这个老字号始创于清乾隆二十二年(1757)前。苏州民间有一个乾隆大闹松鹤楼的故事。话说乾隆一下江南,微服私访来到苏州。观赏了几处景致后,又累又饿。看见观前街上的松鹤楼饭馆,便踱了进去。恰好这天松鹤楼的老板给他母亲做寿,里里外外正忙个不停。乾隆坐下便大大咧咧地吩咐:"只管拣那好吃的拿来。"伙计见他身着布衣布鞋,鞋面上还沾了不少泥土,很不以为然,便拣那最便宜的低档菜送上去。乾隆一见怒火中烧,便问:"店里没有再好一点的菜吗?"伙计说:"没有。"这时,乾隆忽见一个伙计手拿一大盘喷香鲜艳的松鼠鳜鱼从厨房里出来。乾隆手指鳜鱼,要那伙计端过来。那伙计傲慢地说:"你吃得起吗?"乾隆听后一时性起,随手将那碗菜连汤朝伙计脸上泼过去。这时,门外又进来一位平常打扮的长者,他扶乾隆坐下,小声嘀咕了几句。店主见状,急急忙忙来到桌边赔礼。这时那位长者从怀里掏出两锭银子,要店主迅速送好酒好菜来。店主立即将精心为他母亲做寿烹制的松鼠鳜鱼等菜肴端来,摆了满满一桌,并不断赔礼道歉。乾隆见那松鼠鳜鱼昂头翘尾,色泽鲜红光亮,入口鲜嫩酥香,并且微带甜酸,连声夸好。正在这时,苏州知府不知从哪儿听到消息,带着一队人马屏声息气地恭候在松鹤楼门口。店里人这才知道来人是皇帝,真是又惊又怕。好在乾隆吃得很满意,早熄了刚才的火气,临走时还向店主人打听这松鼠鳜鱼的做法,并赏了店主一些银子。从此,"乾隆首创,苏菜独步"的牌子就响了起来。我们不必管这个故事的真伪,松鼠鳜鱼为松鹤楼的特色菜,这是毋庸置疑的。当然,松鹤楼的特色菜还有清溜虾仁、响油鳝糊、银鱼莼菜羹等等。当年的厨师长刘学家是苏城第一批特级厨师,其创制的橘络童鸡与雪花蟹斗曾获全国餐饮大赛金奖。

松鹤楼不单以美食闻名,还有一口"蟹脐井"。据说苏州古城曾开八门,状如螃蟹,可以横行天下。观前街正处古城中心,那口古井所处的位置,就如蟹脐,所以城中百姓都称之为"蟹脐井"。1999年观前街改造工程中,北向大门不再使用,古井也被填没,仅留下一个井栏圈陈列于大堂之内,供知情爱好者怀想。

当我们为太监弄的美食流连忘返的时候,突然传来松鹤楼股权转让的消息。2018年6月21日,豫园股份董事会会议通过了相关议案,拟以总价格16.38亿元收购苏州松鹤楼饮食文化有限公司100%股权和苏州松鹤楼餐饮管理有限公司100%股权。"鹤"飞走了,悲夫!

提示:最靠近的公交车站站名为"乐桥""市一中",轨道交通车站为"察院场"。

悬桥

旧学前与因果巷

旧学前和因果巷实际上是连在一起的一条街,离观前街200来米,平行于观前街,长度与观前街相当。旧学前东端起自临顿路,因果巷西端到人民路为止,两者的交界处就是皮市街。

苏州地区,春秋战国时期境内先后成为吴、越、楚三诸侯国辖地。公元前221年,秦始皇统一中国,实行郡县制,在会稽郡下设立吴县,设吴县后,地域、辖属屡有变化。除王莽新朝一度改为泰德县外,县名沿用至改革开放过后,撤县改市称"吴县市",以后吴县市又分为"吴中""相城"两个区。

武则天万岁通天元年(696),从吴县东部分出一个长洲县,两县分境同城而治。一般来说,有县就会有文庙和县学,旧学前这条街筑于宋代,名弦歌里,寓礼乐教化之义。后因长洲县学设于街的北侧,就将它称为"学前",明嘉靖二十年(1541)县学搬迁,这条街就被称为"旧学前"。卢熊《苏州府志》作弦歌里巷;同治《苏州府志》作旧学前,并注"旧名弦歌里巷";民国《吴县志》复作弦歌里巷,并注:俗名旧学前。

清代后期及民国时期,这条街充斥着名为"估衣铺"的店铺,以出售衣物为主,男女老少服饰,应有尽有,因此民间有"着(吴语:穿)煞旧学前"之谚。

旧学前过去是南河北街的格局,如今南面的那条河早就被填了,连同著名的孔过桥也没有了。

旧学前的最东端,就是那座悬桥。如今有人将悬桥巷西端南侧的那条跨河廊式桥称为悬桥,实在大谬。

旧学前北侧26号之东,有一条书院弄。书院弄之西,就是当年的县学。这个县学旧址,一度为苏州市第九初级中学、民办通才学校,如今被一个名为"创新博培"的培训机构占用。

旧学前74号,昔日的平江法院,应该就是唐宋时期长洲县的县衙门。

旧学前一直延伸到皮市街为止。皮市街,相传唐诗人皮日休造别墅于此,因名为"皮墅",后讹为"皮市"。清乾隆十年(1745)刻绘的《姑苏图》上,已标作"皮市街";《苏州城厢图》《吴县图》《苏州图》均标皮市街。

皮市街向东就称为因果巷,有人认为因果巷原名鹦哥巷,"因果"由吴语"鹦哥"谐音而来,吴音"鹦哥"念作"āng gū",所以,苏州人至今仍把"因果巷"念作"āng gū"巷。另有一说,南朝梁时巷西口有并列的两座佛寺,西侧为禅兴寺,东侧为妙严寺,佛教讲究因果报应,所以巷名为"因果",因为吴语"因果"与"鹦哥"谐音,而一般百姓不知"因果"只知"鹦哥",所以,至今苏州人仍把"因果巷"念作"āng gū"巷。从巷名标志牌来看,因果巷宋时名乘鲤坊,范成大《吴郡志》、卢熊《苏州府志》等作乘鲤坊巷,而《姑苏图》《苏州城厢图》《吴县图》《苏州图》中都标作"因果巷",西端护龙街(人民路)曾有南北向的桥名为禅兴寺桥。

因果巷北侧94号曾经是苏州市消防支队所在地,如今是苏州市公安消防姑苏区大队因果巷中队驻地,西侧的消防医院烧伤门诊,在苏州百姓中口碑甚好。

因果巷直到人民路1508号之南才完成"使命",与它隔一条人民路的,就是范庄前。

长洲县学之前,原来有一条跨河向南的孔过桥。"孔"指的是孔子,县学当然与文庙有关。然而"过"为何意呢?原来桥南玄妙观内有专祀老子的殿宇。我们知道,孔子曾经拜老子为师,从老子那儿学得学问,充实了自己的学识。于是,连接与老子有关的道观和与孔子有关的文庙的桥梁就成了孔过桥——孔子过桥请教。遗憾的是,如今玄妙观内专祀老子的殿宇没有了,文庙也没有了,孔过桥更没有了。而我们的学习,岂能"没有了"!

提示:最靠近的公交车站站名为"醋坊桥观前街东""观前街北"。

第七单元　桃花坞历史文化片区

- 桃花坞大街
- 西大营门与校场桥路
- 廖家巷
- 宝城桥街与石幢弄

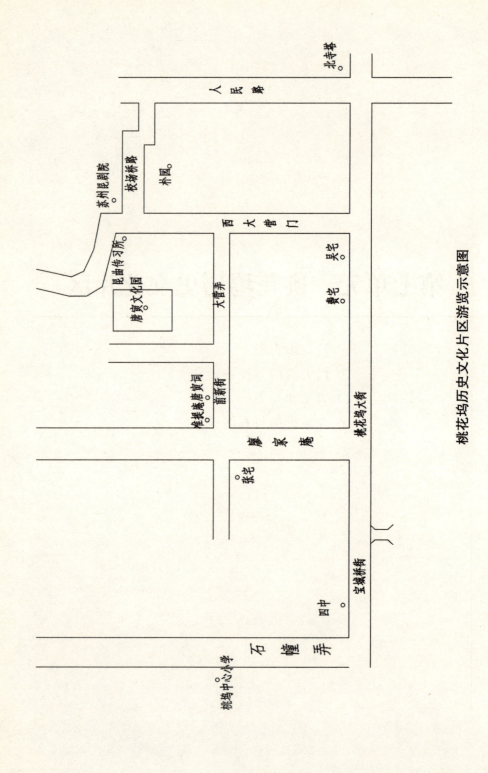

桃花坞历史文化片区游览示意图

望炊楼封火墙

桃花坞大街

　　桃花坞大街位于苏州古城西北隅,北寺塔之西。东起人民路,西至宝城桥弄,是一条东西向的大街。路南,就是那条著名的桃花河,苏州城区的第一横河。《姑苏图》标作北街,《苏州城厢图》《吴县图》《苏州图》均标作桃花坞大街。

　　唐宋时期,桃花河边遍植桃树,称"桃花坞",街名源于此。北宋太师章粢曾在此营造桃花坞别墅,并广植桃李。明弘治十八年(1505)唐寅在此构筑"桃花庵",更使桃花坞闻名遐迩。明清时期此地也是手工业作坊的聚集地,桃花坞木刻年画历史悠久,名扬海内外,作坊多达百余家。

　　1928年,由于平门路(今人民路北段)的开辟,北塔报恩寺被一分为二,实际上,桃花坞大街的东段(到骆驼桥浜)也属于北塔报恩寺的范围,被称作天后宫大街。1982年,天后宫大街并入桃花坞大街。

　　桃花坞大街89号原来是太平天国纳王府,清军收复苏州后,成为李鸿章的枪械局。民国时为吴县检察院,边上曾有个小监狱,如今为长城电器有限公司。看着那座大楼,不由得想起了刚改革开放时的那句广告词"长城电扇,电

原太平天国纳王府所在地

扇长城",以及享誉海内的苏州家用电器"四大名旦":长城电扇、香雪海电冰箱、孔雀电视机、春花吸尘器。

桃花坞大街120号吴宅是控保建筑,原主人为安徽商人吴赞之。推开半掩的大门,一树的绿荫从天而降,青苔翠绿,正所谓"婆娑绿阴树,斑驳青苔地"。吴宅现存两路,东路四进。内有走马楼,前后楼均面阔五间,进深五檩,以东西厢楼相连。从楼厅檐前的一斗六升牌科和内部的菱角轩来看,当年吴宅的规模很大。

桃花坞大街176号为控保建筑费树蔚(1884—1935)故居宝易堂。甚至有人说,这里曾经是唐寅故宅。这座故居坐北朝南,原三路四进。中路第三进大厅面阔三间12.15米,进深九檩12.2米,扁作梁架,前有鹤颈、船棚双翻轩,内山墙有清水磨砖勒脚,尚存砖雕门楼两座。西路园中假山、水池已废,现存鸳鸯厅、船厅、书斋、曲廊及百年古树。如今,第三进大厅正在翻建,我们进入现场,亲眼目睹大厅前有鹤颈一枝香轩,此厅面积极大,感觉上与礼耕堂接近。此宅原为武进费念慈的"归牧庵",因费念慈赘婿弹劾"四凶"遭祸,全家迁回原籍,于1923年将宅院售归费树蔚。前后两任主人都姓费,在苏州一时被传为佳话。

费树蔚(1883—1935),祖籍吴江同里,柳亚子表舅,字仲深,号韦斋。控保牌上称此处为"费仲琛"故居,显然有误。实际上,苏州文史资料上多作"费仲琛",故也"误"以为常了。

费树蔚与袁世凯长子袁克定同为吴大澂女婿,两人为连襟。同时,费树蔚又与袁世凯次子袁克文为儿女亲家,所以,他很得袁世凯宠信。光绪三十三年(1907)袁世凯赴京入军机处,费随同前往。宣统元年(1909)应徐世昌之邀入邮传部,任员外郎,兼理京汉铁路事。翌年(1910),因为母亲过世而在家丁忧守孝。辛亥革命起,江苏巡抚程德全在苏州独立,费帮助维持地方秩序,并集资创办公民布厂,以救助苏城贫民。民国四年(1915)七月,费任北洋政府政事堂肃政使。袁世凯僭号称帝,他直言劝谏,未被采纳,11月,遂退隐南归回到苏州。

费树蔚与苏州文人中的郑逸梅关系很不好。费、袁当年联姻,在古城苏州是一件轰动一时的大事,袁家的嫁妆奢华名贵,数量极多,浩浩荡荡,抬了一条街,苏州万人空巷,看客中就有郑逸梅。郑逸梅对嫁妆中的一块玉玦(玦音诀,诀别也)大做文章,暗示这个婚礼不吉利。不幸被郑言中,新郎费巩,大学教授,中共地下党员。后被军统秘密杀害,投入镪水池,尸骨无存。新中国成立后被追认为烈士。

桃花坞大街224号之东,就是通往唐寅文化园的廖家巷。

桃花坞大街240号向西,一直到新桥弄,都是控保建筑谢家福故居望炊楼。谢家福(1847—1896),苏州人,字绥之,号望炊、锐庵、兰阶主人、桃园主人,室名望炊楼。他是学贯中西的洋务派爱国学者,中国交通电信事业的先驱者,苏州电报通信的创始人,慈善家。

据说这座宅子原有锁烟亭、镜心池、闻香堂、环翠轩、栖鹤楼等。谢家购下后,改筑来燕堂、赋雪草堂、书叶轩,后又在栖鹤楼旧址改建望炊楼。太平天国驻苏州时,曾占用为劝王府。这座宅院南向,如今仅存两路,占地面积3 456平方米。西路有楼五进,东路存轿厅和大厅。大厅面阔三间12米,进深七檩11.8米,扁作梁架,前置船棚轩。其第一进已在桃花坞大街拓宽时拆除。如今这里住有多户人家,我们不得其门而入,只能从远处眺望高耸的封火墙。

桃花坞大街到宝城桥为止,再向西,就是宝城桥街了。

桃花坞因唐寅而出名,一般人心中的桃花坞只有唐寅的形象,但是,桃花坞的内涵又何止是唐寅一人呢?了解姑苏文化,不能仅仅限于一两个特别出名的人物,否则,你只是浮光掠影。

提示:最靠近的公交车站站名为"北寺塔""平四路首末站",轨道交通车站为"北寺塔"。

五亩园昆曲传习所

西大营门与校场桥路

桃花坞大街上的长城电器公司向西 100 米左右,就是一条向北的小巷——西大营门,近 500 米后与校场桥路的北折段相接。西大营门宽 1.9—3.8 米,现为长方形砖状水泥道板路面。

南宋时,由于苏州城的特殊地位,部分禁军驻在苏州,该处即驻有"全捷二十四营"。建炎四年(1130),金兵南侵,在这块土地上烧杀抢掠,惨不忍闻。元末张士诚曾在此屯兵,营房的大门,简称"营门",所以明代开始称"大营门"。清顺治十六年(1659),祖大寿尽拆民房建绿营兵营。因为娄门内有东大营门,跨塘桥西有中大营门,所以,此间称作"西大营门"。康熙三年(1664),清兵移驻镇江,这里才没有了驻兵,民房逐步增多,但是,百姓们叫顺了口,仍称之为"西大营门"。

原西大营门53号(曾为苏州林业机械厂厂部所在地)为宋五亩园的大门。五亩园的范围颇大,昔日曾是一座颇有名气的私家古典园林。

五亩园,取《孟子·梁惠王上》"五亩之宅,树之以桑,五十者可以衣帛矣"之意。据说西汉时,这里是一位姓张的长史隐居植桑之地,北宋时有位姓梅的宣义郎(宋时官衔)就其地筑亭冶园,又称"梅园"。北宋绍圣中,苏轼好友章楶在苏州五亩园南拓地营造一座"桃花坞别墅",世人谓之"章园"。章楶(1027—1102),字质夫,浦城(今属福建省南平市浦城县)人,北宋名将、诗人。实际上,唐寅故居双荷花池就在五亩园范围内。清代学者俞樾曾以诗总结道:"拜石亭连碧藻轩,吴中五亩旧名园。后人来往桃花坞,底事惟知唐解元。"

西大营门的北端是北向的校场桥路。校场桥路道路明显宽阔。校场桥路的东侧就是朴园。朴园1991年被列为苏州市文物保护单位。园址原为荒地,1932年为上海蛋商汪氏购得,建造宅园。日伪时期,朴园被日军军官霸占。抗战胜利后,又成为国民党军队驻扎之地。1953年,国家公路总局第三工程队购得此园,开办疗养院,增建三层楼房一幢。1974年归市卫生局,设防疫站。1985年曾整修假山。

朴园四周都是花岗石墙,园内采用传统造园布局,以山水为主景,假山重叠,峰峦起伏,池架曲桥,聚分兼得。园内主要有四面厅、花厅、亭、廊等建筑。朴园内的花木品种繁多,有白皮松、罗汉松、广玉兰、樱花、杜鹃等,最为珍贵的是两株地栽五针松,高约2米,生长茂盛。然而,朴园大门紧闭,我等无缘一饱眼福。

与朴园南门相对的是桃花坞木刻年画博物馆。然而,这座博物馆给人十分萧条的感觉,只有几个工作人员进出,问展厅如何竟然"王顾左右而言他"。在传承和发展非物质文化的课题得到各有关部门的重视之下,如何把工作落实到实处,如何切实利用好现有的各种场地和资源,是一个亟待完善的过程,期待桃花坞木刻年画能够在苏州得到更好的保护和发展。

被称为"空谷幽兰"的昆曲是百戏之祖,而这条校场桥路和昆曲关系密切。校场桥路由朴园向北有一个向东的拐角,这个拐角处,也在当年五亩园的范围内,拐角的西部,就是"昆曲传习所遗址",门向东。昆曲传习所是培养昆剧演员的科班性质的组织,是中国历史上最著名的戏剧教育机构,1921年秋创办于江苏省苏州市桃花坞五亩园。1924年5月,昆剧传习所于上海新舞台正式举行首场公演,共演出折子戏48出,每场均由俞振飞、项馨吾、殷震贤等名曲家会串演出,赢得"嘉宾满座,蜚声洋溢"。之后,传习所又借苏州青年会戏院连续公演,继续筹措经费。从此,边演边学,开始了"传"字辈艺人的演剧生涯。昆曲传习所的建立,对昆曲艺术的继承和发展作出了重要贡献。

昆曲传习所处处渗透着"昆曲元素",服务人员告诉我们,整个昆曲传习所的100余扇长窗,每扇都雕刻着一出戏文,很多都是妇孺皆知的曲目,如《珍珠塔》《花木兰》等,即便是缺乏戏曲常识的小学生,也可以了解到昆曲的一些戏名,感受到传统戏曲文化的魅力。传习所内,翠竹偏安一隅,灯盏飘摇于徐徐微风之中,似乎喧嚣的尘世在此拐了个弯,一切都安静下来了。推开一扇半掩的红漆大门,一架古琴安然地卧于岁月之中,只微微一瞥,似乎那悠远而敦厚的乐声便飘散而来,才子佳人的故事就在此粉墨登场了。

从门口的控保建筑牌可知,昆曲传习所由张紫东、贝晋眉、徐镜清发起,同汪鼎丞、吴梅、李式安、潘振霄、吴粹伦、徐印若等12人组成董事会……民国十一年(1922)初,由实业家穆藕初接办。各种媒体上提到昆曲传习所的12人中,往往漏了昆山教育界名宿吴粹伦先生,吴氏后人对此颇有微词。这里的控保建筑牌,终于还了吴粹伦先生的名分。吴氏后人得到这个消息后,非常高兴。让笔者高兴的是,实景版"游园惊梦"昆曲体验馆自2010年9月成立以来,坚持全程公益性演出,为观众呈上了高品质的昆曲盛宴。昆曲的美是无法用语言描述的,如果它能走进普通的百姓中间,那么昆曲的传承就有了更为广阔的根基。

拐角的北部,就是江苏省苏州昆剧院。

江苏省苏州昆剧院前身为成立于1951年的上海民锋苏剧团,为民间职业剧团,于1953年落户苏州。1956年10月被正式批准为国营性剧团,定名为江苏省苏昆剧团。2001年5月18日,昆剧被联合国教科文组织列为"人类口述及非物质遗产代表作"之一,经批准于2001年11月改团建院,更名为江苏省苏州昆剧院。服务人员告诉我们,随着昆曲的广泛传播,已经有越来越多的人喜欢上了昆曲,而昆曲演员们的演出不仅遍布全国各个城市,还走向海内外,成为中国文化的一张靓丽的名片。

校场桥路折东后,由一条跨越平门小河的单孔钢筋混凝土平桥连接东西,这座桥就是校场桥。桥始建年代不详。王謇《宋平江城坊考》载:"此桥即为宋《平江图》中之鸿桥。"讹称"高长桥""高尚桥",《平江图》上标名"曹使桥"。清代名"西教场桥"。原为石梁桥,民国十六年重建。桥长7米,桥宽5.5米,跨径3.8米。花岗石栏杆,两侧各8根望柱。因为有了兵营就必然有校场,桥名由此而来。过了校场桥,校场桥路转向南,五六十米处又折向东,到人民路为止。

校场桥

一条西大营门弄通向曲曲折折的校场桥路。曲曲折折的校场桥路,时常传出袅袅的昆曲清音,无论是"姹紫嫣红开遍"的兴奋,还是"袅晴丝吹入闲庭院"的悠扬,当年情景仿佛就在眼前。

提示:最靠近的公交车站站名为"平门"。

准提庵·唐寅祠

廖家巷

  桃花坞大街北侧 224 号之东为廖家巷,廖家巷南起桃花坞大街,北至平四路,与西大营门基本平行。传说曾为廖家居住地,故名。乾隆《苏州府志》等均作廖家巷,《吴县图》《苏州图》等标作"寥家巷","寥"显然是"廖"之讹。

  廖家巷长 740 米,宽 1.6—8 米。这里没有车水马龙的场景,也没有人头攒动的热闹,有的只是一份特有的安静和古朴。在入口处不远,一棵法国梧桐在悠悠的岁月中繁茂不息。微风徐来,纹路清晰的叶子在阳光下泛着层层绿意。梧桐高大挺拔,为树木中之佼佼者,因此,人们常把梧桐和凤凰联系在一起,"凤凰鸣矣,于彼高冈。梧桐生矣,于彼朝阳。萋萋萋萋,雍雍喈喈"。尽管此梧桐非彼梧桐,但一条幽静的小巷因为有了梧桐树而更显韵致。

  廖家巷西侧 17 号为控保建筑张宅,张宅原来大门在北侧的前新街上,与桃花坞社区门对门,石库门的痕迹清清楚楚。不知什么原因,后来大门开到了廖家巷上。据说这座宅子由四个朝南庭院组合成"田"字形平面,可合可分。如今,我们只能站在这座宅子的东北角,仰望高低起伏的、门窗参差错落的山墙。

17号的北面,廖家巷与前新街成"十"字交叉。准提庵与唐寅祠就在这个交叉口的东北部,南向的门牌为前新街10号。

曾有人考查,桃花坞先后有两处名为"桃花庵"的地方。明朝嘉靖年间(1522—1566),唐寅在五亩园西筑别墅,称桃花仙馆,后因为奉佛,改称桃花庵,自己也署别号为桃花庵主人。60余年后,明万历十年(1582),僧旭小在今廖家巷前新街口造了一座小寺院。当时,唐寅的桃花庵早已倾圮荒芜,僧旭小不过是袭用唐寅宅的旧名,两处桃花庵实际相距200来米。天启年间(1621—1627),有杨端孝在庵中供奉准提菩萨,因此又改名准提庵。"准提"乃佛教中的不空绢索菩萨,因为具有18臂的造型,故一般人很容易将准提菩萨误认为千手观音菩萨,其实两者区别很大。准提菩萨造型一定是三目十八臂,且是坐姿;而千手观音则立姿与坐姿都有,手一般都是四十只,或二十四只,或十八只,一般都会左右两手执杖。准提菩萨只有一张脸,且大都头戴五佛冠;千手观音是十一面,也就是说它有十一张脸。庵中同时供奉了唐寅、祝允明和文徵明的牌位。如今准提庵山门面阔五间,大门紧闭,不知其深浅,但从西边的廖家巷来看其侧面,应该有前后四进。

唐寅祠的大门在准提庵东边,唐寅祠为清嘉庆五年(1800)吴县知县唐仲冕所建,原为楼阁建筑,楼额"天章阁",清道光年间倒塌,后改建平屋,即现存建筑。东壁嵌有唐寅弘治十八年(1505)撰书《桃花庵歌》,原刻已漫漶,清道光十一年(1831)摹刻一石,嵌于原刻之左。另有《六如居士画大士像》、蒋和书《般若波罗蜜多心经》、蒋和画《竹石图》、僧莲峰撰书《准提庵八咏》等碑。因房屋破旧,上述部分碑刻现暂迁至唐寅墓园保存。如今的唐寅祠三开间,六扇朱色大门,也是紧闭着。实际上,唐寅祠与准提庵在一个建筑群里。两处建筑的南面,放着几块明显是桥梁的古老巨石,不知从何而来,也不知为何放在此处。

唐寅祠1963年就为苏州市文保单位,准提庵于1978年与唐寅祠归并,也为市级文保单位。如今的标志牌,立于2003年,文保标志牌都在这个建筑群西侧的廖家巷内。站在这个建筑群的西面,忍不住被高耸的山墙吸引。笔者对建筑艺术所知甚少,但两侧的波浪形线条流畅,既像连绵的山峰,又似不断向前的海浪,让人浮想联翩。山墙的旁边是古色古香的灯盏,谁能说这不是一幅姑苏的美卷!"我也不登天子船,我也不上长安眠。姑苏城外一茅屋,万树

准提庵西墙

桃花月满天",唐寅在苏州留下的何止是这首《把酒对月歌》！唐寅祠留下的又何止是这蓝天白云下的建筑！

唐寅祠之东,原来有一条南北向的小巷"唐寅坟"。关于这条巷子的名称,有两种说法。其一,唐寅晚年奉佛之后,悔其前半生作为,把自己历年所作诗文,悉取埋藏于此,有点像做了个"衣冠冢"。这个文冢埋葬了唐寅的诗情画意、浓情绮怀和那一腔干云豪气。这也是唐寅身后留下的文章相当少的原因。其二,明嘉靖元年(1523)十二月唐寅去世,由于穷困潦倒,继子兆民年仅9岁,无力营葬,便被草草埋葬在此处。直到二十多年后,兆民成年,竭尽孝道,才将其迁葬到苏州西郊横塘王家村祖坟地上(也就是解放西路唐寅园址)。所以,这条小巷一度被命名为"唐寅坟"。

如今,唐寅坟这条小巷子已经并入了大营弄,成了"丁"字形的大营弄的竖勾部分,其东侧是新建的住宅楼,西侧就是唐寅祠的东墙。

过了准提庵,廖家巷与"丁"字形大营弄的一横成"十"字交叉,这个交叉点的东北,就是规划于2010年的苏州市"桃花坞历史文化片区"的核心部分、已经初具规模的唐寅故居双荷花池。(详见拙作《姑苏名宅》)

廖家巷向北到底,就是平四路了。

我们沿着大营弄东行,转而向北,看着左侧被建筑围栏隔离开的那一大片土地,实在是感慨万千。那里,亭台轩榭林立,翠竹轩窗辉映,好一派吴中风光,可规划这个片区的市领导于2014年离任,接任者置之不理,任其为"烂尾工程"。想起唐寅名作之一《落霞孤鹜图》上自题的字"画栋珠帘烟水中,落霞孤鹜渺无踪。千年想见王南海,曾借龙王一阵风",期待唐寅文化园能早日开放,让苏州多一处向世人展示文化的窗口。

提示：最靠近的公交车站站名为"桃花坞""平四路"。

苏州市第四中学

宝城桥街与石幢弄

桃花坞大街到了宝城桥就完成了使命。宝城桥位于桃花坞大街西端,跨第一横河。由于附近原有官府粮仓宝成仓,民间将"宝成"讹为"宝城",于是就出现了宝城桥。这座桥清嘉庆七年(1802)重修,原为砖石桥,1978年改为钢筋水泥桥。

从宝城桥向西,就是宝城桥街了,显然,宝城桥街街名来源于宝城桥。

宝城桥街总共100余米长,这条街上最引人注目的就是8号苏州市第四中学。笔者1963年在此高中毕业。苏州市第四中学前身系苏州私立桃坞中学,当时的教会学校。清光绪二十八年(1902)由美国基督教圣公会创办,至今已历经沧桑一百余年。

创校之初,校址在桃花坞廖家巷,学生仅4人,由美籍教士韩汴明任校长。1903年7月迁入现址。1908年,学生不断增多,学校初具规模,设置预科(四年,相当于初中)和本科(四年,相当于高中),学校正式定名为"桃坞中学",并成为上海圣约翰大学的附属中学。

1937年"七七"事变后学校无法开学。1938年夏,部分避难在沪的教师租借上海慈淑大楼继续办学。1945年部分教师回苏州复校。1946年沪苏两校合并。1948年,完成了向当时的"省教育厅"的登记立案手续,学校宗教色彩逐步淡化。1949年苏州解放。1952年桃坞中学改名为"苏州市第四中学",从此学校进入了一个新的历史阶段。学校现为中国民航大学空乘专业生源基地、郑州航空工业管理学院空乘专业生源基地、南京航空航天大学金城学院优质生源基地、南京旅游职业学院教学实验基地。学贯中西的钱钟书、中科院院士张青莲、钱钟韩、潘承洞、刘元方等都在这所学校度过了中学时代。

学校现有的七幢民国建筑都是苏州市级文物保护单位。漫步在四中的校园内,既能看到别具一格的建筑,又可见葱茏茂盛的参天古树,不由得想起1963年在此高中毕业的情景。学校不仅是教师传道授业解惑的场所,也是学生心头难以割舍的情结。

从第四中学的西墙角右拐向北,就进入了南北向的石幢弄。"幢"是佛教的一种石构柱状纪念物,上刻经文、法像,称为"经幢",亦名"石幢",立于佛寺内外或街头巷尾,为宣扬佛法,也有驱魔祈福之意。

石幢弄13号原为石幢寺,现已废,仅存百年麻栎一株。苏州"七塔八幢九馒头"中,一般认为的"八幢"之七个是:一在孔副使巷中,亦名方塔;一在装驾桥南堍;一在洙泗巷南口;一在石塘桥北小桥头;一在因果巷陈氏清畚堂前南隅;一在桃花坞石幢弄,还有便是甲辰巷砖塔。道光时《吴门表隐》仅载其七,有一座已失考。

石幢弄北端西侧,有一条小巷名叫缸甏河头,这巷名听起来似乎有些古怪。据笔者所知,杭州有一条缸甏弄,因旧时从宜兴运到杭州的缸甏在此设栈而成市,故名。当时杭城每户人家或多或少都贮有缸甏,水缸蓄水,盐甏藏盐,石灰甏放干货,老酒甏浸年糕。甏不能空,内必藏物,且设盖。如一户人家落得个"净空甏空"或者"八个甏儿七个盖",那这户人家肯定是颠三倒四,入不敷出了。不知苏州缸甏河头的含义是否也是如此。

苏州市桃坞中心小学校位于石幢弄34号。学校创建于1916年,前身是由教会创办的桃坞中学的附属小学,1952年人民政府接收为公立小学,更名为苏州市桃坞中心小学校,沿用至今。

研究"桃花坞木刻年画",是这所小学坚持了二十多年的项目,特别是在桃花坞木刻年画被列为非物质文化遗产后,学校更觉得研究桃花坞木刻年画的继承与发展,是青少年教育工作者的分内之责。

桃花坞木刻年画曾集中在苏州城内桃花坞一带生产,并因此街名而得名,是江南地区的民间木版年画,它和河南朱仙镇、天津杨柳青、山东潍坊杨家埠、四川绵竹的木版年画,并称为中国五大民间木版年画。桃花坞年画源于宋代的雕版印刷工艺,由绣像图演变而来,到明代发展成为民间艺术流派,清代雍正、乾隆年间最为鼎盛,每年出产的桃花坞木版年画达百万张以上,可以想象在苏州的大街小巷,有多少幅或充满生活气息或细腻工整的年画作品走进了百姓的节日喜庆里。因为在中国民间,年画就是年的象征,不贴年画就不算过年。桃花坞年画主要表现吉祥喜庆、民俗生活、戏文故事、花鸟蔬果和驱鬼避邪等中国民间传统审美内容,因此,年画已不仅是节日的装饰品,它所具有的文化价值和艺术价值,

桃花坞木刻年画

使它成为反映民间社会生活的百科全书。2006年5月20日,该项目经国务院批准列入第一批国家级非物质文化遗产名录。笔者是个桃花坞木刻年画迷,常常相约两三好友前去店里一饱眼福,遇到特别喜欢的就会大方出手,当有志趣相投的朋友来苏做客,笔者会以此作为礼物相赠,弘扬苏州的传统文化。曾有一个爱好文学的音乐老师十分喜欢这张色彩对比强烈的年画(上图),她说每当看到这幅典雅而不失精神气质的作品时,总会感受到一份超凡脱俗的高逸之美,甚至会情不自禁地吟诵"转轴拨弦三两声,未成曲调先有情"。

石幢弄向北就是西亩田。西亩田南接石幢弄,北至清塘路东段。"四亩田"原为城内西北角荒地及农家菜田,后分为东四亩田与西四亩田。唐宋时为著名的"孙园";清时为"绣谷园",毁于兵火;20世纪40年代,犹有水池古木;50年代后期易为苏州市第四中学外操场跑道,北部仍有老树荒田;"文革"时毁去;20世纪90年代建新村小区。此处历来为苏城之内的贫民区,相传陈圆圆出生于此,后沦落风尘,成为明末"秦淮八艳"之一。造化弄人,最终,陈圆圆成为改朝换代的一个重要的并具争议的女性。

在这两条成直角相交的巷子里,石幢、四亩田早就没了踪迹,但是,苏州市第四中学和桃坞中心小学校却仍在散发着青春的气息,中国的未来在他们那儿。

提示:最靠近的公交车站站名为"桃花坞"。

第八单元 盘胥片区

- 道前街
- 新市路
- 书院巷与侍其巷
- 东大街与司前街
- 养育巷
- 庙堂巷
- 富郎中巷
- 百花洲

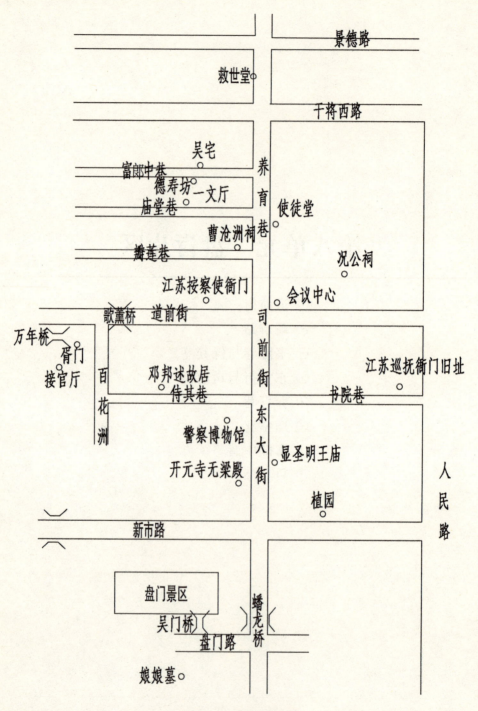

盘胥片区游览示意图

况公祠

道前街

道前街位于人民路饮马桥北堍西侧,东出人民路,与十梓街相对。向西越内城河(第一直河,俗称学士河)上的歌薰桥(过军桥),至外城河上的姑胥桥,与三香路相连。路长1430米,路宽30米,整体格局为南河北街。

民国时期苏州由长洲、元和、吴县合并为吴县后,1937年县府就一度将道前、府前、卫前三街合称"县府路"。如今,三条街巷合并成一条新的"道前街"。

从饮马桥到东美巷是过去的卫前街。称"卫前街",是因为这里有"卫"。这个"卫",就是锦衣卫指挥使衙门,说到底,也就是特务机关。明朝时,朱元璋为加强中央集权统治,特令锦衣卫掌管刑狱,赋予巡察缉捕之权,下设镇抚司,赋予侦察、逮捕、刑讯、处决等权力。最为恐怖的是他们的行动不必经过司法机构,有着独断专行的特权,因此,死于其酷刑拷打之下者不计其数。镇抚司下的一般军士称为校尉、力士,就是民间所谓的"缇骑"。难以想象,卫前街这里曾经有过多少冤死之人,更让人想起东林人士杨涟、左光斗、魏大中、周顺昌等的悲惨遭遇。如今,原卫前街地段主要由市立医院本部(第二人民医院)"一统天下"。

西美巷在东美巷的西侧,与东美巷隔原第二直河相望,也是一条南北向的小巷子。西美巷31号是况公祠,这个况公,就是平反十五贯冤狱的况钟。况钟(1383—1442),明代官员,字伯律,号龙岗,江西靖安人,是一位受百姓尊敬的清官,苏州人民称他"况青天",和包拯"包青天"、海瑞"海青天"并称为中国民间的三大青天。况钟曾三度任苏州"市长",在苏州府三次离任,都被老百姓挽留,继而复任(详见拙作《苏州文脉》)。况钟于丁忧期间,曾在五显庙读书会客,因此况公祠原址就选在五显庙。清同治十一年(1872)况公祠重建,1933年重修,后来一度为沧浪区图书馆。沧浪区撤销后,至今一直大门紧闭。

从西美巷到养育巷是过去的府前街。这个"府",就是苏州府署,如今的道前街100号,就是当时的苏州"市政府"。明朝的第二任苏州知府魏观,因为在张士诚皇宫的废墟上建造苏州府署,被朱元璋以"谋反"的罪名处死,同时"躺枪"的还有苏州的天才诗人高启,他被腰斩(详见拙作《苏州文脉》)。后来的知府,就把府署造在了这儿。辛亥革命后,此处改为吴县衙门,新中国成立后此处曾为吴县招待所,如今为苏州会议中心。

苏州会议中心向西就是一个十字路口,向北是养育巷,向南是司前街。

从养育巷、司前街向西的那段道前街就是旧道前街。明代设苏常兵巡道于此,故名道前街。"道"是明清两代设介于省和府之间的行政机构,兵巡道是在各省要冲地区设置的整饬兵备的按察司分道。

这个兵备道的衙门就是后来的江苏按察使衙门,如今为道前街170号。提刑按察使是主持一省司法谳狱的官吏,为朝廷三品大员,俗称臬台,其地位仅次于巡抚(抚台)和布政使(藩台)。清道光三年(1823)林则徐来苏接任江苏提刑按察使,时年39岁。江苏提刑按察使署民国时期被江苏高等法院占用,解放初为苏州市人民政府所在地,后改称市人民委员会。近年来进行修缮,今为市级机关使用保管,属江苏省文物保护单位。

江苏按察使衙门向西不远,到跨越第一直河的歌薰桥,道前街就结束了。歌薰桥始建于北宋皇祐五年(1053),原名明泽桥,俗名过军桥。笔者老友张长霖认为,"薰"者,熏风也。熏风,和风。温和的风可以消除心中的烦恼,使人心情舒畅。歌薰桥,大雅的名字,所以后世江南丝竹有"薰风曲"传世。1953年改称歌新桥,大约是"歌颂新社会"的意思。1984年复称歌薰桥这一雅名。

江苏提刑按察使衙门

明清两代,道前街一带是江苏、苏州官府衙署集中的区域,拓宽后沿河行道树改种了银杏,廿多年过去了,这里成了一道独特的风景线。春天,银杏叶泛着翠绿的光,满是生机;盛夏,银杏树洒下片片绿荫,给人清凉;而当深秋来临的时候,飞舞的银杏叶如金色的蝴蝶,在晚风中醉了夕阳,美了道前街。

道前街

提示:最靠近的公交车站站名为"市立医院本部""吉利桥""姑胥桥"。

画锦坊小区中爱心博爱社

新市路

新市路东起人民路,西至新市桥,与胥江路接。位于道前街之南约八九百米,平行于道前街。

现在的新市路东大街东侧一段,在宋代称昼锦坊巷。楚霸王有"富贵不归故乡,如衣锦夜行"的名言,言外之意,穿了锦衣,要"昼"行才有意义。昼锦坊得名于宋代的程师孟。程师孟(1009—1086),苏州人,字公辟。进士出身,曾历任六地知府,深受百姓爱戴。晚年回家省亲时路经盘门城内,发现一片空地,附近有开元寺、瑞光寺,还有南园,就筑园定居下来,时年已78岁。朱长文道贺时称他为"昼锦",题诗曰:"胜地宽闲旧卜邻,耆老得意辟高门。中吴昼锦如君少,好作坊名贲故园。"大白天穿着锦绣衣裳回归故里,赞其做官后重回故乡,显耀至极。于是,这条街巷就得名"昼锦坊"。民国时,昼锦坊巷改名为杨家巷。后因为一段路面铺成箆箕纹,民间称为"箆箕街",又因为在府学(文庙)

之前,墙上嵌满碑刻,民国时取谐音写作"碑记街"。1952年苏州市政府在此举办苏南区第三次城乡物资交流会,形成了"新市场",故改称新市路。

新市路南侧北大街之东,有一家植园饭店,这个饭店的来源颇值得一提。

植园饭店

由于太平天国战争,除南部的一座凤池庵和一座没有和尚的报国寺外,此处成为一片荒地,乱坟岗中阴风凄凄。陈启泰(？—1909)任江苏巡抚时,命苏州知府何刚德在这块地的北部建一座"现代化"公园植园,这是第一期工程。第二期工程与凤池庵一案密切相关。某日,在靠近盘门的一块荒地(大致吴宫泛太平洋喜来登一带)上发现一具男尸,办案人根据臆测,断定是凤池庵尼姑妙莲的几个姘夫之间争风吃醋仇杀所致。通过诱供,将有关人员屈打成招。于是,凤池庵被抄没。程德全(1860—1930)任江苏巡抚时,将凤池庵拆除,而附近的报国寺因为"有寺无僧",也被拆除,于是凤池庵和报国寺旧址就成了植园的第二期工程。植园全部建成后,兼供民众游览、纳凉及品茗之需。植园的"八景"为:"锄月门探梅""立雪亭观稼""采莲舫赏荷""沁芳亭摘豆""修竹轩敲棋""羡鱼台垂钓""微波榭烹茶""弄月台饮酒"。凤池庵一案后来得到平反,但一位无辜的嫌疑人却在狱中死去了。

后来,植园几经沧桑。新中国成立后一度成为苏州半导体总厂所在地,如今成为一家饭店。

东大街以西的新市路,原来叫梅家桥弄,这与宋代诗人梅尧臣关系密切。

梅尧臣(1002—1060)在北宋诗文革新运动中与欧阳修、苏舜钦齐名,世称"梅欧"或"苏梅"。30岁时,与欧阳修等发动了一次声势浩大的诗文革新运动。虽然后来欧阳修得到更高的声望,但是在诗文革新运动之初,梅尧臣无疑占有领导的地位。北宋诗人如欧阳修以及稍后的王安石,甚至更后的苏轼都受到他的熏陶,对他崇敬有加,欧阳修更是始终称梅尧臣为"诗老",表示内心的钦慕。陆游认为梅尧臣是李白、杜甫之后的第一位的作家。梅尧臣致仕后,想找一处安度晚年的地方。由于诗友苏舜钦闲居苏州构筑了沧浪亭,梅尧臣就在离沧浪亭不远的盘门内购地置宅,与苏舜钦做邻居,并造起了"梅家桥",而巷子也就成了"梅家桥弄"。于是,苏、梅两人日夕往还,酌酒赋诗,相得甚欢。

新市路东大街交界处的西南角,有一家"清华酒楼",老板是现在的知青文化研究会会长陈淼坤,酒楼的菜肴价廉物美,颇得老知青们的喜爱。

新市路250号,是吴宫泛太平洋喜来登大酒店,这座酒店毗邻著名的盘门景区,有着独特的建筑风格和高雅别致的中国古代苏州园林式特色,传统的设计风格与荷塘月色、小桥流水融为一体,具明显的姑苏韵致。

如今梅家桥尚在,在新市桥的最东端,跨内城河,与跨外城河的新市桥紧密相连。梅家桥虽是钢筋混凝土结构,但石栏杆还颇有情趣。

如今梅家桥的东堍南侧,是一个称为"画锦坊"的高档小区。"锦"应该是织出来的,何以能画?应是"昼锦坊"之误,因为繁体字"晝"与"畫"字形差不多,估计是某位有决定权的人一时读错了,于是,"鹿"就成了"马"。

"画锦坊"中有一家"沧浪街道瑞光公益坊爱心博爱社"颇令人动容。这是一个面向全市癌症患者提供康复、关爱服务的公益性社会组织,由原瑞光社区"爱心博爱社"社长范存笃创办。这里免费向癌症患者开放,并采用自治形式,为学员们提供学习交流的机会和平台,以帮助部分癌症患者重树信心、鼓舞精神、舒畅心情,在一定程度上缓解他们的病情。

上世纪六七十年代,新市路除了东头有市实验小学和建筑工程学校外,其余大多为农田,仅有几户菜农的小屋。如今,高楼林立,昔日的田园风光已荡然无存,这是物质文明的进步?还是精神家园的丧失?相信,很多人都会思考这个问题吧。

提示:最靠近的公交车站站名为"工人文化宫""南园新村北""盘门景区北""新市桥南",轨道交通车站为"南门"。

江苏巡抚衙门旧址

书院巷与侍其巷

书院巷在道前街之南 500 米左右，与道前街平行。东起人民路三元坊，向西与原三多巷相接于查家桥，今三多巷并入，也就是说书院巷西端直到东大街口。路总长 564 米，路宽 3—9 米。

书院巷唐时称南宫坊，有牌坊立于巷东口，五代吴越广陵王钱元璙南园在此。宋起即称南园巷，范成大《吴郡志》已有"南宫坊南园巷"的记载。之所以称为书院巷，是因为宋元时巷内有个鹤山书院，而鹤山书院的得名和宋时的大儒魏了翁有关。

魏了翁(1178—1237)，字华父，号鹤山，庆元五年(1199)进士，南宋著名理学家。魏了翁诗文造诣很深，时值"南来之衰，学派变为门户，诗派变为江湖，了翁独穷经学古"，他推崇朱熹理学，强调心的作用，形成了著名学派。担任礼部尚书期间，因病到苏州就医，在甪直古镇筑罗隐庵为别业。卒后谥文靖，皇帝赐宅第于苏州南宫坊(现书院巷)，并书赐"鹤山书院"四字。魏了翁墓在枫桥镇高景山金盆坞，今属市级文保单位。

元至顺元年(1330),魏了翁的曾孙魏起在此恢复鹤山书院,书院巷因此得名。卢熊《苏州府志》等作南园巷,《吴县图》《苏州图》均标作书院巷。

明永乐年间,将鹤山书院旧址改为巡抚大臣行馆,宣德五年(1430)至清宣统三年(1911)为巡抚衙门,实际上就是当时的省政府所在地。所以,书院巷又称抚署前或抚辕前。近500余年间,曾有不少名臣在此办公,诸如周忱、海瑞、汤斌、张伯行、林则徐、梁章钜等。林则徐在任前后达五年之久,政绩卓著,深受人民爱戴。末任巡抚程德全受革命力量推动,在此宣布江苏独立,脱离清廷,对促使清政府瓦解也起了一定的作用。

因为此处是巡抚衙门,书院巷之北曾经有过一个小校场,而巡抚衙门的西南面,有一条中军弄。

这座巡抚衙门一度为苏州卫生职业学校所在地。现存建筑为清同治五年(1866)重建,1982年被列为苏州市文物保护单位。由于年久失修,墙体、门窗等损坏严重,本着修旧如旧的原则,2005年7月,苏州市对巡抚衙门旧址进行保护性抢修。这次修缮尽可能多地沿用了原有构件,大厅、楼厅、花园、照壁及门梁上的清代彩绘等都修复如初,整体建筑修缮后恢复了历史原貌。如今由苏州卫生职业技术学院保护管理。2006年,这座建筑被列为江苏省文物保护单位。

如今,书院巷20号就是坐北朝南的巡抚衙门旧址,这座衙门主体建筑有四进,粉墙黛瓦,屋脊高耸,气势宏伟。

巡抚衙门路南,就是江苏省苏州中学的北校门。

旧书院巷到南北向的金狮河沿为止,金狮河沿亦作金丝荷堰,相传其旁旧时有荷池。

从金狮河沿向西就是如今并入书院巷的三多巷。"三多"为"杉渎"之谐音,巷西南口有杉渎桥,传说此处古有莲花池,为春秋时吴王赏莲处。有莲花池必有亭台楼阁的建筑,而造亭台楼阁必须要用木头。当年吴王夫差专宠西施,在灵岩山顶建造馆娃宫,又在紫石山增筑姑苏台,"三年聚材,五年乃成",源源而来的木材堵塞了山下的河流港渎,"木塞于渎",木渎之名便由此而来。所以说,"杉渎"很可能是因为运来的杉木堵塞了河流而得名。吴人没有卷舌音,将"杉渎桥"误为"三多桥",如此,小巷亦误作三多巷,并将"三多"演绎为"多福、多寿、多男"。

书院巷的最西端就是东大街,东大街向西就是侍其巷了。宋代,侍其巷的东口立有牌坊,名难老坊,后改灵芝坊,后又因北宋时著名学者侍其沔(?—1066)居此,改名侍其巷。

侍其巷25-27号一度为苏州教育学院所在地,后来,苏州教育学院被并入苏州市职业大学,如今此处为江苏省苏州中学使用。

侍其巷38号为清两广总督邓廷桢曾孙,由借钱买书到卖书还债的邓邦述寓所与其藏书处"群碧楼"之所在。(详见拙作《姑苏名宅》)

到吉庆街,侍其巷就结束了,跨过清波桥,就是南北向的百花洲了。

从书院巷的东口走到侍其巷的西端,笔者不由得想起了"学"与"仕"两个字。书院是学,衙门为仕,坐在这个衙门办公的大人们,哪一个不是由学入仕呢?巷西的邓邦述能"学",为光绪二十四年(1898)进士,授翰林,也曾任过吉林民政使。

提示:最靠近的公交车站站名为"三元坊""三多巷",轨道交通车站为"三元坊"。

开元寺无梁殿

东大街与司前街

  东大街、司前街是垂直于道前街的连接在一起的两条街道,位于道前街南侧。南段是东大街,北段是司前街。

  称之为"东大街",并不是因为在古城区的东面,它恰恰是在古城区的西南角,因为在盘门之东而得到"东"名。当然,对应于东大街的大街就是西大街了。然而,这条西大街一段被"关进"了"盘门三景"之内,一段被造了小区,所剩无几了。

  东大街原名盘门东大街。路长500米,路宽17米。过去的东大街南起盘门残存城墙东翼尽头,北至书院巷,与司前街相连。实际上,由于蟠龙桥(详见拙作《苏州古石桥》)的建造,如今从东大街向南,可以跨过蟠龙桥到外城河之南。

宋代建炎四年(1130),金兵攻进苏州,撤兵时一把大火,将盘门一带的建筑焚烧殆尽。元末,朱元璋攻打张士诚,盘门一带又遭破坏。明代开始恢复,易代之际,清兵又从盘门入侵。由于多次遭到兵燹,此处成为一片废墟。清末,才有人在这片废墟上搭棚居住,慢慢形成了街巷。

先让我们把目光聚焦到蟠龙桥的西南面。过了蟠龙桥右拐向西,就是当年的裕棠桥。这座桥原名甘棠桥。民国十八年(1929),苏纶纱厂厂长严庆祥出资修建甘棠桥,改木构梁桥为钢筋混凝土梁桥,并以其父严裕棠之名改称"裕棠桥"。2003年,盘门地区进行道路拓宽改造,原来的盘门路重修之后,裕棠桥就偏到一边(北侧)去了。于是,有关部门再建一座新裕棠桥。这样,新老两座桥就形成了一个V形的夹角并存着。

裕棠桥再向西南,原来有一条弯弯曲曲的朱公桥弄。而如今,随着盘门外大街的建造,这条小巷子已经支离破碎了,但是,巷中原盘溪小学内的"娘娘墓"遗址仍在。

1964年,苏州城被一个消息震动了,这就是"娘娘墓"的发掘。这个娘娘,指的就是张士诚的母亲曹氏。笔者犹记当时约了几个同学一起去现场,听见一位工作人员眉飞色舞地叙说这座墓的四大保护层:第一层封土;第二层是由明矾、石灰等组成的坚硬的"三合土浇浆";第三层整齐围排着11排石板,每排几十块并列竖砌,每块石板都有两个洞,洞中贯穿圆木相连;第四层又是"三合土浇浆",但比第二层的更厚。苏州博物馆于1966年元旦详尽展示了"娘娘墓"出土的文物,一时间,博物馆门庭若市。如今,娘娘墓的土墩基石犹在,从那些巨大的青石基础上还能依稀辨出当时的规模。

瑞光塔

东大街南端西侧就是盘门景区。一般认为盘门景区内的瑞光塔建于东吴赤乌十年(247)。明王鏊《姑苏志》曰："瑞光禅寺在开元寺南,吴赤乌(238—251)间僧性康建,名普济院。"实际上,赤乌年间根本没有"普济院",而"僧性康"更是子虚乌有。笔者根据可靠材料考证,"普济院"是钱元璙身故后,其后人所建祠庙,里面供奉钱元璙像和其生前衣物。开宝九年(976),平江军节度使孙承祐将其改为"瑞光禅院"。仁宗嘉祐年间(1056—1063),有法名某本的禅师来此住持,大力兴修。徽宗时,朱勔修建宝塔。

东大街117号为住宅小区"万丽花园",一般人不会知道,这里"藏"着一座国家重点文物保护单位——开元寺无梁殿。所谓"无梁殿",指的是造屋用磨砖嵌缝纵横拱券结构,不用木构梁柱檩椽。无梁殿即开元寺的藏经阁,建于明万历四十六年(1618)。原先供奉无量寿佛,故又名无量殿。此殿坐北朝南,两层楼阁式,面阔七间,宽20.9米,进深11.2米,通高约19米。歇山顶及腰檐斗铺着绿色或黄色的琉璃筒瓦,与清水砖外墙面相映成趣。正面正中开拱门三个,左右各置拱形窗,在上层相对位置开拱形窗5个,明间是明窗,其余是假窗。明间檐下是砖制斜拱,上有副檐,绕有雕刻的平座栏杆,图案十分典雅,而且雕工精细。这座无梁殿在庄严中显现出玲珑秀丽之姿,充分反映了古老苏州的建筑艺术在明代已达到一个相当完美的境界,故有"结构雄杰冠江南"之誉。现为第七批全国重点文物保护单位。

东大街266号为显圣明王庙,原名丽娃乡土谷神祠,又称吴县丽娃乡显圣明王驸马府行宫,控保建筑牌上写的是"供奉元末张士诚妹隆平公主偕夫婿潘元绍"。这座神祠创建年代不详,清同治六年重建。现存山门照壁及大殿各三间,坐东朝西。临街为磨砖门楼,辟门三,一大两小,有砖刻题额"显圣明王庙",两侧为"诚意""真心"(非"正心"),饰以人物故事。大殿为硬山顶,面阔三间,扁作梁,有外檐桁间牌科。一般认为,潘元绍是张士诚的女婿,此处却说是妹婿,实在不解。另外,张士诚在苏州颇得民心,而潘元绍是出卖张士诚的主要人员之一,苏州百姓却为他立庙,这个"爱屋及乌"实在说不过去。

东大街到书院巷为止,向北就是司前街了。

司前街以明清时掌管监狱事务的司狱司衙门在此得名,南起书院巷,北至道前街南侧的织里桥(如今的吉利桥)。宣统年间,苏州还是江苏省的省会,清政府在苏州设有六座监狱,即江苏按察司监、苏州府监、吴县监狱、元和县监狱、长洲县监狱、苏州模范监狱,其中江苏按察司监、苏州府监同设在司前街,后被苏州人称作"司前街监狱"。

1912年,在司前街原江苏按察司监、苏州府监的基础上,重新建立吴县地方监狱。1919 年,吴县地方监狱改称江苏第三分监。同年 10 月,在分监内设江苏高等警察看守所,关押未判决的人犯。苏州人咒某人倒霉时,往往说"去司前街吧",意思是去吃官司,去蹲监狱。著名的"七君子"中的史良就曾被关押在此处。如今,这座当时的监狱成了苏州市警察博物馆和苏州市禁毒博物馆,大门开在司前街北端西侧的第一条横巷东西向的西善长巷上,免费开放。这座当年的监狱平面呈"×"型,当中高耸的是哨兵瞭望亭,伸向东南、东北、西南、西北的就是四条监房。

苏州警察博物馆

东大街加上司前街,约八九百米长,但几个主要景点却给我们留下了谜团。首先,瑞光塔建于赤乌年间之说始于明正德《姑苏志》,这是否与其北侧不远的开元寺起源之说混淆?其次,潘元绍究竟是张士诚的妹婿还是女婿?第三,苏州百姓为何为潘元绍立庙?这些谜团,或许不久就能解开,或许将成为永远的谜团。

提示:最靠近的公交车站站名为"盘门景区北""三多巷""吉利桥",轨道交通车站为"三元坊"。

使徒堂

养育巷

养育巷南起道前街,与司前街相直,北到景德路为止,与中街路相对,当中跨越干将路。路长 1 072 米,路宽 30 米,如今以鲜花和装饰材料批发零售著称。

这条街道过去叫做"羊肉巷",因为街上羊肉铺特别多,满足了东侧苏州府署中大小官吏的口腹之欲。辛亥革命后,清朝官吏作鸟兽散,羊肉铺也纷纷关门,但老百姓习惯上还是称它"羊肉巷"。后来,有文人认为太俗,就改成养育巷,然而,苏州民间叫顺口了,至今还将它叫做"羊肉巷"。

养育巷西侧 67 号之北,有一条瓣莲巷。瓣莲巷东起养育巷,西至剪金桥巷。宋代时称版寮巷,卢熊《苏州府志》等均作板寮巷。版,供建筑或其他使用的木板;寮,就是小屋。估计此处多木板建房。民国《吴县志》并注"乾隆《吴县志》作瓣莲巷"。《苏州城厢图》等均标瓣莲巷。

瓣莲巷 4 号为曹沧洲祠。曹沧洲(1849—1931),名元恒,沧洲是他的医号。曹家世代行医，他的祖父和父亲都是苏州有名的郎中。曹沧洲不仅医术高明，更是宅心仁厚，对前来看病的穷人，不但常常免费诊治，还赠送药品，所以诊所里每天门庭若市。

光绪三十三年(1907)，光绪皇帝病重，太医们束手无策，访求民间名医。当时的江苏巡抚陈启泰推荐曹沧洲和青浦的陈莲舫。入京后，两人精心医治，光绪皇帝病情一度减轻。第二年慈禧太后突然重病，日重一日，接着光绪皇帝突然去世，次日慈禧归天。这件事成了千古之谜。曹、陈两人在丧事完毕后被放归故里。

关于曹沧洲的故事，民间流传最广的是另一个版本。据说光绪年间，慈禧太后得了怪病，太医们都治不好。新科状元陆润庠正好是苏州人，便举荐了曹沧洲。曹沧洲到京后，并没有急着给太后看病，而是借故路上受了风寒，卧床不起，目的是为了迂回摸清太后的病根子。他发现，慈禧太后是吃得太油腻了而引起消化不良。于是，他只开了"萝卜子三钱"。慈禧太后喝了曹沧洲开出的药汤，当夜就通了大便，很快身体就好转了。

曹沧洲祠是一座坐北朝南的建筑，现存两进。对外的砖雕门楼上饰有飞檐，并刻有"俭以养德"四字；第二进享堂硬山顶，面阔三间，进深17米。此处原来是曹沧洲的诊所，后曹沧洲辞世，后代把这座宅子改为祠堂。

养育巷东侧130号是基督教使徒堂，2002年被列为苏州市文物保护单位。使徒堂原为美国中华基督教会(长老会)所属教堂，创建于清同治十一年(1872)，是苏州历史上最早的基督教堂之一。使徒堂本名思杜堂，为追思教堂创始人美籍传教士杜步西夫妇之意。

主体建筑礼拜堂坐东朝西，平面呈长方形，为砖木结构青砖青瓦两层楼房，西南角楼梯间处向上升起一层，为方形钟楼。二楼门后有清宣统二年(1910)所立的"杜步西先生纪念碑"。杜步西来自美国南卡罗来纳州，1872年，他和妻子来到中国传教，定居在苏州。他在这里目睹鸦片造成的灾难，和柏乐文等知名传教士以及基督教医疗工作者成立中国禁烟会，任首任会长。他在苏州的传教生涯持续了38年之久，直到1910年去世。

养育巷东侧188号之南是"花街"，它与112号之南的"柳巷"都是苏州府署的大小官吏寻欢作乐之处。这样的巷名不管是对周围的居民还是来苏的游者都是一种负能量，不知为何至今还没改换。

通过太平桥跨过干将河，就是养育巷的北段。东侧的258号之南就是吴殿直巷，因为宋代官至殿中丞的吴感居于本巷，故名。民国时，著名爱国人士张一麐(1867—1943)先生也住在此处，可惜具体位置难以考证。他建造的"救国里"住宅就在北侧长春巷口,现为苏州市文物保护单位。

救世堂位于养育巷西侧349号。1868年,美国监理公会正式在苏州传教,陆续设立了三个教堂:圣约翰堂、宫巷乐群社会堂和这座救世堂。救世堂先在申衙前设堂,后移长春巷,1924年移建于养育巷慕家花园口。1959年,教堂被迫关闭。教堂前部建筑被当做新华书店仓库,后来出租给婚纱店,后部附属建筑已成民居。2010年,救世堂经过整修重新复堂。

救世堂

救世堂之北就是东西向的小巷慕家花园,慕家花园原名乐圃坊,宋代就有此巷。清代江苏巡抚慕天颜在此建遂园,俗称慕家花园。如今慕家花园的主体为儿童医院景德路院区,而称为"慕家花园"的就是这一条小巷子。巷内的十六中"文革"前为二初中,它的前身就是附属于救世堂的英华女中。

就养育巷主体而言,两座教堂最为突出。将之与天赐庄并列,称之为苏州城内西风东渐的发源地,并不为过。当我们在使徒堂看见一群穿着白色宽袍的虔诚的女信徒随着音乐默默地鱼贯而入时,当我们在救世堂看见大批信徒悄无声息地听讲时,心底涌起的是崇敬之情。

提示:最靠近的公交车站站名为"市立医院本部""养育巷""儿童医院景德路院区",轨道交通车站为"三元坊"。

畅园

庙堂巷

　　庙堂巷是养育巷西侧103号之南的一条巷子。它平行于道前街,离道前街300来米。路长406米,路宽2—4.7米。据说,近代苏州园林修建大师、《营造法原》的作者姚承祖也曾居住在庙堂巷内,但不知详情。

　　庙堂巷8号原为雷允上业主雷显之别业,现属市级文物保护单位。据说这里还曾是民国闻人杨度(1875—1932)的别墅。杨度是国民党的对立面,曾一心拥戴袁世凯复辟帝制。后洗心革面,1929年经周恩来介绍加入共产党。1927年,曾多方营救被军阀张作霖逮捕的李大钊,晚年移居苏州庙堂巷。如今,这里为上海外贸疗养院,但不知何故大门紧闭,我们只能从门上的小洞看到这是一幢绿树掩映下的民国式建筑。

　　庙堂巷10号是范氏宅院,是范仲淹31世孙范红滕的旧宅。

庙堂巷16号在庙堂巷北侧一条缩进去的陪弄内,从控保建筑牌可知,这是建于明代的徐如珂故宅"一文厅"原址的忠仁祠。徐如珂(1562—1626),字季鸣,苏州人。明万历二十三年(1595)进士,官至刑部郎中。天启时太监魏忠贤擅权,将忠臣杨涟逐出京城。徐如珂不畏权势,亲自到郊外饯行,引起魏忠贤忌恨。天启六年九月,被魏忠贤削籍归里苏州。

徐如珂是个清官,回归苏州后无力建房,里人各投一文钱建成此屋,所以称为"一文厅"。"一文厅"造好三个月后,徐如珂招待客人时突然去世。崇祯初,按照原廷推意见,正式起复徐如珂为南京工部右侍郎,诏命到达苏州时,徐如珂已去世一年多了。朝廷追封其军功,赐祭葬,晋升一等,以其一子封官,作为褒奖。现存朝南三进祠宇。

一文厅朝外的砖雕门楼雕刻精细,人物颇有动感,栩栩如生,花卉惟妙惟肖。据说第二进享堂面阔三间12.3米,进深七檩11.5米,扁作梁架,前有船棚轩。

然而,这座建筑大门已砖砌封闭,我们只能从东部的陪弄进去,同时登

一文厅砖雕

上南侧的居民楼鸟瞰,大致了解到第一进为"四合院"式建筑。

苏州施晓平等文史爱好者经过多方求证,从房管部门的档案中找到权威证据,揭开了谜团:杨绛女士在苏州的故居就是庙堂巷16号。

杨绛(1911—2016),本名杨季康,江苏无锡人,中国女作家、文学翻译家和外国文学研究家,钱锺书夫人。杨绛93岁时出版散文随笔《我们仨》,风靡海内外,发行达一百多万册;96岁时曾出版哲理散文集《走到人生边上》;102岁时出版250万字的《杨绛文集》八卷。2016年5月25日逝世,享年105岁。关于读书,杨绛曾有一段精辟的论述,值得每个年轻人铭记:读书好比串门儿——"隐身"的串门儿。要参见钦佩的老师或拜谒有名的学者,不必事前打招呼求见,也不怕搅扰主人,翻开书面就闯进大门,翻过几页就升堂入室;而且可以经常去,时刻去,如果不得要领,还可以不辞而别,或者另找高明,和他对质。杨绛先生的父亲就是著名教育家杨荫榆女士的哥哥,民国初年上海名律师杨荫杭。他民国初买下苏州庙堂巷的"一文厅",并改称"安徐堂",杨绛在这

里度过了人生最美好的青少年时期。杨荫榆女士因"女师大事件"辞职后,一度也在这里住过。

庙堂巷22号是我国早期法学家、大律师、民国江苏省议会议员潘承锷家的房子,他是苏州著名的贵潘家族成员。新中国成立后,庙堂巷22号畅园内曾住过苏州市园林管理处首任处长秦新东。他与谢孝思通力合作,为修复苏州古典园林作出了不可磨灭的贡献。如今,畅园已经修复,每个月第一周的周六、周日对外开放,但必须网上预约。

庙堂巷36号是著名电影演员舒适的故居。舒适(1916—2015),男,原名舒昌格,祖籍浙江慈溪,持志大学肄业。1938年后任青鸟剧社、上海大同摄影场、金星影片公司的演员和编导。1952年后任上海电影制片厂演员、导演,中国影协第三、第四届理事。笔者知道舒适,就是因为他在电影《红日》中把专横跋扈的张灵甫演活了。如今,苏州市文物保护牌挂在这座宅子的后门盛家浜5号门口。

庙堂巷因巷内曾建有东岳二圣庙而得名,这个"二圣",就是安史之乱时"殉国"的张巡和许远。在内无粮草、外无援兵的情况下,他俩死守睢阳,前后作战400余次,使叛军损失惨重,有效地阻遏了叛军南犯之势,保障了唐朝东南的安全。最后两人因粮草耗尽、士卒死伤殆尽而被俘遇害。吴地老百姓为纪念他们,专门建造了东岳二圣庙(行祠)。然而,这个"二圣庙"早已没有了踪影,相比无锡锡惠公园的张巡庙,实在存天壤之别。呜呼!心中之痛却与何人说!

提示:最靠近的公交车站站名为"市立医院本部""养育巷",轨道交通车站为"养育巷"。

沈骏民故居

富郎中巷

富郎中巷是养育巷西侧的一条支巷,东起养育巷,西达剪金桥巷,离道前街四五百米,平行于道前街。路长390米,路宽2—4米。

小时候,总认为住在这条巷子的医生很多,并且很富有。后来才知道,"富",指的是北宋时住在这儿的一个叫富严的人,他曾两度任职苏州知府。而所谓的"郎中",也不是医生的意思,而是古代分掌各司事务,其职位仅次于丞相、尚书、侍郎的高级官员。富严曾任刑部郎中,为官清正,一生廉洁。宋代的范成大在《吴郡志》中说:"(富严)致仕未曾造私邸,以耆德称。所居坊,人以德寿目之。"郡人为褒扬他的功德,奏准在他所居之地的东面巷口建立牌坊,名"德寿坊",所以,这条富郎中巷原名德寿坊,现在富郎中巷内仍有一个"德寿坊"。

富郎中巷北侧 18 号就是郎中里,郎中里原名南阳里,1980 年改为今名。1930 年有钱庄业主朱惠生投资建造清水青砖海式石库门。

富郎中巷南侧的 21 号就是德寿坊。坊建于民国十四年(1925),乃辛亥革命元老、学者沈瓞民所建,因富郎中巷原名德寿坊,即用为里名。令人感

德寿坊

叹的是,坊门上饰有当年中共苏州独立支部书记、沈瓞民的学生叶天底设计的红色五角星,至今尚存。凭着这颗红星,"文化大革命"时应该无人敢来此"破四旧"吧。

包括德寿坊,再向西几个门面,都是沈瓞民故居。沈瓞民(1878—1969),名祖绵,浙江钱塘人,辛亥革命元老、国学家。沈瓞民从小继承家学,考入浙江大学堂,毕业后留校任教习。1897 年留学日本早稻田大学学习史地。沈瓞民早年受康、梁思想影响,返国后即在上海创办"时宜学塾"和"识字处",宣传救亡思想,被清廷列入"乱党"名单予以通缉。客居日本时与孙中山、章太炎、陶成章、黄兴等交往,并参与筹组光复会,又加入同盟会。抗战时,他是新四军地下经济组织"长江商行"董事。新中国成立后,他先后出任江苏和苏州的省、市政协委员。沈瓞民曾长期研究《易经》,著有《三易新论》。如今,沈瓞民故居为苏州市控保建筑,他故居的门上,还挂着"苏州市易经研究会"的牌子。

德寿坊对门 20 到 24 号的老宅,始建于清代,名为吴宅。这座宅子坐北朝南,从有关介绍来看,应为三路五进大宅,一色穿斗棋式梁架和清水砖外墙,中路依次为八字墙门、轿厅、大厅、楼厅、堂楼,均五开间;东西两路均三开间,有一厅,四厢楼;西有庭园。1994 年干将路拓建时拆除了第五进,现在第四进楼厅紧靠干将路南侧。然而,翻修后的吴宅大门紧闭,我等不得而入,问了附近的老人,都说基本没看见大门打开过。

陶氏宅园

富郎中巷之南100余米处,有一条小巷和它平行,但它的东端不到养育巷,到游马坡巷为止。这条小巷就是盛家浜,路长158米,路宽3—5.3米。盛家浜原称成家浜巷,苏州的成氏家族,唐有成及,曾为苏州刺史,颇有政声;宋有成闵,从宋高宗赵构南渡,屡立战功。后来,"成家浜"讹称为"盛家浜"。

盛家浜4号、6号与8号,是传统的苏式园宅。2004年,恢复了这片古宅旧貌,厅、堂、楼、阁、池、亭、假山、曲桥及古树名木也得到修葺和维护,用作社区市民花园与文化活动基地,取名"陶园"。有趣的是,苏州市文物保护标志牌上写的是"陶园",但是,门楣上所镌的却是"桃园"。无论是普通话还是吴方言,"陶"与"桃"同音,或许,题额者认为这里是世外桃源吧。

早就听说陶园的几副楹联甚是高雅,颇值得品味,也听说陶园内可以品茗听琴。然而我们特意去"风雅"一番时,门口却挂出了"内部整修,暂停开放"的"免战牌"。这是遗憾,但也为今后的再来留下了悬念。

提示:最靠近的公交车站站名为"市立医院本部""养育巷",轨道交通车站为"养育巷"。

古胥门

百花洲

道前街西端,过了歌薰桥左拐,沿着第一直河向南的街道还是学士街,再向南,过了吉庆桥,就是百花洲路了。百花洲是苏州城区西南部的一条南北向的街道。原来的百花洲路到侍其巷口的清波桥为止,如今最南端一直延伸到新市路西端的原幸福村。

新开辟的百花洲路南段一带,清末民初为城内粪便、垃圾外运的转运处,以及无业游民、逃荒来苏的外籍贫民临时居住的棚户区。如今经过彻底改造,已成了一个高档次的住宅小区。这些住宅每户都有雕刻精致的牌坊式石库门,一律向东,面向第一直河。

过了清波桥西堍,就是老的百花洲路了。老百花洲路东侧有一座来远桥,因为此处为过去的馆驿所在,接待八方来客,显然,桥名来自于"有朋自远方来,不亦乐乎"。这座桥是苏州古城内仅留的八座拱桥之一。桥身四条长系石中,竟然两条还是青石,两侧桥墩也有青石夹杂其中,看来历史甚是悠久。

与来远桥隔百花洲路相对的,就是残存的百岁坊。这个百岁坊原来在胥门城外,为纪念乾隆下江南时接见百岁人瑞金旭阳所立,据说乾隆皇帝还亲自题联,但这副联已经无法考证了。"文革"期间,这座牌坊被乱七八糟的居民住宅包裹起来,未曾被"破四旧"的"红卫兵小将"发现,幸免于难。

"百花洲"还有一个含义,就是位于盘门至胥门城墙内外的狭长地带,一个长条形的百花洲公园,当然,这个公园包括百花洲路。

这块地方原为宋朝时接待外国使馆和各地高官显宦的姑苏馆所在。附近还有姑苏台,百花洲就是姑苏馆所属园林。南宋淳祐年间,又在百花洲南端建百花庵,规模极大,每逢农历二月十二日百花生日,举办庙会,百花洲因而闻名。

作为园林的百花洲,它的核心景观就是胥门古城墙。这段古城墙在百花洲路的西侧。胥门,又称"姑胥门",因阖闾从此门而出登临姑苏台而得名。胥门和伍子胥关系密切。伍子胥雄才大略,深得吴王阖闾信任。吴王阖闾九年(前504),伍子胥帮助吴王西破强楚,北威齐晋,南服越人,吴国国力达到了鼎盛。但是,后来夫差听信谗言,于公元前484年秋赐剑伍子胥自刎。自刎前,伍子胥要求将自己的双眼放在西门(胥门)上,以看着越兵进城,证明夫差之"差"。这就是"悬目西门"的出典。(详见拙作《苏州文脉》)

胥门最初也是水陆城门,战国时楚封春申君于此,因西侧正对胥江,每逢汛期太湖之水由水城门直冲城中成灾,故封闭之。金兵南下时,苏州城被劫掠一空,胥门城墙也被付之一炬。南宋又把城墙重建,显得比以前更加牢固,王**唤**任知府时受秦桧嘱咐,建姑苏馆招待金使,城楼上建"姑苏台",并在城墙内建园名"百花洲"。元初平定江南后,元兵的铁骑嫌城墙碍事,苏州城墙又遭拆毁。而到了元末,为了防御反元义军的进攻,再筑城墙,因在近旁的姑苏驿下挖得刻有"胥门"两字的石块,于是恢复了胥门,但只建了陆门,未建水门。不久,张士诚占领了苏州城,他加固了城墙,又在城门外增设了瓮城。民国时筹建苏州市,为方便交通,除盘门外的所有瓮城又都被拆除了。

从券门内往上看如今的胥门城门洞,我们发现一个秘密,这个券门竟然是双曲拱结构,其内部就如自行车车轮的挡雨板。据说,如此结构便于闸门的上下。这个券门,也因为被包裹在乱七八糟的民宅之间,甚至成了某户人家的居室,"文革"中才幸免于难。如今胥门城门为江苏省文物保护单位。

百花洲公园的中部有一座"民不能忘"的石牌坊。这座石牌坊最早建于康熙年间,纪念卸任的江苏巡抚汤斌。汤斌(1627—1687),字孔伯,号荆岘,晚号潜庵,河南睢州(今河南睢县)人,清朝政治家、理学家暨书法家,官至工部尚书,卒谥文正。汤斌一生清正廉明,是实践朱学理论的倡导者,所到之处体恤

民不能忘牌坊

民艰,弊绝风清,政绩斐然,被尊为"理学名臣"。1684 年,汤斌出任江苏巡抚,因勤政爱民、生活简朴而受到苏州百姓的欢迎。两年后,他升任礼部尚书,离任之时,苏州百姓罢市三日,争相哭送。为了纪念他的功绩,百姓便在这里竖起了"民不能忘"牌坊。然而,"文革"期间,牌坊遭拆除。现牌坊再次竖立起来,冲天柱式三开间,甚是气派。遗憾的是,那副楹联平仄上错误百出,令人忍俊不禁。看来,传承历史文化,并不是恢复一些当年的建筑那么简单。

胥门接官厅,是官府在姑苏馆迎宾款客和传递文书的驿站。古代在这里迎送南来北往的官员,或请他们到姑苏馆小憩,或请他们乘船经盘门水关入城,或将他们恭恭敬敬地送出城去。清代康熙、乾隆两帝南巡时,就是从这里的御码头登岸。后来,胥门接官厅成了一条街的名字。

历史上,胥门接官厅的位置多次在附近变动,如今恢复的接官厅在"民不能忘"牌坊之北,就是护城河边的一座厅堂,面东三开间,背靠西面的护城河。在接官厅的东北角,与接官厅呈直角的是恢复建造的面南七开间的姑苏馆,馆前的一副抱柱联为"看柳岸画船,目悦风物;赏城垣诗碣,心仪伍贤",上联写景,下联咏人。

太平天国战乱后,姑苏馆遭到严重破坏,接官厅日渐冷落。光绪末年,沪宁铁路无锡至上海段通车,与火车站连接的大马路修至觅渡桥后,接官厅"无官可接",逐渐荒芜、寂寥下来。民国初年,一些外来谋生的人在接官厅附近的古城墙内外支起棚户安顿下来,半个世纪里,这段城墙被严严实实地遮掩起来,被人遗忘。但正因为这样,百岁坊和胥门城门才免遭"文革"之厄难。

接官厅

百花洲公园的最北面是伍子胥的花岗石塑像,伍子胥戴着头盔,双目炯炯,左手捻须,右手指向南方。塑像的背景,是一长排描绘苏州2500年历史的砖雕,这个设计可谓意味深远。

从徐扬所绘的长卷《盛世滋生图》上,我们可知胥门一带的热闹:万年桥上人群川流不息,河中帆樯舟楫来往穿梭,两岸市招飘扬,店肆林立,货物满目,行人接踵。正对胥江口有一个大码头,一名高官正登岸乘轿,两侧站立着苏城各级官吏,垂手相迎,展示的是江苏巡抚赴任的场景。这个码头就是接官厅。然而,半个世纪前的胥门一带,却冷清下来了,不禁令人唏嘘。随着百花洲公园、别墅区以及健身步道的建成,胥门一带人气渐聚,令人看到了希望。

提示:最靠近的公交车站站名为"姑胥桥""胥门"。

第九单元　阊门历史文化街区

- 东中市与西中市
- 景德路
- 天库前
- 阊门内下塘街
- 南浩街
- 北码头
- 石　路

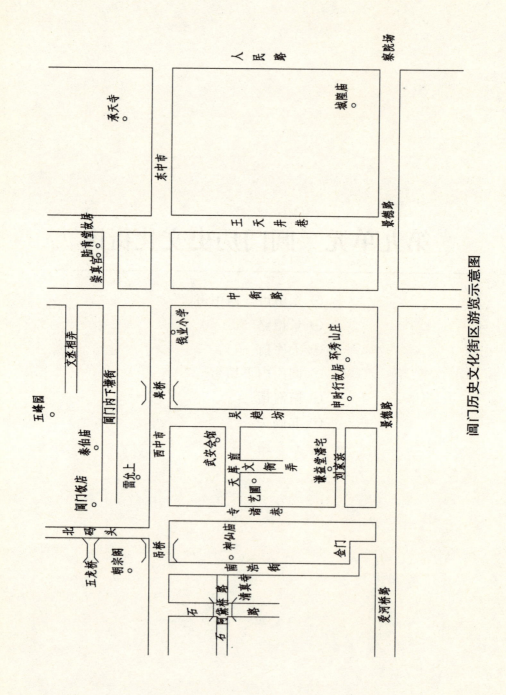

泉州历史文化街区游览示意图

阊门城楼

东中市与西中市

  早在元末明初,今乐桥附近的苏州古城中心商市因兵燹衰落,城周边商市逐步兴起。大运河自西向东流经苏州,水道汇合古阊门、胥门外,致使阊胥一带形成南来北往的交通枢纽。明清时,这里樯帆集散,人流骤增,店肆鳞比。正因为此,阊门内形成东中市、西中市的商业街,取代了原市中心——乐桥两侧的东市、西市。

  东中市东接人民路接驾桥,西至阊门内皋桥。路长935米,路宽15—20米。如今,东中市是一条很有特色的五金电器一条街。

  东中市旧名中市街(习惯上,市民又将东中市、西中市两街合称中市大街)。东中市东段,即从接驾桥西至都亭桥段,《苏州城厢图》标作东大街,《吴县图》标接驾桥街,《苏州图》标为接驾桥大街。东中市西段,即都亭桥西至皋桥(接西中市)段,《苏州城厢图》《吴县图》均标东中市大街。东中市1968年曾改名井冈山西路,1978年恢复现名。

东中市北侧44号之东,有一条南北向的小巷子承天寺前。这条小巷路长149米,路宽4米,因为在宋承天寺之前而得名。

梁武帝天监二年(503)某日傍晚,住在此处的官员陆僧瓒见到他的宅子上空祥云重叠,便舍宅改建寺庙,取名为"重云寺"。后来,由于奏章转抄上递过程中出了差错,"重云"被误作"重玄"。

重玄寺一直兴盛到中唐时代,时任苏州刺史的唐代大诗人韦应物游览此寺后,曾作《登重玄寺阁》一首,著名诗人白居易也在寺内书写了《法华院石壁所刻金字经》碑文。

宋初,重玄寺改名为承天寺。至徽宗宣和年间(1119—1125),承天寺又改名为能仁寺。

元代时,重玄寺又将宋代的两个名字合二为一,称"承天能仁寺"。元至正年间(1341—1368),悦南楚和尚重建承天能仁寺,修葺一新后,又恢复重玄寺的寺名。元末,重玄寺一度成为张士诚的临时皇宫。

明代,重玄寺规模巨大,俨然成为苏州城里的最大寺院之一。崇祯十一年(1638),吴中久旱不雨,僧人从寺中井底挖得一物,冲洗干净后才发现是一个铁箱子,里面用油纸包着一部折叠成卷的奇书。这部奇书,世称《铁函心史》或《井中心史》,该书以诗文的形式记载了南宋亡时杂事,被视为民族心灵历程的见证。《心史》的出井,轰动了当时的整个中国。这部《心史》的作者就是祖籍连江透堡的南宋爱国诗人、画家郑思肖。

到了清代,因避康熙帝玄烨之讳,易"玄"为"元",重元寺名就一直沿用至今。

由于历史的沧桑,重元寺最终坍塌,仅存残垣断壁。2003年,在苏州工业园区唯亭镇浅水湾重建重元寺。

如今,古承天寺遗址已经拆为一片废墟,估计有关方面将有所作为吧。这片废墟仅留东部新随里的一棵据说是张士诚时所种的古银杏,树龄已达600余年。

东中市南侧279号为东中市实验小学,这座小学的前身是钱庄业子弟学校,名"钱业小学"。当初的教育水平在姑苏城中堪称一流。如今,学校已与中街路小学合并,大门设在中街路西侧。我们能见到的,仅有校门砖额上的"宁朴勿华"四字。

东中市的最西段就是皋桥(详见拙作《苏州古石桥》),皋桥向西就是西中市了。西中市沿街民居鳞次栉比,老店门面众多,曾是古城内最繁华的商业区,相当部分沿街民居至今保留着民国时期的建筑风格,被称为"民国风情一条街"。

西中市宋元时名皋桥西巷,清代起称阊门大街,《苏州城厢图》标阊门大街,《吴县图》《苏州图》均标西中市大街。太平军攻占苏州时,沿阊门大街到崇真宫桥被烧成一片白地。同治、光绪年间重建,改名西中市大街。1963年改铺沥青路面,1968年"文革"初改名井冈山西路,1980年恢复现名。

皋桥西堍有一条向南直通景德路的吴趋坊。坊之得名,源于古代吴人歌唱吴地风情之《吴趋曲》,晋陆机《吴趋行》有"楚妃且勿叹,齐娥且莫讴,四座并清听,听我歌吴趋"的名句,"吴趋"遂成坊名。吴趋坊也是旧时城内最喧闹之处,四月十四的"轧神仙"活动,曾长期在此处进行。如今的吴趋坊,东侧房屋之东就是苏州的第一直河。

西中市还是苏州钱庄最集中的地方。民国三年(1914)一月,中国银行苏州分号在苏州阊门内西中市德馨里(如今的西中市67号与71号之间)开业,是中国银行在全国最早设立的分支机构之一。如今,德馨里还有着中国银行旧址和严家淦故居。(严家淦另有一处故居在中街路105号,详见拙作《姑苏名宅》)

西中市北侧134号就是著名的雷允上诵芬堂中药店,苏州人所谓的"正宗雷允上"——因为有关方面将苏州所有的中药店都强制挂上了"雷允上"的名号。清雍正十二年(1734),吴门医派名医雷大升(字允上)在苏州阊门边设立了"雷允上诵芬堂"老药铺,并以"雷允上"医名坐堂行医和配制方药,始创了集医、药一体的雷允上药业。"雷允上诵芬堂"一直以选料讲究、管理严格著称,当时"北有同仁堂,南有雷允上"的赞誉传遍全国。

西中市南侧139号之西,就是专诸巷,据说这里是当年专诸居住的地方。专诸巷紧挨内城河和

雷允上

城墙，南通景德路西端金门口，北达西中市西端阊门口。据说专诸墓就在专诸生前居住的地方，巷由此而得名。后专诸巷一带逐渐发展成玉雕行业的集中之地，故专诸巷又讹传为"穿珠巷"。清末以来，专诸巷为眼镜店集中地，最盛时眼镜店达20多家。

西中市的最西段就是"姑苏第一门"阊门，吴王阖闾时建城，最早曾辟陆门八、水门八。历经2500余年，不断有城门开辟与堵塞，俗语"六城门兜转"，说的是最少时仅开启六门。而现在有记录可查、有城门称号者多达13处，而名声最大的一个城门就是阊门。苏州本籍人士习惯在"阊门"上加个前缀，称为"老阊门"，而其余的城门都没有资格称"老"。所以，把阊门称为"姑苏第一门"实不为过。阊门又称为"破楚门"，阖闾欲与楚国决战，这里是西出破楚的主要通道，称"破楚门"，则表达了他战胜强楚的决心和信心。

明代的阊门是苏州最繁华的地方，商肆密布，樯桅林立，素称"金阊门"。

阊门向西就是吊桥，通过吊桥就到了城外。

在姑苏城内的各条街巷中，东中市、西中市以它们特殊的形态呈现在人们的面前，它们不仅仅是"五金电器一条街"和"民国风情一条街"，更是街巷过去风貌的遗留、苏州悠久历史的反映，它们的存在和发展，见证着苏州历来都是一个文化内涵丰富的城市。

提示：最靠近的公交车站站名为"接驾桥""中街路""皋桥""阊门横街"。

环秀山庄四面厅

景德路

　　景德路位于东中市西中市之南近 1 000 米处,并与之平行。景德路东起察院场,西至金门,路长 1 509.5 米,路宽 10.6—16 米,是苏州商业中心察院场与另一个商业繁华地区石路的最短的连接线。景德路创建的年代并不久,迄今首尾算来不过 90 来年。1929 年,当时的苏州市工务局将郡庙前、朱明寺前、景德寺前、申衙前和黄鹂坊桥弄这五段小巷子拓宽、拉直、合并,以"景德寺前"为取名的基础,称为景德路。

　　景德路北侧 94 号是苏州府城隍庙。"城"指挖土筑的高墙,"隍"指护城壕。古人筑城开壕是为了保护城内百姓的安全,他们认为与人们的生活、生

城隍庙

产、安全密切相关的事物,都有神在,于是"城"和"隍"就被神化为城市的保护神。同时,既然城隍是冥界的地方保护者,那么,百姓当然希望由正直的神担任城隍,于是,各地城隍一般多由对当地有贡献的历史上的忠良贤达来担任。这座苏州府城隍庙中的城隍老爷,就是战国时的春申君黄歇。以后历朝都有地方名臣加封为城隍,如唐朝的韦应物、白居易、刘禹锡三刺史,明朝的周忱、况钟、海瑞,清朝的汤斌,加上春申君,被封为苏州城隍的竟有八人之多。

苏州府城隍庙历史悠久,其渊源可上溯至唐代。

府城隍庙庙基为三国东吴周瑜古宅的遗址,宋代曾为雍熙寺,毁于元末,今东侧尚有雍熙寺弄。明洪武三年(1370)重建于此。府城隍庙现为一路四进,由南向北依次为山门、仪门、工字殿、太岁殿及配套用房,总占地面积为5 030平方米,总建筑面积为2 907.8平方米。据说,城隍庙的院落内原来至少有一棵与周瑜同时代的千年古柏,但上世纪50年代,这里开了一家工厂,树就没有了。

这座城隍庙是苏州府的城隍庙,也就是说,这里的城隍老爷"享受"市长待遇。这座城隍庙的东侧,曾经是长洲县的城隍庙,如今尚有些遗存殿屋;西侧,曾经是吴县的城隍庙,今已踪影全无。当然,这两个城隍老爷"享受"的是县团级待遇。

正因为这座府城隍庙,景德路的这一段过去叫做郡庙前。城隍庙路南,就是一条通往马医科的神道街。

景德路132号之西就是通往北边的王天井巷,与它隔一条景德路向南的就是道堂巷(今名新春巷)。

景德路向西过了王天井巷,就是过去的朱明寺前。这里曾经有一座朱明寺,朱明寺原来是女尼寺庙,后来改为火神庙,清初一度为巡抚衙门,当时的巡抚就是对苏州屠城的土国宝。土国宝遭弹劾卸任后,担心苏州百姓的报复,就在此自杀了。上世纪70年代火神庙曾作环秀小学校舍,今不存。

景德路北侧206号之西就是中街路南段,该段原名清嘉坊,巷口有名为

"三世荣奕坊"的牌坊,这是申时行为他过世的三代祖宗曾祖申乾、祖父申周、父亲申士章所立。而景德路路南与中街路相对的,就是养育巷了。

从养育巷往西至黄鹂坊桥的一段巷子,旧名申衙前,东西两端各有一座跨街牌坊,东坊书"忠事皇祖,深心调剂",指申时行嘉靖间中状元步入仕途;西坊题"调护先朝,功存国本",乃言申时行进入高层议政执政。两坊皆万历皇帝所赐。

环秀山庄位于景德路北侧262号,现占地面积2 179平方米。园景以山为主,池水辅之。建筑不多,却极有气势,颇具园林的神韵。徜徉其间,观枫叶红了岁月,看松树绿了池水,总忍不住凭倚在栏前,细细打量这朵传统文化宝库中的奇葩,它特色鲜明地折射出中国人的自然观和人生观,让每一个来到此宅园的人都会对习以为常的自然界心生敬意和谢意。"山不在高,有仙则名",园不在大,有美则灵!环秀山庄的主建筑为一座四面厅,悬挂着俞平伯书写的匾额"环秀山庄"。其面向假山的一副楹联概括了这座园林的景物情趣:"风景自清嘉,有画舫补秋,奇峰环秀;园林占优胜,看寒泉飞雪,高阁涵云。"上联中,"清嘉"指园东的清嘉坊;"画舫补秋",园中四面厅正北部有石舫,叫"补秋舫";"环秀",乃厅北一组湖石假山,清嘉庆初由名匠戈裕良所叠,占地仅半亩,却崖峦叠翠,池水映碧,深谷幽壑,势若天成。园林专家一致认为这是叠山杰作,教科书般的典范,园即因之为名。下联中,"寒泉飞雪",四面厅东北部的环秀山,有清泉飞流直下,泉名为"飞雪";"高阁涵云",四面厅之西就是"涵云阁"。

1988年2月,环秀山庄被列为全国重点文物保护单位。1997年底,环秀山庄被联合国教科文组织列入"世界遗产名录"。

环秀山庄西邻,景德路北侧274号就是旧景德寺,所以,这段景德路过去叫景德寺前。景德寺最早为晋中书令王珉舍宅所建,元末毁于火。明永乐二年(1404)重建,嘉靖二年(1523)废,嘉靖十一年(1532)改建为王鏊祠堂。如今祠仍在,其北部为"苏州中国刺绣艺术馆"。

景德路314号就是中医药博物馆,中医药博物馆是在申时行故居上建起来的(详见拙作《姑苏名宅》),所以这段景德路过去是申衙前。

中医药博物馆之西就是黄鹂坊桥。黄鹂坊桥因为白居易的诗句"黄鹂巷口莺欲语"而广为人知。如今,黄鹂巷早已湮没在茫茫的岁月里,而黄鹂坊桥仍跨在第一直河上,连通景德路的东西。黄鹂坊桥之西的景德路,就是过去的黄鹂坊桥弄了。

此段景德路的北侧50来米处,有一条东起吴趋坊、西至石塔横街的,颇有文化底蕴的小巷刘家浜和它平行。因为明朝尚书刘缨的宅子在本处,且巷南侧又有民国十六年(1927)前后淤塞的一条河浜,故名刘家浜。

刘缨(1442—1523),字与清,号铁柯,苏州人。成化十四年(1478)进士,授滕县知县,迁监察御史、太仆寺少卿。然而,刘缨的宅子如今踪迹全无。刘家浜北侧26号为控保建筑谦益堂潘宅,为清代潘姓盐商住宅。坐北朝南三路,中路四进,第二进为大厅,硬山顶。面阔三间11.2米,进深八檩13.6米,扁作梁架,前有船棚轩,青石鼓墩柱础,台基高四踏步。后有楼厅两进。该建筑群规模较大,且分为清、民国两种风格,可惜我们无法进入细看。刘家浜北侧38号为申时行故居之一,现存三路九进,中路门厅、轿厅、大厅、楼厅等甚为典型,但都破败不堪。刘家浜南侧51号为尤先甲故居。尤先甲(1843—1922),字鼎孚,苏州人,祖籍安徽徽州。光绪初进士,授内阁中书,曾两度调礼部任职。1883年父丧归里,后不复做官,居苏从事公益及经商。辛亥革命时,曾力劝程德全易帜,为苏州脱离清朝统治立下功劳。由于尤先甲家境殷实,所以苏州百姓故意将他的字"鼎孚"说成是"顶富"。

景德路向西到护城河处有一座新造的景德桥通向城外,但桥东的那一段不叫景德路,真正的景德路右拐向北,约100来米再折向西,直达金门。

金门

苏州城西过去没有金门,从城中去虎丘、枫桥等处,都得从阊门出入,致使道路拥挤不堪,所以,有人提出"另辟蹊径"。1921年筑南新桥,又在其南60来米处开辟"新阊门"。新阊门貌似与黄鹂坊桥弄(今景德路西段)对直,但出城后还得拐个弯再上南新桥,仍不方便。1929年动工重新开辟城门正对南新桥堍,1931年竣工。这个城门就是现在的金门,但苏州百姓叫顺了口,还是叫它"新阊门"。金门外与南新桥连成直线,内与景德路曲线相接。景德路与南新桥拓宽后,金门已成为市区东西向的一个重要出入口。

当笔者行走在景德路上的时候,突然想到"幸运"两字。景德路是幸运的,当年它有着"吞并"几条小巷的"豪举",如今景德桥的架设使它能直达城外,至于那一段是否叫"景德路"名,又有什么关系呢?

提示:最靠近的公交车站站名为"察院场""儿童医院景德路院区",轨道交通车站为"察院场"。

武安会馆

天库前

  天库前在西中市之南 200 来米处,和西中市平行,是一条东西走向的小巷子,东起吴趋坊,西至专诸巷,路长 382 米,路宽 2.8 米。

  一般意义上的"天库",一指星名,一指皇帝的府库,但是,苏州的天库却指道士建坛禳灾处。王謇《宋平江城坊考》卷二引康熙时所修"府志":"唐周真人为民禳灾,建坛于此,曰天库巷。"且苏州报恩寺内尚有地库,与之对应。

  苏州这条天库前原名郑使桥巷,卢熊《苏州府志》、王鏊《姑苏志》等均作郑使桥巷。乾隆《苏州府志》并注："宋郑戬所居,故名。"民国《吴县志》既录郑使桥巷,照录乾隆《苏州府志》注语,且注"今名天库前",又录天库前。

郑戬(992—1053),字天休,苏州人,北宋大臣。郑戬的人品一直为吴人津津乐道。他早年丧父,学习十分勤奋。寓居京城时侍奉著名文学家杨亿,后又返回吴地。等到杨亿去世,其宾客弟子都四散离去,郑戬却兼程前往参加葬礼。郑戬精明能干,善于决断,喜欢出其不意,宽待平民,如果是豪门大姓,则惩治严厉,颇得各界好评。任开封府尹时,某小吏非法谋取私利,受贿,藏有禁书,郑戬彻底追查。供词牵连到宰相吕夷简,郑戬便逮捕吕夷简之子吕公绰、吕公弼。

天库前10号为市级文物保护单位武安会馆遗址。明清两代的500年中,当时的武安县在苏州的绸商自成一帮,穿梭于苏州和开封之间,专门从事丝绸生意,在苏州的绸缎业中具有相当的地位和实力。于是,他们在苏州集资建了会馆。武安会馆坐北朝南,占地约210平方米。中轴线上依次为影壁、头门、戏台、正殿。

门前的影壁为砖石结构。影壁两侧有大小相同的石拱门各两扇,高约2.5米,门在两侧。东侧门楼额曰"夕阳",西侧门楼所额之字已被涂没,正当我们深感遗憾时,一位与我等年龄相仿、从小住在此处的老先生走了过来,他告诉我们,原来是"朝晖"两字,于是我们心中豁然开朗。在苏州的大街小巷,有多少古迹已被破坏,有多少留存尚在苏州人的记忆中,唯愿我们这本书的出版能够唤起更多人对苏州街巷的保护意识,从而让苏州的历史底蕴润泽后代。

据笔者所知,战国时已有武安地名,位于河北邯郸城西数十公里。战国后期秦赵之间多次发生战争,秦将白起长平一役后曾被封为武安君,赵将李牧因保国有功也曾被封为武安君。秦统一六国后,置武安县。清代曾属河南,如今属河北邯郸,所以,会馆西部的那块界石标为"河南武安会馆"。

天库前14号之西就是向南的文衙弄。文衙弄因有状元文震孟的故居艺圃而得名。(详见拙作《姑苏名宅》)

天库前北侧"48-2号"是一条与之成"丁"字交错的向北的仄仄的小巷子,走到底就是盛宣怀的一处故居。(详见拙作《姑苏名宅》)

天库前北侧的76号为控保建筑"积善堂陆宅",此宅建于1935年,共有两组建筑,南面是三层的西洋楼,北面为中式附属三厢。原堂主陆氏为上海人,经营洋行生意。现南面正门的楼角两侧有界碑"积善堂陆"。据曾经进入的人说,楼内外的进口马赛克地坪图案很是与众不同。

天库前向西到底,与南北向的专诸巷交界处有一口花岗岩井圈的四眼公井,是苏州十大名井之一,井栏壁刻着"源源泉"等字样。该井水量充沛,水质甘洌,很长时间里,它是这一带居民主要的生活水源,淘米洗菜,饮用水全靠它。

"天库"早已无法查考,宋人郑戬的故居也已经不可见,巷口标志牌上的清末电报局的旧址也无处寻找。寻寻觅觅间,心头是满满的惆怅、失落。可是,如果恢复这一切,不就成了"新造的古迹"了?也许,无论如何选择,都是一种遗憾,都会顾此失彼,但愿记载的文字能够更好地打开后人了解苏州历史的窗口。

提示:最靠近的公交车站站名为"皋桥"。

泰伯庙

阊门内下塘街

　　阊门内下塘街是苏州城区西北部的一条街巷,东起河沿街,西接阊门横街,与东中市、西中市平行。陆肯堂、陆润庠故居位于阊门内下塘街北侧10号(详见拙作《姑苏名宅》),坐北朝南,门口挂有控保蓝牌和有关介绍的木牌。故居占地面积颇大,目前能辨出旧时规模的是两路。西路被称为"老状元府",实际上是陆肯堂故居;东路被称为"新状元府",应该是陆润庠故居。两路宅子各为七进,由一条陪弄隔开。一户人家,就出了两个状元,这在全国都是罕见的。其实,苏州文化底蕴深厚,有清一代,全国114个状元,苏州就占26席,因此,说苏州是状元的故乡一点也不为过。可惜的是,如今故居散为民居,甚是破落。

　　陆宅向西20来米,也是北侧,是著名的崇真宫。崇真宫创于宋政和八年(1118),由郡人黄悟微舍宅而建,道士项举之获赐额崇真圣寿宫。鼎盛时的道院有九殿十八阁,道众百余。曾有乾隆御笔碑刻"协天大帝",以及陆润庠《重修关帝殿记》等碑刻。民国时曾作为救火会使用。上世纪60年代初,苏州第二建筑工程公司拆除崇真宫的大部分殿宇,改建成办公大楼。北侧现散为民居,破败不堪,从尚存的屋宇可大致看到清代的建筑风貌。

　　面对崇真宫的就是崇真宫桥,桥南堍西侧有一口双栏古井——"真泽泉",

多年来为附近居民的"生命之泉"。(详见拙作《苏州古石桥》)

30号及其西侧的崇安里是一组民国建筑群,仿上海石库门弄堂房子。崇安里共五个门牌,为清末御医曹沧洲之侄曹惕寅所建,南北两端都有过街楼。

阊门内下塘132号是福济观遗址,坐北朝南。宋时为"李王祠",元至大四年(1311)重建时,才改称福济观。明景泰年间再建时设吕仙祠,以祭祀民间传说中"八仙"之一的吕洞宾。如今中路仅存山门及两庑。

福济观俗称神仙庙,每年的农历四月十四日,苏州人有一个"轧神仙"活动,实际上就是赶庙会,相传那天有可能遇到仙人吕洞宾,可以沾上些"仙气"。新中国成立后,"轧神仙"庙会中的商业活动重心逐渐演变成民间工艺品和花木交易为主。上世纪末,有关部门在阊门内南浩街复建了"神仙庙",自1999年起,"轧神仙"活动正式转移到了南浩街。然而,尽管如今神仙庙早已搬走,但百姓仍然在阊门内下塘街福济观旧址内设了一个香案,香火很旺盛。目前,这里是苏州市控保建筑。

阊门内下塘与南北向的中街路成"十"字交叉。交叉点的东北角是永丰仓船埠的旧址,永丰仓俗称老军仓,是明天顺八年(1464)知府在宋元古仓旧址上重建的。永丰仓船埠前的河道,由宽6米扩展到宽约30米,以便船只纵向停泊。清代,这里先后成为钱币厂、火药局、宝苏局、总捕同知署,辛亥革命后散为民居。

永丰仓船埠旧址

跨过中街路向东,阊门内下塘街有一条向北的小巷。这条小巷看似十分普通,却有一个惊艳的名字——紫粉弄。初来乍到的人,都会把它和胭脂联系在一起展开丰富的联想吧。其实,名字的由来还是和上面的永丰仓有关,因为永丰仓后来成为钱币厂,钱币厂铸币时用的沙呈紫色,这些沙粉遇风飞舞,弥漫在空中,这条巷子因此而得名紫粉弄。现在看来,其实是一种环境污染。

中街路西侧,阊门内下塘街的北侧100来米处有一条与之平行的文丞相弄,这是为纪念南宋末年文天祥(1236—1283)而命名的一条小巷。文天祥不仅是政治家,还是名垂史册的爱国诗人,"人生自古谁无死,留取丹心照汗青"这千古名句曾经激励了一代又一代中国人。文天祥曾任平江府知府,官至右丞相。这座小巷原有为纪念这位民族英雄而于明代建的文文山祠(文天祥号文山),后改为文山寺,故名文山寺前。又因文天祥南宋末年曾任丞相,故改称文丞相弄。这里原有潮音庵、云林庵、文山寺三所寺院,后合并为文山寺。遗憾的是,我们没能在寺内找到文天祥的塑像或画像。

阊门内下塘街紧靠泰伯庙的东围墙,有一条短短的向北的小巷"五峰园弄"。弄内朝西的15号石库门内,就是杨成故居五峰园,1963年被列为苏州市文物保护单位,2002年升格为省级文物保护单位。(详见拙作《姑苏名宅》)

阊门内下塘252号就是泰伯庙。泰伯庙是寻找苏州吴地历史、吴地文化源头的重要历史文化遗迹。泰伯三让天下之"至德",成为中华传统文化中"礼让""德行"的一个典范,应该说,这是苏州这座千年古城城市文明的一个缩影。早在东汉永兴二年(154),苏州郡守糜豹就在阊门外建庙,以奉祀泰伯。后梁乾化四年(914)吴越王钱镠将泰伯庙搬到阊门内下塘街。北宋元祐七年(1092)诏号至德庙。近千年来,泰伯庙屡毁屡建,但香火不绝。1982年,泰伯庙被公布为苏州市文物保护单位。2014年5月,泰伯庙经部分整修后向公众开放。如今的苏州泰伯庙,主建筑共两进。第二进就是正殿,额为"至德殿"。门外联曰:"肃肃清祀,烝烝孝思,让此丕基,虔恭在兹;昭昭至德,奕奕流芳,神祈蚤降,祝嘏陈辞。"上联中,"肃肃",恭敬的样子;"清祀",古代十二月腊祭的别称;"烝烝(zhēng zhēng)",在此处指孝德厚美;"孝思",孝亲之思;"丕基",巨大的基业;"虔恭",虔诚恭敬;"兹",此。下联中,"昭昭"与"奕奕"都有光明的意思;"神祈",神,指天神,祈,向神求福;"神祈"一作"神祇(qí)","祇"乃地神;"蚤",通"早";"祝嘏(gǔ)",祭祀时致祝祷之辞和传达神言的执事人等;"陈辞",诉说心里话。可见,这副对联旨在赞美泰伯的孝心与礼让精神,同时表示后人的崇敬之情。以此作为大殿的联语,内容上甚是恰当;但就"联"而言,内容上对仗不严,平仄也不甚合谐,实乃遗憾。

泰伯庙之西邻,就是吴门书道馆,展出三国、南北朝等各个时期大量苏州书法家的作品。笔者最喜欢的是孙过庭的《千字文》,这幅作品是书法艺术中的佼佼者。冯梦桢在《快雪堂集》中如此称赞:"余观《千字文》真迹,出入规矩,姿态横生,如蛟龙之不可方物,似从右军(王羲之)、大令(王献之)换骨来。"一般认为,只有恰到好处地通过用笔的"纵、横、牵、掣",提升书法艺术的表现力和审美层次,才能生动地表现点画形态的体势与生命感,提高书法的艺术内涵。相信爱好书法的朋友会在孙过庭作品的"点拨"下有所领悟,从而把练习书法当作是和生命对话的一种体验过程。

泰伯庙和吴门书道馆向西是仓桥,下跨河道名仓桥浜,河西小巷和它同名。

阊门内下塘街北向的339号为"翁万兴木桶",就"箍桶"(又名"圆作")这个古老的行业而言,如今苏州古城内只有两家店铺了,这是其中之一。这种手艺现为苏州市级非物质文化遗产传承项目。

阊门内下塘街西端与南北向的新马路成"十"字交叉。其北侧354号之西是民国时所建的谢氏别墅,1949年以后曾由苏州妇幼保健站、第五人民医院等单位使用,以后又是市外办下属的"阊门饭店"。1991年被列为市级文物保护单位,定名为"外五泾弄近代住宅"。

阊门饭店

阊门内下塘街的最西端,与阊门横街成"丁"字交叉。

沿着阊门内下塘街一路西行,无论是祖孙状元府邸的破败,还是永丰仓船埠的破损,或是两座道家宫观的现状,无不使人伤感。所幸的是,在吴门书道馆内,一场公益讲座正在进行。志愿者分系列介绍了很多关于苏州的历史知识,给孩子们打开了一扇文化的窗口。看着那一张张小天使的脸,我们从内心感到高兴,因为这些孩子是苏州历史文化的传承者,他们的身上寄托着我们的希望!

提示:最靠近的公交车站站名为"皋桥""中市桥"。

南浩街神仙庙

南浩街

南浩街是位于苏州城外阊门、胥门之间的一条南北向的街道,我们这里介绍的是它的北段,从金门路到阊门的一段。南浩街实际上应该是"南濠街","濠"就是护城河,苏州阊门外这一段护城河历史上被称为"南濠",临水之街由此得名,民国《吴县志》称南濠大街,《苏州城厢图》《吴县图》《苏州图》均标"南濠街"。由于长期被误写,如今,正式地名也成了"南浩街"。

1998 年,我们这里介绍的这一段南浩街实施全面改造,1999 年 4 月竣工。该段 600 米路面改铺花岗石,两侧沿街建有仿古商业门面房,并设置"南浩十八景"文化景点,供市民休闲游赏。

南浩街与"南濠"平行,南浩街的东侧,就是南濠西岸的万人码头。明清时苏州为省城,万人码头为各府、县要案罪犯转送省城的专用码头,所以称作"犯人码头"。民国后认为名称不雅,就改成了万人码头(吴方言中"万"与"犯"同音)。

1999年，在万人码头的石牌坊上，有关方面推出了一副17字对联的上联："三吴明清第一街，水陆两旺，驰誉五湖四海"，向海内外公开征集下联。由于此楹联平仄要求高，句中又有"一、两、三、四、五"的数字和暗嵌的六（陆）字，联意又要切合南浩街的特定风物，难度很大。据说曾收到数个国家和地区的应征下联6万多条，其中较好的有"百艺荟萃新八景，俯拾九华，流连万客千宾"等，但都未得到征集单位的首肯，所以，这座立于万人码头的牌坊至今只有上联，成为"南浩十八景"中最特殊的一景。

这段南浩街的最南端，就是金阊亭。金阊亭是一座八角重檐攒顶的亭子。据旧志载，汉代那个演绎"马前泼水"故事的朱买臣（详见拙作《苏州文脉》）被武帝任命会稽太守后回苏州（会稽郡郡治在苏州），群吏不知他是新太守，"与买臣争席，买臣出其印绶，群吏惭服"。事后，群吏怕得罪刚上任的顶头上司，便私下凑钱在阊门造了这座金阊亭，表示歉意。"金阊"也缘此得名。

金阊亭

南浩街586号为林则徐禁烟处。林则徐曾先后在苏州担任过江苏按察使和江苏巡抚。当时鸦片泛滥，苏州城内吸食鸦片者达数万人之多，而南浩街一带就是鸦片销售的集中所在。林则徐亲自到南浩街微服察访，惩治贩烟和嗜烟者。南浩街成了林则徐最初开始禁烟的地方。此处南向立林则徐塑像，右手持卷，左手支颐，做沉思状。林则徐塑像的对面墙上，就是"林则徐禁烟处"的说明。

南浩街649号之东，就是"吴门四才子"的汉白玉雕塑。吴门四才子，指明中后期生活在吴中地区的祝允明、唐寅、文徵明和徐祯卿。时下文史界在提及此四人时，大都将他们视为一整体，有的甚至将他们视为文学社团。

南浩街666号就是"南浩十八景"的核心景点神仙庙。苏州人一向有农历四月十四"轧神仙"的习俗，这个活动至今已有800多年历史。"轧"这个字在苏州方言里的意思就是挤,凑热闹。据说这一天是八仙之一的吕洞宾的生日,他会化身为乞丐或小贩,混在人群之中济世度人。而八仙中的其余七仙,也要前来祝贺吕洞宾的生日,也会变身混迹人间。那一天,苏州百姓大都会到神仙庙去上香,也会在人堆里挤来挤去,希望"轧"到那些神仙,给自己带来好运。农历四月十四前后的那几天,各路商贩都会来此设摊,而到这儿"轧"的人员摩肩接踵,会购买自己喜欢的小玩意儿,品尝自己喜欢的美食。"轧神仙"庙会现已成为苏州市民的狂欢节,列入国家非遗项目。

神仙庙占地500余平方米,外观粉墙黛瓦、花边滴水。四周饰有狮子、护卫神像等,形态逼真。庙共有三进,头进为正山门,东侧供奉慈航,西侧供奉财神。山门中的那副楹联"持身正大见吾不拜又何妨;心存邪念任尔烧香无点益",平仄上实在乏善可陈。从内容上看,这副联给每一位来此烧香拜佛的人发出了忠告:这世上的事都是一种因果,种下善念,修身养性,方能结下善果;若违逆初心,丧尽天良,即便日日烧香,也终究难逃心魔,夜不能寐。过庭院为正殿"吕祖殿",当中的吕洞宾神像威严肃穆又慈祥可亲。殿脊筑以鱼龙吻,南面书"风调雨顺",北面书"国泰民安"。殿后为附房。神仙庙虽不算大,但建筑雄伟,以崭新的面貌展示在苏州市民和广大信教群众面前,它既是广大信教群众宗教生活的场所,又是众多市民和游客休闲旅游的场所。

南浩街的最北端,有一座状元亭。亭子后壁镶嵌着一块石刻的"姑苏历代状元名录",上面共录有苏州籍状元五十名,其中四十五名文状元,五名武状元。幸运的是,这里的"丑"年之"丑"书写准确,据说玄妙观文昌大殿的那份状元名录就是从此处抄录过去的。估计抄写者认为此处的"丑"未写成"醜"是"没有文化",所以闹出了大笑话。

徜徉在南浩街上,不由想到一个问题,神仙庙始建于南宋淳熙年间,原称福济观,在阊门内下塘132号。每年的"轧神仙"活动,都会在以神仙庙为核心的苏州阊门地区附近举行。上世纪80年代在吴趋坊,后来搬到中街路举行,1999年神仙庙移建于南浩街后,"轧神仙"庙会就改在南浩街举行了。随"点"而动,这或许就是民俗活动的特征之一吧。

提示:最靠近的公交车站站名为"上塘街""广济桥(石路)""皋桥",轨道交通车站为"石路"。

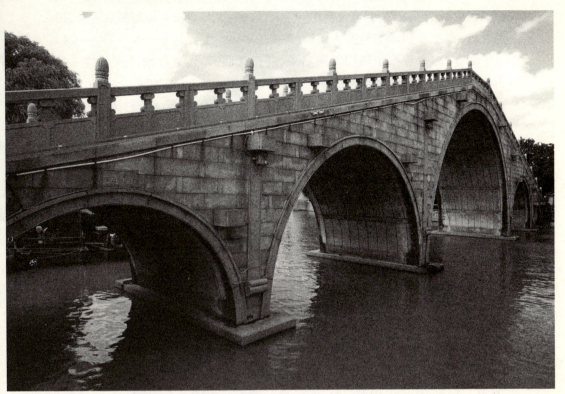

新五龙桥

北码头

"五龙汇阊",是苏州阊门外的一道靓丽的风景。所谓"五龙汇阊",是指纵横交错的五条航道在此交汇,形成繁忙的交通。这五条河流呈放射状,有护城河南濠、护城河北濠、寒山寺旁京杭大运河古道上塘河、通往虎丘的山塘河以及城内的中市河。这五条河流分别从五个方向汇聚于此。优越的地理位置,让此地藏风聚气,因此,吸引了大批的商贾。明清时期这一带曾经是全中国最繁盛的商业街区,直至民国的时候,各地钱财还依然源源不断地"汇阊"。

阊门附近过去有六座著名的码头:环城河东侧沿城的南码头、太子码头、北码头,城内中市河西端的盛泽码头,城濠西侧的万人码头,山塘河西岸的丹阳码头。苏州人用来夸耀见过世面时说的"闯过三关六码头",其实不过是从阊门到枫桥走了一圈,但也说明在这个范围内有来自全国各地的经商人员、三教九流、文人武士,常与这些人接触,自然见多识广了。

如今,苏州重振了阊门石路商圈,阊门之西、吊桥之北的民国风情一条街——北码头开街迎客。

阊门北码头曾是苏州水陆交通要冲,后来一度没落,但如今它又作为商业步行街成了苏州市民怀旧休闲的好去处。

北码头最南端有一座颇有气势的牌楼,南向联曰:"南北水流通御气,东西市响接榜歌"。上联从视觉的维度说出了阊门的气势,"御气",指阊门的地理位置,"子胥乃使相土尝水,象天法地,造筑大城。……陆门八,以象天八风;水门八,法地八聪。……立阊门者,以象天门通阊阖风也";下联从听觉的维度说出了阊门的繁华,"榜歌",船歌,意为市场的声响连接着船上的歌声。北向联曰:"三更市贾何曾绝,四远方言总不同"。上联写出了阊门

北码头入口

甚至到半夜的繁华,三更天还有商业买卖;下联指汇聚在这儿的人士来自四面八方,与"五龙汇阊"暗合。

牌楼向北就是探桥,探桥南北向,跨越内城河的城门外段。探桥因古代守城军队在此侦探敌情而得名,是明朝初年修建月城时建造的,民间不懂将"探"误作"坍",所以一度称为"坍桥"。清朝嘉庆二十年(1815)重修,原为石拱桥,1966年改建为水泥平桥,跨度为4.8米。

离牌楼一两百米处,有一座宏伟的五龙桥与吊桥平行,横跨北濠直达城西。这座五孔桥高大宏伟,可与城南的五龙桥媲美,但受重视程度远远超过了城南的五龙桥(详见拙作《苏州古石桥》)。

北码头紧靠城墙的是蔡金兴砚雕艺术馆。中国"四大名砚"中,澄泥砚是唯一以沉淀之泥人工烧制而成的陶砚,但苏州澄泥砚虽然名为"澄泥砚",实际上仍属石砚,用产于藏书嵝村的页岩雕琢而成。如今,作为"文房四宝"的砚台

的使用价值越来越小,砚雕逐步向艺术化发展,成为雕刻艺术中的一个新兴门类。

朝宗阁

与北码头一河之隔的有一座朝宗阁。明太祖朱元璋对东南百姓支持张士诚守城的行为恨之入骨,他在洪武元年至三年(1368—1370)这段时间内将张氏部属、苏松富户及贫民强迫迁移至江淮之间,达24万余户,这段历史正史无载。改革开放后,苏州市地方志办公室接到众多信访,参阅了大量资料与宗族家谱,才解开了这段迁徙谜团。

苏北、淮北上百支大族有着"梦回苏州"的传家故事和"家在苏州老阊门"的祖训。当年被朝廷驱赶,在阊门登上航船,背井离乡走上不归之路,一路泪水洒满运河。苏州文史工作者将这段故事定名为"洪武赶散"。这个历史的悲剧同时也将苏州发达的文化、高超的手艺及高明的经济策略向远方拓展,对明代全国经济的发展起了重要的推动作用。2009年,苏州在阊门外北码头的河西建造了八角重檐的"朝宗阁",吸引了全国各地来苏州寻根的原籍乡亲。他们来到此地热泪盈眶——终于看到了祖先的故乡。朝宗阁内八面墙上展示着明初被迁走的宗族姓氏及分布状况。于是,这就形成了苏州旅游文化中一个崭新的活动"阊门寻根",且参与人数逐年增长。

如今的北码头已经不是传统意义上的码头,是一条南北走向的民国风情街,这条街的南段,曾名"北童梓门",其西侧就是和它平行的过去的太子码头,如今的环城健身步道。每年,苏州知青文化研究会都要在这条健身步道上进行徒步行走的锻炼活动。或许,这些当年的老知青看着河对岸的朝宗阁,会思绪万千吧。

提示:最靠近的公交车站站名为"阊门横街""皋桥"。

太平坊清真寺

石　路

　　石路,既是苏州古城区西北部的一条复杂的商业名街,也是附近商圈的通名。

　　1895年《马关条约》签订,苏州等四城市被列为通商口岸,为了在对日本开放之前先发制人,两江总督张之洞与苏州籍官绅陆润庠等密商,决定提前在阊门外、胥门外、盘门外三地各设商铺,予以开发,此举得到盛宣怀的支持。由于石路这一带水陆交汇,人口众多,得以首先发展,一时间商户密集,购销两旺。1911年,清末工部左侍郎、会办商约大臣盛宣怀为方便居住在天库前的家眷来往留园,特地用碎石筑了一条道路,这就是石路。

"老苏州"都知道,就街道而言,石路有"老石路"与"新石路"的区别。"老石路"呈"丁"字形,"丁"的一横南北向,从如今的金门路到吊桥西堍上塘街,这段路如今为阊胥路的一段;"丁"的竖勾为从如今的八仙雕塑向西到鸭蛋桥的一段。"新石路"为"十"字形,其一横东西向,以"老石路"的竖勾为基础,经过鸭蛋桥再向西部延伸,并进原来的一段"大马路",直至广济路;其一竖为南北向,从如今的金门路永福桥北通过鸭蛋桥到上塘街。

　　老石路一横的西侧,如今的阊胥路 699 号为"公大文化用品商店","公大"的文化用品价廉质高,笔者犹记幼时为了两毛钱的差价,特地与几个同学步行近一个小时到此购买篮球的往事。

　　公大之北,是一条向西的小巷"太平坊",太平坊北侧 29 号是一座清真寺。这座清真寺距今已有 70 余年的历史了。苏州市内原有数座清真寺,"文革"中基本都被拆除和占用。现仅恢复太平坊寺一座,作为开放的宗教活动场所,由苏州市清真寺保管委员会管理。这座清真寺现有石碑 12 块,都为明清时所立,最早的为永乐五年所镌。其中有的是圣谕碑,有的是官府告示,也有的是穆斯林建造礼拜寺的名单与捐款数。这些碑刻对研究伊斯兰教传入苏州的历史具有重要的参考价值。

　　"新石路"的中心就是跨越淮阳河的鸭蛋桥。淮阳河南北向,原名鸭蛋桥浜,这里原来是鸭蛋市场的集散地,运送鸭蛋的船只停泊于此,故称"鸭蛋桥浜",桥名沿用浜名。后来,有好事的文人认为"鸭蛋桥"太俗,根据吴方言的谐音,将之改为"阿黛桥"。关于"阿黛桥"的名称,另有一个民间传说。相传海瑞在苏州任职时,曾在吴淞江治水。当时,负责开挖河道的管事叫朱效儒,为保住自己的田地,擅自改动河道走向,挖掉一个名叫朱宏根的人的土地。朱宏根一气之下,投河自尽。朱宏根的女儿阿黛,误把怨气撒在海瑞身上,她在山塘街行刺海瑞被捉,举刀自裁未成。海瑞了解详情后,将朱效儒发配充军,收阿黛为义女。苏州百姓深感海瑞贤明,便将阊门外新建的一座小桥定名为"海公桥"。海瑞得知后,谦恭地亲自改为"阿黛桥",用以表彰义女阿黛的孝烈。现桥为 2003 年石路步行街改造时新建,但桥栏上却镌刻着"鸭黛桥",本意或为"雅俗共赏",实际上闹出了天大的笑话。

　　鸭蛋桥向东,就是"新石路"与"老石路"重叠的一段,最为著名的就是北侧的"亚细亚商厦"。这个大型购物中心内商品琳琅满目,应有尽有,是苏州市民休闲娱乐的好去处。

　　鸭蛋桥向西的石路南侧,原来的邮局如今成了新世纪大酒店,高大巍峨,为石路商圈的地标性建筑。

鸭蛋桥向南的一段石路，实际上是利用淮阳河的优势建成的一个南石路广场。苏州人说，这里有两条淮阳河，一条是真正的淮阳河，通过广场的地下，向南直达永福桥。另一条是景观河"新淮阳河"，在地面上，与四周的高楼大厦、花草树木构成迷人的美景。石路国际商城就在广场的东侧。

永福桥的西南面，就是南兵营了。清咸丰十年(1860)，阊门遭到了前所未有的劫难。5月李秀成打破江南大营，率太平军一路向东南进攻，兵临城下。总兵马德昭率兵勇守城，马认为阊门城外民居利于敌军攻城，便下令烧毁沿城民居。他的部下乘机挑南濠、上塘、山塘等"市廛殷实处"放火，并趁火打劫，一场人为的大火将阊门一带的大片繁华地区烧成废墟，火三日不绝。同治二年(1863)12月，李鸿章率淮军和洋枪队重占苏州，将其兵营设置于上塘河南岸的火后废墟上。以后的北洋政府、国民政府、日伪政府都将此兵营沿袭使用。新中国成立后，这里也成了解放军的驻地，仍称之为"南兵营"(北面另有"北兵营")，成了全市人民的安防保障。

新世纪大酒店

鸭蛋桥向北，石路沿着淮阳河的西岸一直可通到上塘街的普安桥。(详见拙作《苏州古石桥》)

作为商圈的石路交通四通八达，往新区、园区、吴中区、观前街、火车站、汽车客运北站等主要活动场所都比较通畅，渐渐地，它成了仅次于观前街的闹市。如今，一年四季去石路，都会看到游人如织，恐怕盛宣怀等无法想象百年后的石路竟如此繁华吧。

提示：最靠近的公交车站站名为"上塘街""广济桥(石路)"，轨道交通车站为"石路"。

第十单元　山塘历史文化街区

- 山塘街——渡僧桥到新民桥
- 山塘街——新民桥到彩云桥
- 山塘街——彩云桥到青山桥浜
- 山塘街——青山桥浜到西山庙前
- 渡僧桥下塘

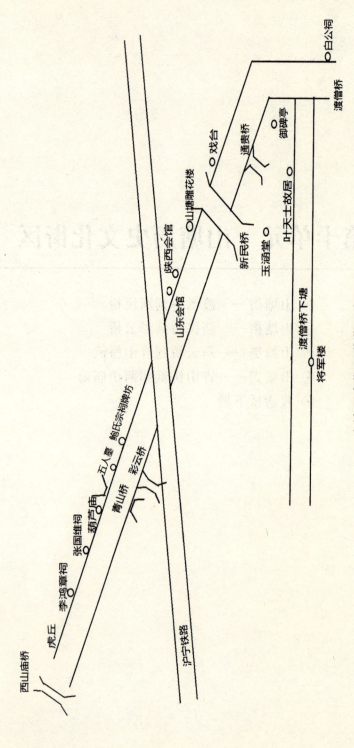

山塘历史街区游览示意图

白公祠

山塘街——渡僧桥到新民桥

山塘街位于苏州古城西北,东起红尘中"一二等富贵风流之地"的阊门,西至"吴中第一名胜"的虎丘之西,全长约 3 600 米,约合七华里,故称"七里山塘到虎丘"。清乾隆年间,著名画家徐扬创作的《盛世滋生图》(也称《姑苏繁华图》)长卷,画了当时苏州的一村、一镇、一城、一街,其中"一街"画的就是山塘街,展现出"居货山积,行云流水,列肆招牌,灿若云锦"的繁华市井景象。如今山塘街为国家 AAAA 级景区。

山塘街因白居易所开山塘河而得名。白居易(772—846),字乐天,号香山居士,是唐代伟大的现实主义诗人,与元稹共同倡导"新乐府运动",世称"元白",又与刘禹锡并称"刘白"。因为他曾任太子少傅,所以世人称之为"白少傅"(详见拙作《苏州文脉》)。唐宝历元年(825),白居易来到苏州任刺史(相当于今天的市长)。为便于苏州官宦百姓往来虎丘,对苏州城外西北河道进行疏浚,利用自然河浜开挖成从阊门外护城河直达虎丘山麓的直河,称山塘河。又把挖出的泥土填堆成长堤。长堤宽阔成路,也直通虎丘。当时虎丘称武丘,山上有武丘寺,故诗人笔下直称这条新路为"武丘寺路",后人改称"白公堤",这就是后来的山塘街。山塘街呈东南向西北走向,而新民桥附近的山塘街指路牌,将山塘街标为南北走向,是因循了渡僧桥开头的一段,实际上很不合理。为了叙述的方便,也因为山塘街总体上由西向东,故我们这个单元凡涉及山塘街主体部分,都权作东西走向处理。

本篇介绍的山塘街,东起渡僧桥,西至新民桥,这是目前山塘街最热闹的地段,也是山塘街修复的第一期工程。

过去的山塘街,东部的起点是外城河的西岸,北拐的小巷叫"腌猪河头"。如今,起点在渡僧桥(详见拙作《苏州古石桥》),也就是说,山塘街从渡僧桥开始先向北100来米,过了横跨山塘河的第一桥山塘桥,左拐一直通向西北。

山塘街东侧2号之北,就是"唐少傅白公祠"。苏州人民为了纪念白居易挖山塘河修山塘街的功绩,在他离开苏州后就修建了白公祠,白公祠在太平天国占领苏州时被毁,现在的白公祠是2006年重新修建的。白公祠门楣上挂着"唐少傅白公祠"的牌匾,两侧八字院墙上分别写着"山塘始祖""乐府诗神"两幅大字。大门内是四合院的布局,进门就是一座白居易青铜塑像,右手下垂执卷,左手抬须,目光炯炯。雕像身后是内堂,门前抱柱联为:"五水汇阊门,千年仍咏江南好;一堤连虎阜,百姓犹思白傅贤"。走进室内,正面屏风上挂有一幅《白居易为民修山塘图》,案几上置放着一尊白居易汉白玉头像。

过了山塘桥,山塘街左拐通向西。就在这个拐角之处的南侧,有一座乾隆皇帝的御碑亭。正面是乾隆亲题的"山塘寻胜"四个大字,碑阴有御诗一首,诗文如下:"阊门西转历山塘,寻胜云岩春载阳。崔巍峰容真虎踞,荒唐剑气幻鱼肠。司徒文学应称独,洗马风流不可当。高处纵眸喜有在,近逢绿麦一方方。"不知何故,诗碑正面的"山塘寻胜"四字与背面诗中首联上句最后两字与下句的开头两字共四字"山塘寻胜"一模一样。我们知道,一个人写同样的字,不可能两次一模一样。

山塘街北侧88号为冈州会馆。冈州会馆为康熙十七年(1678)冈州商人所创建,距今已有330余年历史。会馆一般是中国明清时期都市中由同乡或同业组成的团体所建。在清朝康熙、乾隆年间,苏州是我国东南部最大的商贸中心,是我国历史上行会制度最为发达的城市之一。苏州的大多数会馆,是以工商业者、行帮为主体的同乡会馆。各地商人纷纷在山塘街建立自己的会馆,最多时,在山塘街就有会馆18处。冈州也即今广东省新会县,曾因盛产芭蕉扇而著名。历史上,冈州商人在江浙沪经销芭蕉扇(蒲扇),会馆内常常商贾云集,人流交错,生意十分兴隆,所以苏州人也将之称为"扇子会馆"。山塘街冈州会馆虽历经沧桑,但原址保存较好,依然可看到旧时的繁华。而今,冈州会馆已成了"闲人免进"的高档会所"山塘府邸"了。

山塘街北侧136号为岭南会馆。岭南会馆为明万历年间(1573—1620)广州旅苏商人所建,是苏州最早的会馆之一。现存为清代重建的头门三间,屏风墙硬山顶,高约10米,八字墙抛枋饰以砖雕。

山塘街154号为"安泰救火会"旧址。由于山塘街民宅、商肆密集,街巷狭窄,一旦失火,后果不堪设想。所以,山塘街的商户自发组建了民间的消防机构"龙社"。1925年,当地市民在山塘街创建了同样作为民间消防机构的安泰救火会。在山塘街保护性修复中,利用安泰救火会旧址开设了消防宣传教育基地。于是,现在的安泰救火会旧址还是一个教育基地。在一楼的陈列馆中摆放了旧时灭火用的头盔、火钩、木桶等器具,还制作了形象逼真、栩栩如生的消防员奋勇灭火的泥塑。如今,二楼为"谭金土老照片收藏馆"。

安泰救火会路南,就是跨越山塘河的第二桥通贵桥(详见拙作《苏州古石桥》)。在此桥的北堍东侧,有一只青石狸猫正安静地蹲着。相传明朝初立时,朱元璋放心不下曾是张士诚大本营的苏州,他的军师刘基(刘伯温)发现山塘河横贯在白堤旁,状如卧龙,便造了七座桥锁住这条"龙",同时,又设置七只石狸猫蹲在山塘街上,任务是看守这七把"锁",因此,苏州民间许多人把"七里山塘"叫做"七狸山塘"。1958年时,这七只狸猫被取走烧石灰。如今,又重新置放了七只石狸,通贵桥畔的称为"通贵狸",尽职地保护着通贵桥。

跨过通贵桥向西南,就是相连的东杨安浜和西杨安浜。民国时该处多为窨制花茶的加工场所。东杨安浜2、4、6、8号,俗称"阁老厅",乃明代南京吏部尚书吴一鹏宅第"玉涵堂"

通贵狸

山塘戏台

(详见拙作《姑苏名宅》),如今为江苏省文物保护单位。

山塘街北侧 176 号为古戏台。然而这座戏台不是山塘街的历史遗构,而是由齐门外的清代安齐王庙整体搬迁移建而来的建筑,是苏州城内唯一的沿街开放式的古戏台。戏台为两层,底层高约 3 米,有窗户封闭;二层才是真正的戏台。每每看到有演出的时候,总会想起伊农的诗作:

衣袂飘飘的戏台上/才子佳人们生死缠绵的旧事/被昆曲长长的水袖/舞得泪水涟涟

戏台的路南,就是山塘河的游船码头。乘上画舫,一路向西观赏山塘河与山塘街的全貌,确实别有一番滋味。

山塘街 192 号为汀州会馆。汀州会馆原址在上塘街 285 号,康熙五十七年(1718)福建上杭纸业旅苏众商集资创建,光绪年间(1875—1908)重建。新中国成立后,汀州会馆大门、戏台被毁,仅存两进三开间殿宇,被用作物资局仓库。2003 年汀州会馆从上塘街整体移建至山塘街,2005 年在此布置为苏州商会博物馆开放。

博物馆向西,就是新民桥了。犹记当年此段山塘街刚整修好时,这里设了铁管栅栏,要进山塘街,留下买路钱!后来,由于被动员到这段山塘街开分店的苏州老字号店主一致反对,这段山塘街才让普通百姓通行无阻。

山塘街以其独特的地理位置、优越的水陆交通条件和独具特色的街区风貌,成为苏州古城的独特资源和文化旅游的特色名片。2008 年,山塘历史文化街区荣获"中国民族建筑事业杰出贡献奖";2009 年荣获"纪念改革开放三十周年苏州民心工程";2010 年荣获"中国文化遗产保护典范单位",被评为"中国历史文化名街";2015 年被国家住建部、文物局评为首批"中国历史文化街区"。

提示:最靠近的公交车站站名为"上塘街""广济桥""市立医院北区",轨道交通车站为"山塘街"。

陕西会馆

山塘街——新民桥到彩云桥

我们介绍的这段山塘街,是从新民桥到彩云桥的一段。

新民桥连接苏州阊门外广济路,横跨山塘街和山塘河,1927 年建造,1966 年重修。现为三孔水泥桥。桥下中孔跨度 8 米,山塘河在此穿过。两侧旱孔跨度各为 3.5 米,在山塘街和通贵桥下塘行走的人们分别从两侧旱孔通行。这是苏州最早的立交桥。

山塘雕花楼许鹤丹宅位于山塘街 250 号,门上砖额"山塘雕花楼"乃罗哲文所书,楼下是主厅"福祉堂",东廊雕全本《梁祝》,西廊雕《西厢记》,楼上回廊雕《白蛇传》。另有戏台一座,台上两侧雕《牡丹亭》,台下则雕《长生殿》。许宅两落五进,雕饰精美,第三、第四进所有扁作梁架、枋子、夹樘板、搁栅、挑沿、栏杆、门窗、挂落、插角、飞罩等200余件木构件均施以雕饰,尤其是走马楼以厢房围合,楼面挑出78厘米宽阳台回廊,廊檐下各悬花篮,使走马楼显得轻盈富丽。整个建筑中最高的更楼有4层12米高,可以登楼远眺虎丘。

山塘街南侧329号是荣阳楼面馆。荣阳楼是苏州人颇喜欢的"点心"店。里面的生煎、汤包、面、馄饨、糕和团子,味道"依旧"。而它对门阿坤卤菜店的猪头肉,每天必须排队才能买到。

338号之南是星桥。星桥一带,是昔日山塘街最为热闹的地段。(详见拙作《苏州古石桥》)

北侧374号是天和药铺。这座宅子砖雕门楼后就是楼厅,扁作梁架,双翻轩,外面走廊是鹤颈一枝香轩,里面的是船棚轩。

388号之东就是白姆桥。白姆桥原名泰定桥,因吴语"姆"与"马"同音,故又名白马桥。一般认为初建于白居易筑白堤时,为单孔石板桥。桥名的来历有两个版本。一说白居易在组织开挖山塘河时,他的女儿关心父亲,常送饭到此。古代妇人能师者被尊为"姆",白居易女儿至孝,可为妇人之师,故名"白姆桥";一说,白居易的白马常拴于桥头,故名白马桥。

山塘街454号清末民初建筑"某宅"为控保建筑。我们从东侧的陪弄进去,看见里面前后两组走马楼。住在这里的一位阿姨说,只知道过去的房主在上海。

480号汪氏义庄也是控保建筑。"汪氏义庄"创建者汪士钟(1786—?),字春霆,号阆源,清代苏州人。其父汪文琛,因经营益美布号而致富。汪士钟喜读书、藏书,官至户部尚书。并曾经商,名驰滇南、漠北。汪氏义庄原来为五进,如今存四进,依次为头门、仪门、享堂和堂楼。从檐下的一斗六升牌科,可推测当年的豪华。现在,这里住满了居民,享受着"古宅新居"的平静生活。

山塘街502号是郁家祠堂,始建于清末,1924年重建。坐北朝南,现存两进。第二进为享堂,面阔三间9米,进深7.7米。梁架圆作,前有鹤颈式翻轩,花岗石鼓墩柱础。这座祠堂先被改为大德小学,后成为山塘中心小学大德分校,现已在改建为山塘影视基地。

陕西会馆位于山塘街508号,这座会馆又称全秦会馆、陕甘会馆、雍秦会馆和雍凉公墅。根据"苏州新建陕西会馆记"碑刻记载,陕西会馆为乾隆二十年(1755)始建,二十六年(1761)完工。原有殿宇楼阁山水园林,现仅存偏殿三间,另有明代青石覆盆式大殿柱础四只。会馆门墙显然是新近修复的,牌楼门上有精美的磨砖雕刻,檐下饰磨砖斗栱,秀雅中透露沉厚。门楼贴面采用大幅砖雕梅兰竹菊，门楼正中有"敦乡睦里"等字样，然而，这四字书写也犯了误用繁体字的错误，将"邻里"之"里"写成了"里外"之"裏"。

东齐会馆又称齐东会馆、山东会馆，位于山塘街552号。顺治年间（1644—1661）胶州、青州、登州三地旅苏商人创建，乾隆年间重修，咸丰十年（1860）毁于兵火。现残存门墙、旧屋和碑刻。馆内尚有旧屋5间和雍正、乾隆年间记述重修会馆事的碑刻各1通。碑载会馆有山东商号290家。咸丰十年遭兵燹后未能恢复，现存大门两旁高墙以及工艺精湛

东齐会馆

的雕镂。明显看得出这座门楼当中部分为新修建的。

山塘街576号是张夷的"花石溪"，这是一座精巧的小园林。张夷是南社名宿陈去病的外孙，如今这里是苏州市南社研究会。

紧靠"花石溪"西侧的就是桐桥。（详见拙作《苏州古石桥》）

桐桥之西，靠近北环立交的就是吴中贝氏纪念馆。这里原为明礼部儒士贝启祚妻贝程氏节孝祠。前后祠宇分别于1969年筑京沪双轨铁路及1998年建北环路时被拆除，仅存"节孝"牌坊一座。2008年5月，金阊区政府按照原祠堂规制启动修复和陈列展览，于2009年9月完成，现设为"吴中贝氏纪念馆"，陈列有贝氏家谱、贝氏世系图、贝氏杰出人物介绍、贝聿铭先生简介及贝聿铭10大著

贝氏纪念馆

名建筑图片等。如今,这里已成为贝氏后裔思祖忆亲之地,成为生动形象的传统美德教育之地,成为七里山塘这条"中国历史文化名街"中的重要历史文化节点之一。

这段山塘街,如今挂出了整修的牌子,确实如此,不少工人正在翻修路面,颇有轰轰烈烈的样子。我们的担忧是,翻修后的这段山塘街,是修旧如旧,还是面目全非!这取决于一二决策者。就微观来说,不要让"邻里"变成"邻裏"。

提示:最靠近的公交车站站名为"市立医院北区",轨道交通车站为"山塘街"。

葛贤墓

山塘街——彩云桥到青山桥浜

我们本篇介绍的是从彩云桥到青山浜的一段山塘街。彩云桥跨山塘河,意为美如彩云之桥。由于彩云桥位于山塘街半塘,故又名半塘桥。原为木板桥,始建于宋天禧四年(1020),政和元年(1111)重建为石板桥。明嘉靖年间(1522—1566)重修。清初,南堍毁坏,康熙三年(1664)重修。1955年改建成石板木栏桥。如今桥梁为钢筋水泥,桥栏砖砌,上压抹角石条。

关于半塘,流传在苏州民间的一个故事颇有情趣。一次,苏州才子唐寅和祝允明沿着山塘街去虎丘游玩。这个"山塘"约有七里长,中间有个地方叫"半塘"。祝允明吟出了这样一个上联"七里山塘,行到半塘三里半"。这个上联看似简单,却暗藏玄机,七里地的一半就是三里半,而这个半塘恰好还是一个地名。唐寅一时语塞,没对出来。后来,游玩到一个叫做九溪洞的地方,方才对出下联:"九溪蛮洞,经过中洞五溪中",九溪的正中刚好是五溪,而中洞的位置正好是四溪半。

从山塘街 700 号开始,两侧连续出现多座控保建筑石牌坊。有一座古老的牌坊虽然"藏"在人家家里,但还是从屋脊上露出了峥嵘。可惜的是,由于用的是武康石,已经风化了很多。

古牌坊

728 号为控保建筑敕建报恩禅寺。建于清雍正八年(1730),初为康熙十三子怡亲王允祥祠,俗称"十三阿哥行宫"或"王宫"。怡亲王允祥与雍正最为友善,竭心辅助,总理户部。去世后,雍正大为悲恸,命奉天(沈阳)、直隶(北京)、江南(苏州)、浙江(杭州)各为怡亲王立祠。乾隆十六年(1751)改为报恩禅寺。现仅存山门及殿宇三间。山门为砖砌三间三楼一拱门牌坊式,两侧八字墙,临街面河,甚是雄伟。

山塘街 734 号路南就是普济桥(详见著作《苏州古石桥》),普济桥向西,就到义风园。

义风园位于山塘街 777 号,曾是阉党为魏忠贤建造的"普惠生祠"原址。魏忠贤死后,复社人士扒掉魏忠贤生祠,把为保护东林党人周顺昌而献身的颜佩韦等五义士公葬于此。五人墓西侧是守墓人葛成之墓。

明万历二十九年(1601),太监孙隆受派到苏州增税,他私设税官,擅立关卡,横征暴敛,民怨沸天。又逢水灾,桑蚕无收,丝价腾贵,机户杜门罢织,万余机匠失业,聚集街头,一场以手工业工人为主体的抗税斗争一触即发。

葛成(1568—1630)是我国明代资本主义萌芽时期组织我国历史上第一次

工人罢工反增税斗争的领袖。他于万历二十九年(1601)六月初三,在玄妙观"手执蕉叶扇,一呼而千人响应","若狂三昼夜",焚毁税官居室,杀死税官黄建节等,吓得税监孙隆不敢回太监弄住处,逃窜至杭州。葛成率人又将为虎作伥的地痞汤莘打死,一时人心大快。当取得抗税胜利,正待复工之际,官府派兵镇压,四处搜捕为首者。葛成挺身而出承担责任,被关押13年。出狱后,吴人敬若神圣,尊称为葛贤、葛将军。葛成因敬仰"五人"高义,自愿为他们守墓,崇祯三年(1630)病殁,众人将他葬在五人墓侧。

葛成墓门和享堂今与五人墓通用。墓冢坐东朝西,长方形,四周以条石围护,东距五人墓冢仅2米,墓碑"有吴葛贤之墓"为文震孟所书。

1956年五人墓与葛贤墓都被列为江苏省文物保护单位。

义风园的西北角,有一座白公堤石幢,白公堤石幢俗称方碑,作方柱体,由基座、幢身、幢顶三部分组成,通高3.16米。幢身正面镌有《重修白公堤记》,叙述万历三十八年至三十九年(1610—1611)重修白公堤的经过,赞颂木铃和尚发愿募化修堤的精神和长洲县知县韩原善带头捐俸助修的善举。背面上镌木铃和尚所线描大势至菩萨像,下刻木铃与捐助修堤功德人姓名,有申时行、张凤翼、文震孟、冯时可、刘弘道等千余人,然字迹现已模糊,大部分难以辨认。左侧面为五百尊者线刻像,题刻"弟子周廷策拜写,木铃衲子勒石"。左侧面镌薛明益所画寒山、拾得像,上方有陈元素和薛明益所书寒山子诗。这座石幢原在白公堤上,1982年移于五人墓园内并被列为市级文保单位。

义风园向西就是纵向的青山桥(详见著作《苏州古石桥》)。青山桥下就是向北的小河青山桥浜,长约100米,宽3米左右,呈"U"形,两头连接山塘河。然而,笔者在这里想到的却是"山","青山有幸埋忠骨",五人与葛成得以埋骨"青山"之旁,幸也!

提示:最靠近的公交车站站名为"虎丘首末站"。

西山庙桥

山塘街——青山桥浜到西山庙前

  青山桥浜的西岸,紧贴着的就是普福禅寺。这座普福禅寺很小,山塘街上了年纪的人们大多听自己的长辈说过,普福禅寺因供奉相传为崇祯皇帝的朱天菩萨,俗称"朱天庙"。寺院沿青山桥浜建造,只有前后两殿,中间是一方狭长的天井,形似葫芦。据考证,这就是曹雪芹《红楼梦》中的葫芦庙的原型。

  《苏州日报》载,住在山塘街青山桥浜的老汤,在普福禅寺的修造过程中曾主动捐出了一块收藏了几十年的旧石碑。这块石碑上除了刻着"普福禅寺"四个大字外,另有"住持广慧募建,民国乙亥年荷月立"等字样。关于石碑的来历,老汤介绍说,"文革"时,有一天他在青山桥浜一座废弃石牌楼中的乱石上发现了这块旧石碑,并叫人抬回家中。以后,就一直放在他家大门口的井台旁。几十年来,常有收旧家具的看到石碑会出高价诱惑老汤出售,但都被老汤拒绝,他说:"我们生在这里,长在这里,对这里的一土一物都很有感情"。

普福禅寺

普福禅寺之西,就是与青山桥"配对"的绿水桥了。(详见拙作《苏州古石桥》)

张国维祠

山塘街800号是张国维祠。张国维(1595—1646),字玉笥,浙江东阳人,明天启二年(1622年)进士,授番禺知县。兴办学校,组织农桑,以德化民。崇祯七年(1634年),升任右佥都御史,曾任应天、安庆等府的巡抚。其间疏浚河道,修堤筑坝,为百姓干了不少好事。明亡后,张国维曾拥鲁王朱以海监国。后来,总兵方国安叛降,午夜,张国维穿戴衣冠,向母诀别,从容赋《绝命书》三章,投池而死。后人在苏州山塘街建造了张国维祠怀念其治水之德,崇敬其气节之隆。

1909年11月13日，陈去病、柳亚子等十七人雅集于张国维祠，成立"南社"，"南社"名称的含义是"操南音而不忘其旧"，"南者对北而言，寓不向满清之意"。南社是近代中国分布最广、领域最多、持续最长、影响最深，具有鲜明的革命倾向和政治色彩的先进文化团体，可谓天下第一社。

山塘街815号为李氏祇遹义庄。朝南四进，即头门、仪门、祠堂、堂楼，均为三开间。

山塘街830之东是一条花园弄，因弄内住着很多种植花树者而得名。

李鸿章祠位于山塘街845号。乾隆时，这里原为蒋重光塔影园。嘉庆二年(1797)知府任兆炯购置建白公祠，奉祀白居易。光绪二十八年(1902)巡抚恩寿奉敕为李鸿章在此建祠，亦名"靖园"。一度为苏州高等幼儿师范学校。现存头门、仪门、享殿及望山楼、塔影池、三曲桥、假山……

李鸿章(1823—1901)是中国近代史上最有争议的人物之一，在不同的时期，从不同的角度出发，对他的评价褒贬不一。他的功在于能较清醒地认识到"穷则变、变则通"，用"自强"来"求富"，他把魏源、林则徐"师夷长技以制夷"的思想付诸"借法富强"的实践。然而，一系列丧权辱国条约的中方谈判代表都是李鸿章，这是"弱国无外交"的必然，他也确曾怯敌、避战，客观上助纣为虐。

一般都把虎丘景区当作山塘街的西终点，然而，山塘街在虎丘的西侧还有200来米长。因为有关虎丘的文档资料浩如烟海，故我们把目光聚焦于虎丘之西的山塘街。

虎丘向西100来米处是连接山塘街的纵向的万点桥。万点桥俗呼饭店桥，关于万点桥，还有个凄惨的传说。虎丘山的吴王阖闾墓修好后，吴王怕这些工匠们泄露了坟墓内的机关，假借庆功摆宴，便把成千上万的能工巧匠杀死在千人石上。而唯独有一个脚有残疾的工匠，躲过了这场血腥杀戮，装聋作哑在虎丘山下的一座小桥边开了家小饭店。十几年后，吴国被越王勾践灭掉，那残疾工匠才把那天大的血案秘密泄露出来。因为来这饭店打听千人石血案的人多了，就把这座小桥叫成了"饭店桥"。由于名字太俗，后来文人就根据谐音称之为"万点桥"了。

万点桥西堍向北就是席场弄。席场弄为宋代古街，因盛产草席，且工场云集得名。席场弄的席草产自虎丘山周边农田，形如虎须，雅称虎须席，由于编织工致，曾作为贡品。

席场弄底，相传是颇有故事的法华庵遗址。苏州评弹《玉蜻蜓》是老苏州及沪杭一带百姓百听不厌的传统精彩书目，故事中"庵堂认母"等主要情节就被安排在这里。法华庵毁于太平天国战火，其后又被申氏后人指控弹词《玉蜻蜓》影射苏州阁老申时行,因此法华庵未能恢复。

西山庙桥是山塘街西端的入口,在山塘街席场弄西侧。该桥初名元庆桥,为单孔石拱桥,1670年邑人王廷台等捐建,1852年重修。桥东侧有楹联"跨水虹梁新结构,合流虎阜抱潆洄"。西侧明柱文字为"咸丰二年岁次壬子季春谷旦"和"诚正堂司董里人曹承成重建"。桥北堍正对西山庙,现仅有两间破屋,全无香火。

西山庙桥因桥北有西山庙而得名。东晋书圣王羲之族侄司徒王珣、司空王珉在虎丘山舍宅为寺,王珣宅所建的寺庙在如今虎丘万景山庄,而王珉宅所建的寺院就是西山庙。如今,庙早已荒废,只有这座孤零零的桥。桥边复制的石狸——美仁狸也无奈地坐在荒草之中,鲜有游人来此寻访。

虎丘之西的山塘静悄悄,没有了各种喧哗,只有古老的青石板无声述说着当年的故事,给人不一般的感受。当年读王安石的《游褒禅山记》,颇为"世之奇伟、瑰怪,非常之观,常在于险远,而人之所罕至焉,故非有志者不能至也"一句叹服。山塘街不知走过多少次,但虎丘之西却从未到过。实际上,到这里并不要需要什么"有志",多走几步而已。

提示:最靠近的公交车站站名为"虎丘首末站"。

渡僧桥北堍牌楼

渡僧桥下塘

渡僧桥下塘是一条小巷,东起山塘街渡僧桥北堍,西接广济桥。

渡僧桥跨上塘河,上塘河就是古运河的主航道。上塘河一头连着枫桥,一头连着阊门,中间还有上津桥、下津桥、普安桥等古桥。渡僧桥一端连着石路,一端连着山塘街。渡僧桥建于宋至道年间(995—997),北宋天禧四年(1020)的修造记载:"虎丘山塘渡僧桥者,故中书令陈公省华自至道年除吏部员外郎临莅是邦,为长老顺师出世聚徒,接四方之来者,济数乡之居民,特给公用之所置也。"记载表明渡僧桥是陈省华在北宋至道年间调任苏州地方官后,为方便远道至虎丘听清顺禅师讲经的僧侣和信众,同时也为方便当地居民渡河,特地拨发资金而建造的。桥在明清两代都有重修,新中国成立后也多次维修加固,1966 年改建成公路桥。(详见拙作《苏州古石桥》)

因为这条巷子位于上塘河的北岸,所以得到"下塘"这个名称。在苏州一带,往往将夹河的两条道路一条称为"上塘",一条称为"下塘"。这个"上""下"与东南西北没有关系,一般来说,比较热闹的就是"上塘",比较冷清的就是"下塘"。对应渡僧桥下塘的"上塘",实际上就是河南岸的"上塘街"。

渡僧桥下塘在山塘街的南面,比较"标准"的东西走向,它的东端在渡僧桥处与南段的山塘街呈直角相接,当山塘街到御碑亭左拐后,两条路就不再垂直了,基本成 30 度夹角。

从阊门进入渡僧桥下塘,必须经过山塘街南口的那座牌楼。牌楼北侧的楹联内容很丰富,平仄也甚是规范。联曰"山光茂苑来书几,柳色金阊入画图","山光",显然是虎丘山的风光;"茂苑",即"长洲苑",苏州的借代;"金阊",阊门一带。据说此联是康熙皇帝见白公堤柳色映照,欣然提撰。然而,不知为何未曾刻上撰联人与书写人。额曰"路接阊阖","阊阖",《吴越春秋·阖闾内传》云:"子胥乃使相土尝水,象天法地,造筑大城。周迴四十七里。陆门八,以象天八风;水门八,法地八聪……立阊门者,以象天门通阊阖风也。"《史记·律书》:"阊阖风通西方,阊者,倡也;阖者,藏也"。笔者感到欣慰的是,这副用繁体字书写的楹联,未曾将"几"写成"幾"。但是,有一位自称研究苏州文化的学者写了一篇关于山塘街的文章,竟然将这副楹联的横批解读为"阊闾接路"。

渡僧桥下塘这条狭窄的小街虽然杂乱,但还是基本保持原貌:小河、窄巷、临河的埠头、深深的老宅。

吴门医派名头最大的名医"天医星"叶天士就住在渡僧桥下塘 48 号,故居犹在。宅东这条弄堂就叫做叶家弄(详见拙作《姑苏名宅》)。这次笔者又进入这座破败的叶天士故居,发现昔日的破败进一步加剧,甚是凄然。

渡僧桥下塘 71 号如今挂出的招牌是"三唐精酿",应该是一个酿酒售酒的所在地。据笔者所知,上世纪 70 年代,这里曾经住过一位高级军官,这座宅子是当时的苏州市革命委员会为了这位高级军官退伍而特地建造的,百姓们称之为"将军楼"。

渡僧桥下塘的最西端,就是广济路上的广济桥。巷子西口北侧,一度为试验仪器厂,如今是苏州市金阊实验小学,它的前身为 1949 年 2 月阊门外宝莲寺主持松万等在寺内办的"私立青光义务小学"。1958 年,定名为苏州市金阊区实验小学。2012 年,苏州市三区合并,学校改名为"金阊实验小学",减掉了一个"区"字。

金阊实验小学

　　渡僧桥下塘原路东西笔直,后因建苏州第三机床厂,占用西段路面,另在沿河辟新路,形成现在总共 309 米长的曲折小路。由于建设,对一些旧的街道改造无可非议,但若随意搬走甚至践踏古迹,实在让人痛惜,幸运的是,山塘街改造中没有将叶天士故居拆除。

　　提示:最靠近的公交车站站名为"广济桥",轨道交通车站为"石路"。

后　　记

终于到了写"后记"的时候,最近的几个月,是永远难以忘怀的。

写这种书,必须得到现场的第一手材料。撰写此书原计划用去年一年的时间翻阅、收集、整理史料,今年1月份正式启动,上街调查现状并摄影,然后将历史和现状联系起来写作,6月底酷暑来临前完工。但是,去年年底我头部动了手术,今年年初谢老师夫人重病,致使4月份才正式启动具体写作工程。征得出版社同意,推迟到8月底交稿。其必然结果就是无法回避酷热。

众所周知,摄影是光与影的艺术,一般情况下没有阳光难以拍出理想的照片。于是,不得不每天上午冒着烈日,到街头寻找第一手资料,拍下照片,下午连同晚上整理材料撰写成文。基本天天如此。有20多天,竟然出现了我等闻所未闻的"人硬货不硬"的状况:大汗淋漓、衣裤湿透的古稀老人还能坚持,但照相机却在烈日下怠工了,于是,只能找个阴凉处让相机"喘口气"。现在想想有点后怕,如果人出了问题怎么办!

幸好现在一切都成了"过去",书完稿了。

在本书的写作过程中,苏州大学文学院"学科语文"硕士研究生班金红、陈新园、陈宇、胡蝶、金梦蝶、黎月、连家敏、刘敏、刘晓雪、聂丽君、潘淑婉、孙娜、王玉琴、徐轲、张丽丹、张甜甜、张星奕、张玉洁、仲捷敏(排名不分先后)等做了不少工作,在此表示感谢。

书,永远是遗憾的艺术,本书中肯定还存在不少问题,敬请读者不吝指正。

王家伦

2018.8.30